本书为乐山师范学院引进教师科研启动项目“关键行动者、非对称联盟体系与国际货币竞争格局演变”的研究成果。

DIYUAN HUOBI GUANXI : LIANMENG TIXI YU MEIYUAN GUOJI DIWEI YANBIAN

地缘货币关系：联盟体系与美元国际地位演变

于恩锋 著

西南财经大学出版社
Southwestern University of Finance & Economics Press
中国·成都

图书在版编目(CIP)数据

地缘货币关系:联盟体系与美元国际地位演变/于恩锋著.—成都:西南财经大学出版社,2022.8
ISBN 978-7-5504-5436-1

Ⅰ.①地… Ⅱ.①于… Ⅲ.①货币理论—研究②美元—国际储备—储备货币—研究 Ⅳ.①F820②F827.12

中国版本图书馆 CIP 数据核字(2022)第 130899 号

地缘货币关系:联盟体系与美元国际地位演变
于恩锋 著

策划编辑:石晓东
责任编辑:乔雷
责任校对:张博
封面设计:张姗姗
责任印制:朱曼丽

出版发行	西南财经大学出版社(四川省成都市光华村街 55 号)
网　　址	http://cbs.swufe.edu.cn
电子邮件	bookcj@swufe.edu.cn
邮政编码	610074
电　　话	028-87353785
照　　排	四川胜翔数码印务设计有限公司
印　　刷	郫县犀浦印刷厂
成品尺寸	170mm×240mm
印　　张	12
字　　数	308 千字
版　　次	2022 年 8 月第 1 版
印　　次	2022 年 8 月第 1 次印刷
书　　号	ISBN 978-7-5504-5436-1
定　　价	78.00 元

前言

2019 年 9 月，欧盟委员会主席冯德莱恩提出将欧盟委员会定位为“地缘政治委员会”，欧盟将作为一个地缘政治行为体参与国际事务。“地缘政治欧盟”可能成为欧盟未来的一个新标签。在特朗普“孤立主义”之后，美国拜登政府提出重振盟友关系，继承前政府“大国竞争”战略，继续将中国视为“战略竞争对手”，将战略重心转移至亚太。2020 年 10 月，美国著名政治学者约瑟夫·奈发表了《后疫情时代的地缘政治》一文，提出 2030 年可能出现的五种场景，“中国主导的世界秩序”是其中之一。地缘政治格局演化源于全球经济结构的改变。根据国际货币基金组织（IMF）2021 年 10 月发布的《世界经济展望》中的数据，美国、欧盟和中国是世界前三大经济体，2020 年 GDP 总规模分别为 20.89 万亿美元、15.26 万亿美元和 14.86 万亿美元。虽然美国经济规模仍居世界首位，但与欧盟和中国的差距正在不断缩小。根据国际货币基金组织的预测，中国 GDP 规模将在 2022 年超过欧盟，2026 年中国 GDP 规模将达到美国的 82%。IMF、世界银行、经济合作与发展组织等机构预测，中国 GDP 规模将在 2030 年左右超过美国。“大国是国际生活的主角”①，如果预言成真，中国、美国和欧盟将成为未来世界经济的“三极”，中国—美国—欧盟之间的三角关系将成为未来世界地缘政治轴心。中国的赶超引发了西方，尤其是美国的激烈反应，美国的战略重心从欧洲和中东转向亚太，亚太成为地缘政治竞争的中心舞台。

美国一直将自己作为“全球利益攸关者”，将二战后的国际政治经济体系视为“私产”，但美国国力的相对衰退无法匹配其全球霸权的雄心，因此，美国只能根据所谓的“国家安全”威胁不断调整战略资源，同时将盟友视为实现自身战略意图的战略资源，以弥补自身实力的下降。美国自称在全球拥有众

---

① 库普乾. 美国时代的终结［M］. 潘忠岐，译. 上海：上海人民出版社，2004：1.

多盟友，在以军事联盟为核心的体系中，美国处于核心位置，充当“盟主”，向其他国家或地区提供安全保护。美国实力的下降造成无法同时为所有盟友提供相同程度的安全保护，美国战略重心的转移必然引发盟友价值的转移。美国从阿富汗撤军被视为战略力量从中东的收缩，加大对中国的战略竞争力度，亚太盟友价值得到重新重视，于是有了美国所谓的“印太战略”、印太安全协议（AUKUS）和美日印澳四方安全对话机制（QUAD）。

美国战略重心的转移以及未来全球地缘政治版图的演变，将给国际金融领域带来哪些影响？地缘政治因素是否会对未来的国际货币竞争产生系统性影响？货币关系与地缘关系是相互影响的，货币关系可以作为主导国家谋求地缘政治利益的金融工具，地缘政治也可以被用来维护货币优势地位。“地缘货币关系”指的是后者，即在国际货币体系中占据关键货币地位的发行者，利用其在地缘政治中获得的要素权力、结构性权力或联系权力，诱导或迫使其他国家或地区以各种方式维护主导货币的国际角色，包括限制争夺国际货币活动空间（货币竞争）和对某种国际货币偏好的转换（货币替代）。对于国际货币关系来说，地缘因素可能不会一直处于“前台”，但却可能是影响力更为持久的关键所在。

经济学家往往用所谓货币使用的“惯性”来解释国际关键货币更替与发行者经济实力更迭不一致的关系，并用“网络效应”来解释“惯性”的来源。如果考虑地缘政治影响的持久性，那么这种“惯性”也就比较好理解了。读史可以明鉴，虽然美元替代英镑成为国际主导货币的精确时间因历史数据可获得性问题存在一定的异议，但是美元彻底取代英镑，成为真正的世界货币，比较公认的是在二战后。但是美国从经济上赶超英国却要早得多，可能要前推到一战时期，甚至是更早的19世纪70年代。不管哪种情况，美国从经济上超过英国都要早于美元对英镑的国际主导货币角色的替代。正如美国经济学家克鲁格曼所说，在英国丧失经济主导地位之后，英镑的国际货币角色仍维持了半个世纪之久①。英镑的“惯性”何以如此之强？美元对英镑国际使用惯性的克服为什么“恰巧”是在二战之后呢？对于经济因素不能解释的问题，也许地缘政治可以解释。虽然美国在经济上实现了对英国的超越，但并未取得绝对优势，一战与二战之间的这段时期，是美英相互“交缠”的过渡期，更为重要的是，英国虽然在经济上开始走下坡路，但是其殖民体系仍在运转。二战对英国的打击极其沉重，英国不但让出了世界经济的主导地位，而且丧失了国际政

① KRUGMAN P R. The international role of the Dollar: theory and prospect [J]. Nber Chapters, 1984, 73 (2): 309-327.

治大国地位。一方面，所谓“英美特殊关系”不过是英国的自我安慰，另一方面，英国殖民体系加速崩溃，更糟糕的是，这些原英属殖民地或附属国转向了美国，成为美国的盟友。对英镑的拥护现在变成了对新的“宗主货币”美元的拥护，可见，国际货币更替的背后是地缘政治主角的轮换。

美国霸权与美元的国际主导货币角色相互缠绕。到底是美国在全球的霸权促成了美元的世界货币角色，还是美元的世界关键货币角色成就了美国霸权，这是一个难以给出明确答案的问题。著名国际关系学者吉尔平曾说，美元是美国霸权的两大基石之一①。Zimmermann 等学者却揭示了美国霸权体系在美元国际地位中的关键作用②。基于实证的结果表明，这个类似于“鸡蛋悖论”的问题仍是悬而未决，有进一步研究的空间。不同学者基于不同研究视角、不同货币职能和不同历史证据或数据，会进行不同方向的研究，但美国霸权与美元主导角色从历史演化视角看，是相互缠绕的。美元是随着美国获得全球霸权而最终奠定了全球头号货币的地位，而且，美国霸权体系在美元关键时刻也发挥了关键作用；同时，美元的世界地位给予美国“不流泪的赤字”特权，美国以美元的世界货币角色从全世界低成本融资，构成了美国霸权的金融基础。因此，从美国的角度看，美元的世界货币角色不仅仅是一个货币问题，而且是一个政治问题，或者说涉及美国国家利益的问题。因为美元是美国霸权的核心基础，所以，美国会动用一切权力，包括地缘政治力量，来维护美元的国际地位。

加入地缘政治因素，可以让我们更好地理解美元的国际地位为什么远高于美国经济可以支撑的高度。美国 GDP 全球比重在 1945 年为 56%，1960 年下降到 40%，2000 年为 30%，2020 年为 25%，但美元的国际地位却依然坚挺，在 2020 年全球官方外汇储备中占比 59%，国际支付占比 38%，2019 年在外汇场外交易（OTC）市场占比 88%，国际大宗商品计价（如石油）仍以美元为主。按照统计学的语言，以经济因素作为解释变量的回归对被解释变量的“解释”力度不够，残差可能会很大。如果在回归中加入美国的地缘政治力量，将其盟友体系加进去，解释力度可能会更强，其意义在于揭示美元的国际地位不是由美国单独支撑的，而是与美国极其广泛的盟友体系的支持分不开的。在美国的“不对称联盟”中，美国是安全保护提供者，其他国家是依附者，在享受美国提供的安全保护条件下，其他盟友对美国进行各种支持（包括货币支持）。“货

① 吉尔平. 国际关系政治经济学［M］. 佚名，译. 北京：经济科学出版社，1989：4.

② ZIMMERMANN H. Money and security：troops，monetary policy，and west germany's relations with the United States and Britain，1950—1971［M］. Cambridge：Cambridge University Press，2002.

币—安全”的交易关系是受保护国家向美国支付的安全成本。这种交易支撑了超过美国自身经济实力的美元国际地位，同时给美国霸权提供融资，又转化成联盟的防御能力，美元享受了“安全溢价”，美元国际地位与联盟力量相互强化。

联盟给予了成员军事安全保护，也限制了成员主权货币与美元的国际竞争，或者对美元的替代。欧元、日元、英镑、澳元、加元等都是国际货币金字塔中的一员，对国际货币权力的追求具有潜在动机，但是无一例外，在考虑与美元竞争的同时，这些国家必须衡量可能对联盟关系的影响，确切地说，这些国家必须衡量对美国提供的安全保护承诺的冲击。于是，这些国家被困在了“安全保护”和“货币竞争”的两难选择中。对于韩国以及沙特阿拉伯等中东产油国来说，则存在“军事保护替代”与“货币替代”的困境。“不对称联盟体系”中的其他成员被美国的安全保护束缚了手脚。

盟友是美国重要的战略资产，在美元国际地位中可见一斑。但是在特朗普执政期间，美国却对盟友体系造成了一定程度的破坏，尤其是跨大西洋关系。如果美国回到“孤立主义”，质疑联盟价值，减弱或撤销对盟友的军事保护承诺，必将对美元国际地位造成冲击，减少美元外汇储备，放弃美元货币锚，改变大宗商品计价货币选择等都有可能发生。官方的行动必然会使私人部门产生连锁反应，盟友不但在美元危机时充当了关键支撑角色，而且能在美元世界本位崩溃时充当关键破坏角色。

可能重塑货币竞争格局的不仅是美国盟友，还可能来自中国和数字货币。中国的崛起改变了世界经济格局，必然要求货币格局做出相应调整，人民币国际化是历史发展的客观要求，也是全球多极化格局的必然趋势。人民币要挑战美元的世界货币地位，地缘政治仍是面临的主要障碍之一。中国提出了“人类命运共同体”这一理念，以新安全观破解安全困境，贡献了中国智慧和方案。数字货币的发展从技术角度对以中心化为特征的现有美元体系提出了挑战，技术的发展和应用使克服美元使用的“惯性”更为容易，同时，数字货币也具有地缘意义，不过挑战才刚刚开始。

世事无常，国际货币格局未来具有多种可能性，多极化世界下诞生多元国际货币必然是其中的大概率事件。

编者

2022 年 4 月

目录

1 导论

1.1 问题的提出：货币关系地缘属性

货币竞争很可能转化成为严重的地缘政治冲突①。货币关系具有重要的政治经济含义，这赋予了货币关系显著的地缘属性。

2018 年 5 月，在包括德国、法国等美国盟友在内的国际社会的一致反对声中，美国特朗普政府执意退出伊朗核协议，迫使国际资金清算系统（SWIFT）切断同伊朗银行的联系，将伊朗隔离在美元系统之外，并于同年 11 月重启对伊朗的制裁，包括制裁从伊朗进口石油的国家。为维护欧盟同伊朗之间的经贸关系，同期，欧盟、英、德、法发布联合声明，建立一种“特殊金融支付（SPV）”以保护与伊朗的合法贸易，德国外长呼吁建立独立于美国的支付渠道以加强欧洲的自主权，创建欧洲版的货币基金组织。在美国特朗普政府主动削弱跨大西洋关系的背景下，欧盟委员会主席容克罕见地将“盟情咨文”的主题定为“欧洲主权时刻”，公开呼吁采取措施改变欧盟在不合理的贸易中的支付结算货币选择，欧盟成员应团结一致提升欧元的国际地位，使其成为能与美元相抗衡的全球储备货币。国际货币竞争的政治动力被重新唤醒。

国际货币竞争就是一国货币与其他货币争夺国际空间的过程。国际货币竞争的纯经济分析仅仅将安全关系视为背景，但历史与现实却证明货币与安全存在着复杂的关系，安全关系是不能仅被当作背景对待的。当竞争者之间存在依赖关系时，货币竞争就应在更为广阔的框架内进行考量，依赖程度越深，货币竞争强度越低。在各种依赖关系中，分量最重的无疑是“安全依赖”。二战后的国际货币竞争结构显示，货币国际地位竞争与安全依赖“纠缠”在一起。

---

① COHEN B J. The future of global currency [M]. London: Routledge, 2011: 114.

曾经的德国马克和法国法郎，现在的欧元、日元、英镑都曾经或者现在是美元的主要竞争者，同时，德国、法国、英国和日本都以双边或多边安全协定的方式处于美国防务安全保护之下。澳元和加元在国际货币结构中也拥有一席之地，同样，澳大利亚和加拿大也都处于美国主导的安全联盟体系之中。根据国际关系现实主义学派的观点，高级政治主导着低级政治，货币竞争从属于军事安全关系，在联盟体系中的绝对主导地位赋予美国通过一种不对称的结构性权力，通过放弃或威胁放弃安全承诺迫使被保护国按照美国的意愿行事，包括在关键时刻为美元提供支持，其他国家在货币竞争关系中不得不考虑是否会影响美国的“安全保护”提供意愿。20 世纪 60 年代的美德之间的“安全—货币”关系和 20 世纪 70 年代美国与沙特阿拉伯之间的“安全—石油美元”关系即为佐证。美国盟友不得不在不危及与美国的政治安全关系的前提下寻求有限的国际货币角色。安全关系赋予货币关系以地缘属性。这种地缘属性仍将影响着美元的国际货币主导地位。

美元的头号世界货币地位会消失吗?

虽然人们对美元超过英镑成为头号世界货币的具体时间存在争议，但对美元的未来命运却几乎是“异口同声”：美元最终会让出世界第一货币的宝座，“美元的坠落”将会是无可争议的未来场景。存在争议的是美元何时会“坠落”？什么因素会加速或延缓美元“坠落”的速度？美国会心甘情愿地舍弃美元霸权吗?

对上述三个问题的回答是复杂的。我们不妨从对最后一个问题的探讨开始。国际货币地位，尤其是国际关键货币地位可以赋予货币发行国对外施加国际货币权力，这种权力既包括科什纳（Kirshner，2013）① 所说的政治性权力，即“货币操控”“货币依赖”“体系破坏”，也包括科恩（Cohen，2015）② 所说的经济性权力：延迟权和转嫁权。铸币税是美元世界关键货币地位带给美国最直接的、可见的经济利益，美元的世界循环为美国巨额的财政赤字提供外部融资，支持美国经济发展。从政治或对外政策上看，美国可以通过禁止或限制其他国家使用美元结算系统，甚至冻结其他国家在美国的美元或黄金储备，对其他国家进行所谓的单边制裁。当然，美国也利用美元融资对外施加影响力。按照著名政治学家罗伯特·吉尔平（Robert Gilpin）的逻辑，美国维持霸权是

---

① 科什纳. 货币与强制：国际货币权力的政治经济学［M］. 李巍，译. 上海：上海人民出版社，2013：7-16.

② COHEN B J. Currency Power［M］. Princeton：Princeton University Press，2015：61-70.

“基于美元在国际货币体系中的地位和扩展到其盟友的核威慑力量”①。如果美国要通过计算美元国际地位的“收益—成本”来决定是否放弃美元关键货币地位的话，成本的提高也许是美国甘愿让位的经济原因，但是在“美国优先”的逻辑下，缺乏有效外部约束会使美国抛弃应承担的责任，成为一个不负责任的霸权国家。因此，对美国来说，美元的国际地位不仅是一个经济问题，更是一个政治问题，没有任何一个政治人物敢说要放弃美元的国际关键货币地位。用科恩（Cohen，2011）的话说：“利害攸关，市场领导者不会心甘情愿地妥协，没有政府愿意放弃得自关键货币的巨大利益，轻易地让出世界关键货币的地位。”②

但是，美元的世界地位是美国主观意愿可以决定的吗？这就涉及支撑美元国际货币地位的因素。经济学家认为一国的经济实力是该国货币国际地位的经济基础，国内生产总值（GDP）是关键指标之一，除此之外，贸易份额、金融市场发达水平等，也被认为是货币国际化的主要经济要素支柱。萨伯拉曼尼亚（2012）的研究显示，以国内生产总值、贸易和外部融资为代表的“规模”指标可以解释主要国际储备货币地位出现变化的70%的原因③。如果以此为据的话，美国经济实力的衰退将大概率导致美元储备地位的下降。事实上，美国GDP世界占比已经从1945年的56%下降到2020年的24.7%，如果按照国际货币基金组织（IMF）购买力平价计算的话，美国GDP世界占比仅有15%左右。但IMF数据显示，美元在官方外汇储备的份额并没有发生同样的变化，2020年仍高达58.92%，与25年前1995年的58.96%相差无几。这种情况同样出现在国际贸易、外汇交易等领域。看来，美元的国际地位与美元所代表的经济指标是不一致的，美元的地位超过了美国经济所能支撑的高度。如果国际货币周期性规律仍起作用的话，美国经济地位的下降也终究会导致美元储备货币地位的弱化。英镑的今天就是美元的明天，世界只是在静待下一个经济大国的崛起。正是基于此，Bergsten（2009）主张美国政府应该设法“缩减美元国际角色”④。

谨慎的经济学家承认仅仅使用经济因素不足以完全解释美元在国际范围内

---

① 吉尔平. 国际关系政治经济学［M］. 杨宇光，等译. 上海：上海人民出版社，2011：4.

② COHEN B J. The future of global currency［M］. London：Routledge，2011：14.

③ 萨伯拉曼尼亚. 大预测：未来20年，中国怎么样，美国又如何［M］. 倪颖，曹槟，译. 北京：中信出版社，2012：72.

④ BERGSTEN C F. Dollar and the deficits — how washington can prevent the next crisis［J］. Foreign Affairs，2009，88（6）：20-38.

的广泛使用，也承认在“短期”内，美元仍是世界主导货币，因此，美元的“虚高”必须从另外的非经济因素探源。克鲁格曼（1984）使用“惯性”来解释货币地位变化对于经济地位变化的滞后性，但他仅是从经济角度解释这种“惯性”的形成，忽略了可能存在的其他“惯性”来源①。实际上，二战后，不是没有出现过美元的挑战者，马克、日元、欧元都曾被赋予厚望。但目前来看，它们都无力对美元形成实质性威胁，日元早已退出竞争，欧元在各个领域还是具有较大的差距。这些挑战者都无法胜任，除了经济因素之外，都具有一个共同的特征，那就是它们都处于美国主导的联盟体系之中，无论是日本，还是欧盟国家都对美国具有安全保护依赖，都以双边或多边安全协定的方式处于美国防务安全保护之下。当竞争者之间存在依赖关系时，货币竞争会被放到更为广阔的框架内进行考量，依赖程度越深，货币竞争强度就越低。军事实力是美元成为“安全天堂”的重要支柱（Helleiner，2008）②，正如 Momai（2008）所说：即使存在美元的替代货币，也没有国家可以替代美国的军事安全保护伞③。这样就可以回答第二个问题了：经济实力的衰退或早或迟会使美元国际地位弱化，但基于美国强大军事实力的盟友体系却可能在一定程度上成为美元坠落的缓冲器。历史也证明，基于线性的经济计量可能忽略了在可能出现的拐点时，从幕后走向前台的非经济因素无可替代的作用，事实上，在美元出现危机的关键时刻，盟友的支持起到了关键作用。

美元作为美国全球霸权的支柱，对美元国际地位的侵蚀就损害了美国全球霸权的基石，为了维护霸权，美国必然对来自外部的货币竞争对手进行阻止和打压，遏制潜在的货币竞争对手实质威胁美元的主导地位。因此，货币竞争不再局限于货币本身或者经济因素，而成为更广泛领域包括政治、外交甚至军事的博弈较量。

在位国际货币发行国会利用已经建立起来的“结构性权力”对新进入者采取各种形式的“拒止”战略以保护既得利益，尤其是当该国仍具有较为强大的经济、政治和军事实力时。基于安全的不对称联盟体系无疑是美国可以依赖的重要工具或手段。在联盟体系中的绝对主导地位赋予美国通过一种不对称的

① KRUGMAN P R. The international role of the Dollar：theory and prospect [J]. Nber Chapters, 1984, 73 (2)：309-327.

② HELLEINER E. Political determinants of international currencies：what future for the US Dollar? [J]. Review of International Political Economy, 2008, 15 (3)：354-378.

③ MOMANI B. Gulf cooperation council oil exporters and the future of the Dollar [J]. New Political Economy, 2008 (13)：293-314.

结构性权力，通过放弃或威胁放弃安全承诺迫使被保护国按照美国的意愿行事，包括在关键时刻为美元提供支持，20世纪60年代的美德之间的“安全—货币”关系和20世纪70年代美国与沙特阿拉伯之间的“安全—石油美元”关系都是这种结构性权力的佐证。美元享受到了来自同盟体系的“安全溢价”，其他国家却陷入了“安全困境”。

以欧元为例，欧元区的整体经济规模完全可以与美国相抗衡，但却没有可以比肩美国的军事实力，相反，欧盟的防务还要依靠美国领导的北约，试想一个连军事都要依赖美国的欧元区，如何实现政治和外交上的独立，尤其是在与美国利益发生冲突的时候？欧元的国际化无疑“动了美国的奶酪”，美元的国际地位被视为美国的霸权支柱之一，削弱美元无疑会侵蚀美国霸权的基础，因此欧元与美元竞争的经济关系就变成了欧美之间的政治关系。鉴于自己的“命根子”掌握在别人手里，欧盟扩张欧元的国际空间就不得不考虑欧美之间的双边安全关系，因此，欧盟在欧元的国际化过程中被束缚了手脚，欧元与美元的竞争必须不能损害双边政治和安全关系。欧盟陷入追求国际货币权力与不损害“跨大西洋”关系的两难境地之中，“安全困境”使欧盟无法放手与美国展开竞争。这种“安全困境”不是欧元独有，曾经的德国马克、法国法郎，以及现今的英镑、加元、澳元和日元也不得不在不危及与美国的政治安全关系的前提下寻求有限的国际货币角色。

以上可以看作是对第一个问题的回答：在美国经济实力因为其他经济体的崛起不断式微时，其他国家，尤其是美国的盟友，有意愿和能力摆脱或改变对美国安全保护依赖时，美元在“货币金字塔”的位置必然会改变，国际货币竞争将出现焕然一新的格局。当然，从长远来看，美元地位的任何变化都可能会出现。

1.2 联盟体系

“联盟”与“同盟”在中文语境中被认为可以相互替代。根据《现代汉语词典》的解释，前者着重于强调“通过缔结盟约而形成的集团”，后者则偏重于“缔结盟约”或“盟友”。英文中对应的词通常为“alliance”，例如在国际关系研究中经常被引用的著名国际关系学者斯蒂芬·沃尔特（Stetphen Walt）的著作 *The Origins of Alliance*，国内翻译为《联盟的起源》，与其有关的另一个单词为“alignment”。根据柯林斯词典的解释，“alliance”是“为共同利益或相似目标通过正式协议共同行动的团体”，而“alignment”是“对某个行为体的支持，特别是政治支持，或在争斗中与其站在一起”。斯蒂芬·沃尔特对“联盟”采用较为宽泛的定义，认为“alliance”与“alignment”没有区别，“联盟”可以是正式的或是非正式的。为统一起见，本书使用“联盟”一词，采用国际关系中的狭义定义，即基于正式盟约的联盟。这种联盟的主要内容是盟友之间进行安全或军事合作，正式的盟约可以使承诺更加可信，在不对称联盟中，承诺的可信度具有非常重要的意义，不管是对盟主（主导者）还是其他跟随者（依附者）而言。

美国与其他国家联盟的一大特点是“不对称”。美国凭借绝对的全球头号军事力量在联盟中居于绝对主导地位，成为名副其实的“盟主”，而其他国家则是依附者。根据国际关系学者关于“不对称”联盟的研究，这种“不对称”为国家实力上的不对称，即强国与弱国的联盟，这种国家实力的不对称带来安全的不对称。在联盟中，美国为其他盟友提供公共安全，如通过北大西洋公约组织（以下简称北约）为欧洲国家提供军事安全，美国具有绝对的自主性，其他国家则通过联盟形成对美国的“安全依赖”，绝对弱小的军事力量使其丧失自主性。

虽然国际关系研究的“联盟”核心内容是安全或军事合作，但是安全或军事联盟往往衍生出盟友在其他领域的“行动一致性”或“共识”，尤其是在“安全的不对称性”联盟中。这包括共同的价值观、在广泛问题上的政治共识和立场、在经济领域中的政策协调等，从而使联盟呈现系统性、综合性特征，当这些非安全领域的共识出现分歧时，特别是重大的战略分歧时，联盟的牢固性就会被质疑。在以美国为主导的不对称联盟中，这种共识或一致行动表现为其他盟友向美国的靠拢，联盟发展和行动要受美国的控制，其他国家不但在军事上要跟随美国，比如北约国家跟随美国轰炸南联盟以及参加海湾战争，而且要在政治上支持主导国，在经济和货币领域也会受主导国的束缚。

美国的盟友体系是以军事安全保护为核心，以共同价值观为意识形态基础，以政治关系和经贸关系为桥梁的全方位一致行动联合体。

美国遍布世界各地的盟友组成一个庞大的相互关联的网络，在各个关键地区发挥着不同作用。地处中东的沙特阿拉伯是石油生产大国，也是石油输出国组织（OPEC）最有影响力的成员，其不但是美国介入中东事务的主要抓手，更是石油美元的关键支撑，说美国在此具有核心利益也不为过；众多欧洲国家都是北约成员，是对抗俄罗斯的前沿，也是限制欧元国际空间扩张的锁链；在新兴大国中国周围，则有日本、韩国、新加坡、菲律宾、澳大利亚等岛链盟友国家，这些盟友成为美国“亚太再平衡”战略的主要着力点，同时这些国家也是东亚美元本位的重要支柱。

1.3 国际货币

对国际货币的定义，经济学家往往采用功能型的方法，这种方法以货币职能在国际间的广泛应用为基础，定义一种货币是否为国际货币并衡量这种货币的国际化程度。这种定义方法由 Mckinnon（1969）、Cohen（1971）等创设并完善，形成现在被广泛引用的“三种职能、两个层次”的国际货币职能的描述（见表 1.1），即一种国际货币要在国际间“公”和“私”两个部门层次行使记账单位、交易媒介和储藏货币职能。这种方法对国际货币的解释为：货币在官方部门充当其他国家的货币锚、行使记账单位职能，成为其他国家干预外汇市场的干预货币，行使交易媒介职能，作为他国的国际储备资产行使价值储藏职能；在私人部门，作为商品贸易的计价货币和金融资产定值货币行使记账单位职能，作为贸易和金融交易的结算支付货币行使交易媒介职能，作为投资货币行使价值储藏职能。

表 1.1 国际货币职能

货币职能	官方部门	私人部门
记账单位	货币锚	贸易计价、金融资产定值货币
交易媒介	外汇市场干预货币	贸易和金融交易的结算货币
价值储藏	国际储备	投资货币（包括货币替代）

资料来源：Cohen（1971）。

货币国际化发展水平的衡量指标有两个：职能域和流通域。职能域是指一国货币在其发行国之外执行货币职能的多少，即是否在发行国之外可以同时行使记账单位、交易媒介和价值储藏三大职能，还是只是行使其中的一种或两种；流通域是指一国货币作为国际货币行使货币职能的地理范围大小。

目前世界上大约有 180 种主权货币，但是仅有少数几种货币被广泛运用于全球贸易、外汇市场和官方外汇储备，而且国际货币存在明显的“金字塔”结构。无论从哪种货币职能来看，美元无疑是“货币金字塔”[①]（见表 1.2）最顶端的货币，占据了绝对主导地位。

① COHEN B J. The geography of money [M]. Cornell: Cornell University Press, 1998: 113-118.

表 1.2　货币金字塔　　单位：%

货币名称	国际支付	外汇 OTC 交易	外汇储备	汇率锚
美元	38.70	88.30	58.92	19.80
欧元	36.70	32.30	21.29	13.00
日元	3.59	16.80	6.03	0.00

注：外汇 OTC 交易额采用双边计算，数据为 2019 年，其他数据均为 2020 年。

资料来源：国际支付数据来自 SWIFT；外汇储备来自 IMF；外汇 OTC 交易来自国际清算银行（BIS）；汇率锚数据来自 IMF 的 AREAER 报告。

在 SWIFT 统计的国际支付货币份额中，美元长期占据第一位，2020 年 12 月的份额达到 38.70%，唯一与其相当的是欧元（36.70%）。根据 BIS 的统计，美元在场外交易市场交易额占比高达 88.30%（双边），远超欧元（32.30%）和日元（16.80%）。在 IMF 成员官方外汇储备中，美元也是全球最主要的储备货币，2020 年年末占比为 58.92%，是欧元的两倍多。除了外汇储备外，汇率锚也具有非常重要的官方意义，美元锚是一个比较普遍的现象。IMF 的 AREAER 报告统计表明，2020 年以美元为汇率锚的成员有 38 个，占比为 19.80%；以欧元为汇率锚的有 25 个，占比为 13%；没有成员报告单独以日元为汇率锚。

可以说，在职能域没有一种货币可以与美元相比。而在地理域的比较上，美元无疑也没有对手，可以说现今只有美元可以称得上是真正的“世界货币”，欧元的范围局限于欧元区或欧洲国家在非洲的一些前殖民地，充其量仅能算是半个世界货币。像日元、澳元甚至英镑，其活动的国际空间范围更小。

通常来说，对国际货币权力的向往成为政府追求货币国际化的动机（见表 1.3）。国际货币权力对政府有着莫大的吸引力，理性的政策制定者不可能对源自国际货币的巨大利益视而不见。每一个政府都可以从货币发行中受益，货币的流通范围越大其受益就越多，货币国际化就是为本国货币争夺更多市场份额的国际货币权力竞争过程。乔纳森·科什纳（Jonathan Kirshner）强调国际货币的政治权力，科恩（Benjamin Cohen）则强调国际货币的经济权力。

表 1.3 国际货币权力表现形式与机制

权力类型	表现形式	机制	来源
经济权力	延迟权力	发行、吸引或借入储备货币	科恩
	转嫁权力	建立共同调节机制，使其他国家承担调节成本	
政治权力	货币操控权力	保护型和劫掠型、放任型和消极型	科什纳
	货币依赖权力	强迫、驱逐、榨取和诱陷	
	体系破坏权力	策略性破坏、颠覆性破坏	

国际货币是一把双刃剑，一方面是塑造他人行为的有价值的工具，同时也可能危及自身①。国际货币角色可能会侵蚀国家权势，货币发行国作为“斯塔克尔伯格竞争的领导者”，可能会成为跟随者的“人质”。比如“锚”货币的角色使货币发行国丧失了汇率政策的自主权，即汇率政策中的“N-1”问题，在享受“不流泪的赤字”这种“过度特权”的同时，因承担为其他国家提供流动性从而拯救其他国家的“过度义务”可能会产生非常高的成本。同时，科恩（Cohen，2015）认为国际货币地位可能会产生两种风险：“权力诅咒”（power curse）和“过剩”（overhang），而这是货币国际化天生具有的风险②。“权力诅咒”是指国际货币地位带来的收益可能会诱使货币发行国掉进一个虚假的安全幻觉，从而忽略累积的脆弱性和反馈效应。“过剩”是指累积的外部债务会最终使货币发行国丧失宏观经济弹性。

1.4 研究方法

（1）基于国际政治经济的研究方法。

蒙代尔说：国际货币关系横跨政治和经济两个领域；深刻影响国际货币体系的重大历史事件既是政治经济演变的原因，又是政治经济发展的结果；货币世界同时属于政治学和经济学③。货币国际化以及国际货币结构变迁是一个复杂的过程，涉及国家利益和权力转移，必然不能仅由经济因素变化一概论之。

① COHEN B J. The future of global currency [M]. London: Routledge, 2011: 14.

② COHEN B J. Currency power [M]. Princeton: Princeton University Press, 2015: 239.

③ 蒙代尔. 蒙代尔经济学文集：第五卷 [M]. 向松祚，译. 北京：中国金融出版社，2003：131-134.

经济的基础性作用不容忽视，因为政治性权力或者安全利益的基础仍得由强大的经济实力支撑，国际政治博弈仍是需要考虑的重要因素，从经济与政治两个维度可能更有利于解释货币国际化和国际货币体系的变迁。在历史的每一个阶段，政治与经济总是纠缠在一起，没有哪个领域比货币体系更显著地展示二者之间的紧密联系和相互影响。

（2）历史方法。

诺贝尔经济学奖得主克鲁格曼说过：经济学家唯一的样本是历史①。历史方法通过对历史事实进行考察以及运用历史比较法对国际货币结构变迁中各因素的作用进行分析。美元从诞生到成长为一种国际货币，本身就是一个历史发展的过程。学史以明志，鉴往而知来。梳理美元国际化历史，知其为何成为国际主导货币，也对未来美元何去何从具有趋势性的判断。历史本身会揭示国际货币体系变迁的规律。

（3）案例与实证研究方法。

地缘政治因素和经济因素在国际货币形成过程中不是同时处于前台，二者的相对重要性会在不同阶段得到体现，案例研究可以在特定阶段体现出地缘政治的关键性作用。建立基于面板数据的实证模型，可以验证安全联盟关系在国际货币竞争中的作用，提供经验证据。

1.5　研究意义与创新点

现实意义之一：更加充分认识人民币国际化所面临的可能阻碍。特朗普成为美国总统后，我国货币国际化的国际经济和政治环境发生了较大变化。2017年，特朗普政府公布了以“美国优先”为指导的《国家安全战略报告》，将中国列为最大的战略竞争对手，2018 年 1 月美国的《国防战略报告》更进一步将中美之间的战略竞争列为“首要关注”，声称来自中国的威胁超过恐怖主义，美国不断通过各种手段提高对抗中国的论调，可以预见中美关系不会平静。人民币国际化与其他货币国际化一样都要与美元争夺国际空间，会不可避免地侵蚀美国的霸权基础，因此人民币与美元的竞争也是中美两国的国家竞争，美国不欢迎马克、日元或欧元的崛起，同样不会为人民币国际化喝彩。正

---

① 埃森格林. 嚣张的特权：美元的兴衰和货币的未来［M］. 陈召强，译. 北京：中信出版社，2011：6.

如 Cohen（2011）所说：美国将中国视为全球性竞争对手，人民币与美元的竞争不可能不成为美国关注的对象，华盛顿很难接受来自人民币的挑战，必然会动用它认为需要的一切手段达成其政策目标[①]。应该如何应对来自美国的压力，我们需要认真对待。

现实意义之二：估计特朗普政府主动削弱盟友关系是否会对美元的国际地位造成潜在影响。“通常而言，紧密的货币关系同紧密的军事关系具有一致性”[②]，美元地位被镶嵌于美国编织的综合性结构网络之中，包括国际安全、地缘政治、军事、文化价值观等。但“特朗普冲击”开始全方位撕裂美国与盟友之间的关系，这种裂痕会对美元的国际地位产生冲击吗？本书的研究证明这种潜在影响不应该被忽视。

创新之一：提出国际货币生命周期的“S”理论假设。货币国际化不是线性的，虽然可能出现滞后效应，但是国家生命周期决定了货币的生命周期。

创新之二：提出了“货币自主—安全保护”交易框架。基于“自主—安全”交易联盟理论，在不对称联盟特征下，初步建立了一个“货币—安全”交易框架，以说明美国与其他盟友之间的货币—安全关系。

创新之三：在国际货币竞争中突出历史背景的重要性，将货币关系事件重新放在历史大环境下进行解读，在经济因素之外，凸显国际政治的重要性。

创新之四：基于实证的方法研究安全联盟在美元与其他国际货币竞争中的显著地位。

---

① COHEN B J. The future of global currency [M]. London: Routledge, 2011: 143.

② STRANGE S. Sterling and British policy: a political view [J]. International Affairs, 1971, 47 (2): 302-315.

2 文献回顾

2.1 “自主—安全”交易联盟理论

“自主—安全”交易联盟模型（Autonomy-Security Trade-off Model）最早由阿尔特菲尔德（Michael F. Altfeld）① 于 1984 年提出，莫罗（James D. Morrow）② 将其扩展到不对称联盟，西沃森（Randolph M. Siverson）和斯塔尔（Harvey Starr）③ 基于莫罗模型研究了联盟重构，完善了莫罗模型。

2.1.1 Altfeld 模型

Altfeld 模型建立在四个关键假设上：理性政府追求效用最大化；政府政策偏好是集体选择结果；政府通过权衡“成本—收益”决定是否加入联盟；各政府决策遵循简单古诺模型规则。

在集体偏好可传递的基础上，该模型建立一个序数效用函数：$U = U(S, W, A)$，式中，S 代表“国家安全”；W 代表“国民财富”；A 代表“自主权”，三者被看作是独立的商品。该模型将 S 看成是政府“可控”资源——“军备 R”和“联盟 L”——的函数，$S = S(R, L)$ 即，$\frac{\partial S}{\partial R} > 0$，$\frac{\partial S}{\partial L}$ 可能为正、为负或者零，取决于不同政府，二者的替代关系使用边际技术替代率 $\frac{\partial S}{\partial R} \Big/ \frac{\partial S}{\partial L}$ 表示。每个政

① ALTFELD M F. The decision to ally: a theory and test [J]. The Western Political Quarterly, 1984, 37 (4): 523-544.

② MORROW J D. Alliances and asymmetry: an alternative to the capability aggregation model of alliances. [J]. American Journal of Political Science, 1991, 35 (4): 904-904.

③ SIVERSON R M, STARR H. Regime change and the restructuring of alliances [J]. American Journal of Political Science, 1994, 38 (1): 145-161.

府在安全函数的选择上都是“军备”和“联盟”的混合选择，在保持一定的安全水平上，就存在选择的成本问题。提高自身“军备”必然会占用更多有限资源，造成民用经济可用资源的减少，最终降低国内财富水平；“联盟”可以提升安全水平，但具有约束力的军事联盟会使自身在国际事务中的政策和行为“自主权”降低。Altfeld 使用具有负导数的两个函数表示这种“军备-财富”“联盟-自主”之间的关系：$W = G_1(R)$，$A = G_2(L)$。这样，政府的均衡问题就转化成了：

$$\text{Max}: U = U[S(R, L), W, A]$$

$$\text{s. t. } W = G_1(R) \qquad \text{式 (2-1)}$$

$$A = G_2(L)$$

利用拉格朗日乘子法获得政府均衡时的两个条件：

$$\frac{\partial U}{\partial S} \times \frac{\partial S}{\partial L} = \frac{\partial U}{\partial A}$$

$$\frac{\partial U}{\partial S} \times \frac{\partial S}{\partial R} = \frac{\partial U}{\partial W} \qquad \text{式 (2-2)}$$

式（2-1）和式（2-2）表明：如果一国通过结盟提高安全水平，增加的政府效用大于因结盟丧失自主降低的政府效用，那么政府应该选择结盟，因此，在政府追求一定的效用水平时，就存在因结盟带来的“安全”收益和结盟的成本“自主权”降低之间的“自主—安全”交易关系。Altfeld 使用 1824—1900 年国家之间的结盟现象验证了“自主—安全”交易模型的稳健性。

虽然 Altfeld 模型是基于“结盟”的理论模型，但是联盟形成之后，“安全”与“自主”之间的关系并没有消失，一方在考虑国际事务中的立场时，另一方的立场设定不是外生的，而是内生的。所谓联盟内部盟友的协调不过是在不损害联盟安全收益水平的前提下进行的自主权妥协。联盟的维持仍会遵循“自主—安全”交易模型。

2.1.2 Morrow 模型

Altfeld 模型的“古诺假设”暗含了联盟双方的“对称性”特征，结盟的双方都是大国，通过结盟，均强化了应对外部威胁的力量，同时降低了对外事务中的自主权。Morrow 模型将 Altfeld 模型扩展到“不对称”的“自主—安全”交易模型，并对“自主”和“安全”概念做了全新的界定，建立了更为一般的“自主—安全”交易模型。

Morrow 基于“价值理念”界定了两个关键概念。Morrow 认为国家都在外交事务中追求自己的某种“价值”，国际问题或冲突就是由不同国家在“价值”上的差异导致的，这种“价值”可能是意识形态方面的，也可能是某种现实事务，甚至是物质的。在某个国际问题上，如果一国具有维持它认为符合其价值理念现状的能力，这就是“安全”；如果它能改变不符合其价值理念的国际事务现状，这种能力就是“自主”。“安全”和“自主”就是一国可以从结盟中获取的两种“利益”。前者包括安全关切、防卫安全关切的能力、期望从其他国家获取安全防卫的支持、其他国家的威胁程度；后者的“自主”程度可以使用该国在国际事务中的“理想状态”和想要改变的实际所处的状态之间的差异。当一国为了获得安全利益而放弃向“理想状态”改进的行动时，会使自身离“理想状态”越来越远，“自主”就下降了。“自主”和“安全”存在此消彼长的关系。由于安全不是绝对的，获取安全的动机一直存在，自主和安全会随着一国军事力量和从盟友获取支持的变化而变化。因此，自主和安全也不是一成不变的。

Morrow 模型将联盟看成是结盟国家自主和安全效应的反映，在二者的“二分性”特征基础上，假设一国在自主和安全上具有凸性偏好，从而使用无差异曲线描述二者之间的“交易”关系，提高安全收益必然以降低自主收益为成本。这种“自主—安全”交易计算取决于具体国家在对外事务中自主利益和安全利益的区分、不同问题的相对重要性，以及该国已有的安全和自主水平。

Morrow 模型认为联盟不会固化各个结盟国家的安全和自主，即使结盟之后，联盟各国也会因位置的改变而改变安全和自主关系。因为各联盟成员在不同问题上的立场不同，当某一成员就某一特定问题要求其他成员让步以获得“安全”收益时，必然要在其他问题上向其他成员让步，从而导致“自主”收益受损。“安全—自主”利益交易仍存在。

Morrow 模型认为当两个力量相当的大国利益足够一致或互补的话，在成本不太高的情况下，双方同时从联盟中获得安全利益或自主利益，就可能会结成“对称性联盟”。但相对来说，这种“对称性联盟”吸引力不足，“不对称联盟”有更大的吸引力，同时也更为持久。其原因是：不对称联盟的双方可以从联盟中获得不同利益，更容易达成更为稳定的利益交易，联盟也可能给双方带来净收益。在“不对称联盟”中，小国向大国做出“自主”利益让步，以换取大国提供“安全”；大国则通过减少自身“安全”利益，获得更大的“自主”利益。

Morrow 模型同时为“对称联盟”和“不对称联盟”的形成提供了理论解

释，也为“不对称联盟”的持久存在提供了解释。这为我们理解二战后以美国为中心的不对称联盟的持续存在提供了有力的支撑。

2.1.3 联盟重构

Morrow 模型对可能造成联盟破裂或重组的情形进行了验证。如果一国改变了“自主—安全”组合的偏好，比如，更偏好于没有联盟或处于联盟外的自主利益和安全利益组合，那么该国就具有了脱离联盟或要求新的“自主—安全”交易条件的意愿。这可能源于下列因素：成员在联盟内的安全或自主恶化；无联盟时自主和安全利益的提升；国家效用函数发生变化。Morrow 模型表明，联盟内某成员军事力量的变化是产生这些动机的原因。当某成员的军事能力提升后，其获得了较高的自我保护能力以及提升了联盟的安全水平，此时，该成员就会要求其盟友牺牲更多的自主利益，这就要求联盟重组或导致联盟破裂。同样，当一方成员军事力量弱化之后，另一方成员可能会要求获得更多自主利益，联盟需要重组。Morrow 对军事能力可能引起联盟解体或重组进行了验证，但却没有对国家政权变化可能导致的国家效用函数变化对联盟的影响进行严格验证。Siverson 和 Starr 对此进行了补充，深入研究了政权更替对联盟重组的影响。

Siverson 和 Starr（1994）证明，在联盟成员力量分布和国家军事实力保持不变情况下，源于外部压力、国内革命或非暴力行为（国内政治危机）导致的政权更迭会显著地影响联盟重组，其原因在于新生掌权人对“自主—安全”组合的效用和认知发生了变化①。Siverson 和 Starr 的研究完善了 Morrow 模型，也进一步证明了“自主—安全”交易模型的稳健性。

Nakai（2016）基于 Altfeld 模型和 Morrow 模型同样的微观经济学研究方法，建立了一个联盟重构的“讨价还价模型”②。该模型揭示了为安全需要，联盟成员“军备建设”和“联盟”之间的组合选择，证明联盟成员军事力量的变化以及国内政治政权的更迭会引发成员对联盟重组的需求。对“军备建设”和“联盟”之间的组合选择可以看作是对 Altfeld 模型中 $S=S(R, L)$ 函数的发展，军事实力相对变化引发的联盟重组是对 Morrow 模型中“军事实力变化引起联盟解体或重组”的继承，国内政权更替则扩展了 Siverson 和 Starr 的

---

① SIVERSON R M, STARR H. Regime change and the restructuring of alliances [J]. American Journal of Political Science, 1994, 38 (1): 145-161.

② NAKAI A. A theory of alliance restructuring: the cases in East Asia, 1946—2000 [D]. Boston: Boston University, 2016.

研究范围。

对联盟重构的研究将静态分析扩展到动态分析。联盟不是静止不变的，联盟成立后，外部或内部因素的改变，会引起联盟成员地位的改变或造成偏好函数变化，从而引起联盟内成员重新协商“自主—安全”交易条件，联盟再进行动态调整。这为我们理解二战后，美国联盟体系内部变化，以及这种变化对美国的影响提供了依据。

2.2 货币竞争的地缘属性

加文（2011）认为：货币问题不是在真空中讨论的，而是不可避免地与当时宏大的政治和安全问题相关联①。货币关系反映了国际政治格局。

安全关系是地缘政治的核心，双边或多边安全关系往往表现为军事联盟，在国际货币竞争中，以军事联盟为代理变量也是最为常见的。以地缘政治影响货币竞争为主题的研究可以分为两类：以文本研究为主的个案研究和以模型为主的实证研究。

（1）个案研究。

斯特兰奇（Strange，1971）在《国际货币的政治学》一文中指出，在国际金融和货币领域，经济学家太专注于技术性因素，太专注于货币功能性分析和其他经济机制的作用，会不自觉地倾向于忽略或忽视其中政治性因素的作用②。“外部权力关系是基本的骨骼，或多或少的技术力量必须依附于骨骼”③。斯特兰奇开创性地分析了政治性因素在国际货币形成中的重要作用，尤其是两国政治安全关系。斯特兰奇的研究对象是英镑，斯特兰奇（Strange，1971）认为宗主货币的“因果性因素”从根本上说是政治因素，宗主货币的形成是货币发行国与其他国家之间存在政治的直接从属性，或虽然独立但仍然以某种方式“依附于”原来的宗主国，支持英镑国际地位的国家也大都与英国有着广泛的政治联系，尤其是安全关系④。

---

① 加文. 黄金、美元与权力：国际货币关系的政治（1958—1971）［M］. 严荣，译. 北京：社会科学文献出版社，2011：5.

② STRANGE S. The politics of international currencies［J］. World Politics，1971，23（23）：215-231.

③ SCHWARTZ H，RANDALL G. The political economy of failure：the Euro as an international currency［J］. Review of International Political Economy，2014，21（5）：1095-1122.

④ STRANGE S. Sterling and British policy：a political view［J］. International Affairs，1971，47（2）：302-315.

美元是现代学者集中研究的对象。加文从国际货币关系的视角探讨了美元的国际货币地位与联盟体系之间的关系，认为“联盟政治、货币关系以及战略在很大程度上是紧密关联的”①。美元的国际角色被镶嵌于美国编织的综合性结构网络之中，包括国际安全、地缘政治、军事、经济、文化价值观等。不对称的双边或多边安全关系也是美国利用其已经形成的巨大国际货币权力或结构性权力，对其他国家转移货币偏好施加压力的有效手段，以此增加其他国家转移货币使用偏好的成本和意愿，从而维持本国货币的国际地位，阻碍其他潜在竞争对手。著名国际政治学者吉尔平（Robert Gilpin）认为：“每一种国际货币机制都建立在特定的国际秩序之上。”② 二战后的国际秩序是以美国为核心建立的，其中联盟体系成为战后“美国秩序”“西方时代”的重要特征，扩大到各盟友的核威慑成为重要支柱。这种不对称的联盟体系在两个方面影响了货币竞争。一是基于美国盟友与美国的安全关系衍生出美国盟友对美元的政治支持。Zimmermann（2011）详细论述了 1950—1971 年，德国持有美元的地缘政治因素——“美元赤字分摊-美国驻军”，德国以分摊美国赤字对美元造成的影响，来换取美国在德国的驻军承诺。持有美元储备和以美元为货币锚是这种交易的一种表现。Posen（2008）认为美国在全球安全、商业，甚至文化方面的政治领导力对美元锚具有关键影响，安全关系对其他国家持有美元外汇储备和钉住美元的汇率制度具有重要影响③。19 世纪 60 年代，德国马克是钉住美元的，但这被德国当局视为是有问题的，因为这导致德国从美国输入了通货膨胀，经济过热，但是美国在德国驻军以抵抗来自苏联的威胁，被视为是德国明知钉住美元在经济上是不利的，仍继续维持对美元的钉住，同时继续持有美元储备的政治原因。与德国情况类似的还有日本、沙特阿拉伯等国家。Spiro（1999）考察了中东国家持有美元的政治因素，用大量的事实证明沙特阿拉伯与美国之间存在“石油美元-安全保护”的交易，沙特阿拉伯需要美国的安全协助以获取影响力，美国需要沙特阿拉伯维持美元在全球石油市场中的主导地位④。地区甚至是全球安全提供者成为美国货币独特结构性权力的来源之一，替代美元的货币可能存在，但却不存在美国军事保护的替代者，这成为美国盟

① 加文. 黄金、美元与权力：国际货币关系的政治（1958—1971）［M］. 严荣，译. 北京：社会科学文献出版社，2011：325.

② 吉尔平. 国际关系政治经济学［M］. 佚名，译. 北京：经济科学出版社，1989：112.

③ POSEN A S. Why the Euro will not rival the Dollar［J］. International Finance，2008，11（1）：75-100.

④ SPIRO D. The hidden hand of American hegemony［M］. Ithaca：Cornell University Press，1999.

友对美元支持的“安全收益”。Momani（2008）对海湾合作理事会石油出口国与美元未来的关系研究为此提供了支持①。除此之外，Calleo（1982）、Helleiner（2008）和 Cohen（2015）等学者也都支持这样的观点。

欧元是地缘政治与货币竞争关系研究的另一个重点个案。欧元受到不对称联盟体系对货币竞争限制的消极影响，即盟友货币与美元货币竞争时束手束脚，安全依赖限制了与美元竞争的强度。欧元与美元的关系不仅仅是货币关系，而且涉及“跨大西洋”的政治安全关系。Cohen（2011）曾评价说：任何企图在欧洲周边之外扩展欧元势力范围的举动都把市场竞争的低级政治引向外交冲突的高级政治②。欧美政治安全关系成为欧元国际化的天花板，欧洲对欧元国际化的推进以不危及欧美之间的政治安全关系为限。欧元在中东地区影响较弱，是因为欧洲不想在中东地区引起与美国的地缘政治冲突，但如果欧洲能在中东发挥更大的政治作用，中东产油国就很有动力将石油计价转向欧元。Ilzetzki 等（2020）认为，从 1999 年开始，欧元的国际地位并没有超过被取代的德国马克和法国法郎的国际地位，基本上没有太大变化，其原因是多方面的，缺乏以主权债券为主的安全的欧元资产，以及无独立军事力量都是欧元国际角色提升的严重障碍③。这与 Efstathiou 等（2018）意见一致，即提出如果要提升欧元的国际地位，必须有更为统一的、有效的对外防卫政策和力量。

日元也存在同样的问题，日本处于美国的核保护伞之下，这种军事安全上的“庇护”延伸到了日本的经济金融事务中，“日本处于美国的核保护伞之下，即使是经济运营最后也不得不听命于美国”④。Cohen（2014）认为日本因在安全事务中没有领导能力，使其缺乏影响其他政府货币偏好的政治手段，军事上依赖美国保护也使其不具有“安全天堂”的特性。日元只能扮演美元主导的全球货币体系的补充者角色。

（2）实证研究。

Li（2003）基于有约束的多项 Logit 模型，研究了军事联盟对汇率制度和货币锚选择的影响⑤。实证表明，防御条约型的安全联盟对货币锚选择具有显

---

① MOMANI B. Gulf cooperation council oil exporters and the future of the Dollar [J]. New Political Economy, 2008, 13 (3): 293-314.

② COHEN B J. The future of global currency [M]. London: Routledge, 2011: 40.

③ ILZETZKI, ETHAN, REINHART, et al. Why is the Euro punching below its weight? [J]. Economic Policy, 2020, 35 (10): 1093-1095.

④ 泷田洋一. 日美货币谈判：内幕 20 年 [M]. 李春梅，译. 北京：清华大学出版社，2009：270.

⑤ LI Q. The effect of security alliances on exchange-rate regime choices [J]. International Interactions, 2003, 29 (2): 159-193.

著影响，同等条件下一国或地区更倾向于选择盟友货币作为锚货币。这可能有三方面的原因：一是盟友纽带使国际货币合作更有动力，从而可以更好地维护固定汇率制度；二是锚货币国家可以从钉住汇率制度安排中获得经济利益和安全外部性，经济收益可以转化成军事实力的提升，进一步提升联盟的安全能力，这对双方的安保同样有利；三是安全联盟赋予钉住汇率制度国家另一层收益，即联盟关系有助于稳定市场预期，对固定汇率制度的持久性更有信心，因为，联盟国家通常会帮助钉住汇率制度盟友稳定这种安排，联盟关系为固定汇率制度提供了额外的信任度。

同样是对锚货币选择的研究，有学者使用引力模型从相反的角度得出相似的结论。Fischer（2011）对锚货币选择的经验研究证明，引力模型在解释美元锚时不是统计显著的，但欧元是统计显著的，也就是说钉住美元的国家与美国的距离并没有因为距离的增加而减少，从交易成本等经济角度不能完全解释引力模型为什么（相对）失效了。但是如果考虑加上美国在全球的地缘影响力（通过驻军、基地或军事联盟体现）可能有助于解释这种失效，相反，在欧元锚统计的显著，也可能是由欧盟对外投射地缘政治影响力的力度非常弱导致的。Fischer 的研究也证明，殖民关系在欧元锚货币选择中是高度统计显著的。

Eichengreen 等（2019）使用了一战前的各国外汇储备币种结构“国别”数据，建立二阶段最小二乘面板数据模型，实证了外汇储备币种结构中的经济因素（惯性、规模、可信度）和地缘政治动机（军事联盟）的相对影响。结果显示，在控制了经济因素之后，殖民关系和距离在联盟变量以及分变量（防御、中立等）进入模型后，二者都是统计显著的，且系数符号与预期相符，距离系数为负，殖民关系系数为正①。Eichengreen 等（2019）的研究表明，与拥核国家（中国、英国、法国、印度、俄罗斯）相比，依靠美国军事保护的国家或地区（沙特阿拉伯、日本、韩国、德国），其持有的美元外汇储备份额大约高出30%。也就是说，如果美国撤销对这些国家或地区的安全保护承诺，美元在该国或地区的外汇储备中的份额会降低30%左右。换句话说，军事联盟使美元在被保护盟友的外汇储备组合中提高了30%，这 30%就是“地缘政治保险费”（geopolitical premium）。

Anderson 等（2020）使用“联合国投票”“官方援助 ODA”“军费开支”，

---

① EICHENGREEN B，MEH A，CHITU L. Mars or mercury? The geopolitics of international currency choice [J]. Economic Policy，2019（34）：315-363.

以及“军品进口”等作为地缘政治的代理变量，分别在总量数据和国别细分数据的基础上，对地缘政治在外汇储备币种选择的作用进行了实证研究，发现结果不一。在总量数据的实证不支持地缘政治对外汇储备币种选择的影响，统计不显著或者与预期相反；在细分数据（国家数据）的实证显示，仅有“联合国投票”在发达经济体组别中是统计显著且符合预期，“军品进口”也仅在新兴市场和发展中经济体组别中是统计显著且符合预期的，“官方援助”虽然统计显著，但是方向却与预期相反。

Liao 和 Daniel（2016）建立了一个面板数据 logistic 回归模型，使用联合国大会投票的理想点距离为代理变量，验证了以政治倾向为代表的地缘政治在人民币国际化初期的作用①。实证结果表明，某些国家或经济体在人民币国际化初期就将人民币纳入外汇储备中，反映了这些国家或经济体对美国领导的国际秩序的远离，以及对中国秩序的偏好，是对中国替代秩序偏好的反映。

个案研究和实证研究各有利弊。个案研究可以使研究焦点更为突出，将锚货币选择或外汇储备币种选择放在一个更为广泛的历史背景下，在使问题变得复杂之外，更有意义地反映了这种所谓经济决策的国际政治和安全背景的重要性，反映了当时的时代背景这种约束。个案研究缺乏系统性，适用性存在不足，实证研究可以从一定程度上弥补这种缺点。但是，现有的实证研究并没有提供一致的结论。原因是多方面的。一是数据的可获得性问题。在外汇储备币种结构的数据上，IMF 公开提供了总量数据，但国别币种数据处于保密状态，这为更有针对性地研究带来了障碍。学者们对国别外汇储备币种结构的研究，多是可以收集到的各国公开的零散数据，影响了研究质量。二是地缘政治代理变量的选择，虽然军事联盟是地缘政治最为主要的核心变量，但是这种“变量”是相对稳定的，于是军费支出、政治倾向等不同代理变量都被学者们用于实证研究，这影响了结果一致性表现。

以地缘政治为分析方法的研究主要着眼于货币发行国实力的发挥，重点在于外国对另一国货币的支持不是基于经济利益，而主要考虑军事安全、外交等政治因素，突出了高级政治与国际货币支持之间关系的重要性。这种方法为国际货币之间的国家战略竞争提供了研究的切入视角，弥补了主流经济学忽略政治因素的缺陷。本书以“自主—安全”交易联盟理论为基础，尝试建立一个

---

① LIAO S, DANIEL M D. No reservations: international order and demand for the renminbi as a reserve currency [J]. International Studies Quarterly, 2016 (2): 272-293.

地缘货币关系的分析框架，为个案研究提供一个可利用的范式，从一定程度上弥补传统个案研究的非系统性，同时为“联盟体系”和“货币国际地位”之间的关系提供数据计量实证支持。综合个案研究与实证研究，较为全面地对地缘政治在国际货币竞争中的作用进行分析。同时本书也弥补了主流经济分析模型只注重经济金融因素的不足，在模型中纳入政府治理能力和军事实力变量，更重要的一点是主流经济分析聚焦的货币发行国的“内在”实力，本书则在注重“内在”实力的基础上增加“外部约束”，弥补以往文献中对货币国际化影响的“外部约束”研究的不足。

3 美元国际化历史

3.1 “S”理论与国际货币生命周期

金德尔伯格认为，国家的生命力与人类的生命力一样也是呈周期性变化的，通常，一个国家的经济一开始缓慢地启动，然后加速，飞速发展一段时期，最后减速，将变化轨迹理想化就会出现一条“S”形曲线①。如果把国家比作人的话，国家生命周期由青年、成年、壮年和老年等阶段构成。“只有以全面分析为基础，对过去材料的解释才能作为将来的借鉴”②，国家的生命周期决定了货币的生命周期，决定了本国货币在国际范围内行使货币职能的水平。至今尚未找到合适的货币替代美元，是因为在世界范围内，没有哪个国家的实力可以与美国相媲美，取代美国全球霸权的国家还没有出现，当然就不会有美元的替代货币出现。当然，美元也不过是前一个世界货币英镑的替代者。以金德尔伯格的“S”形国家生命周期理论为基础，将国际货币的生命周期划分为孕育期、摇篮期、成长期、成熟期和衰退期，以此来探讨美元世界货币的成长历史。

国家生命周期阶段划分是国际货币生命周期划分的基础，但存在时滞性。一个处于经济起飞阶段和衰弱阶段国家的货币不可能承担起世界货币的责任，与在位货币国家的差距限制了其在世界范围内的竞争力。只有当一国处于经济强盛期，具备与其他国家竞争的优势地位时，本币的国际化才能被其他国家所接受。换句话说，国际货币生命周期阶段要滞后于国家生命周期阶段，不是同步的。经济霸权国家的货币最终会成为那一时代的世界货币，但货币国际化周期也有自身的运行轨迹。

---

① 金德尔伯格. 世界经济霸权：1500—1990［M］. 佚名，译. 北京：商务印书馆，2003：20-23.

② 马歇尔. 经济学原理：下卷［M］. 朱志泰，译. 北京：商务印书馆，1964：417.

可以将货币国际化之前的阶段看作是为国际化进行能量积蓄的时期。这一时期伴随着国家的成长期，经济实力不断增强、对外贸易增长、金融市场发展深化，政府政策稳定连续、国家治理能力不断提高，对外关系得以扩展、军事安全能力得到提升。货币的信心随着国家的成长而不断增强，货币对外吸引力不断提高。货币的国际化有了基本的条件，一旦国家通过法律政策解除相关限制，货币国际化就会出现较为快速的发展。

在货币国际化的初始期，货币的国际使用与国内经济金融实力具有较为紧密的关系，像人的童年一样，营养的供给是成长的根源，货币的对外吸引力来自发行国的经济实力。文献实证的结果已经表明，经济规模（包括以 GDP 衡量的经济总量大小、对外贸易规模）的大小和金融市场发展水平的高低是决定该国货币在贸易货币、储备货币和投资货币选择中优势大小的主要决定因素。货币的国际地位与经济因素呈现出较好的线性关系。但这种线性关系在货币国际化发展到一定程度之后会发生变化，非线性关系凸显，货币的国际化程度远远超过一国经济在世界中的份额，货币国际化进入到另一个阶段：成长期。

成长期是货币国际化的关键时期，决定了货币未来在国际货币结构中的地位，或者说决定了货币国际化的成功与否。这一时期的特征是货币国际化不再仅仅依靠发行国国内的力量支撑，具有了自我发展的能力。这种自我发展的能力源自货币作为网络产品（network product）的特性。货币具有电话、操作系统等产品同样的网络外部性，即使用这种产品的用户越多，该产品的应用价值就越高。当使用该产品的用户规模、用户网络达到一定程度，网络本身将成为吸引新用户不断加入的动力源，新用户的加入又进一步增加了网络价值，扩大的网络又会再吸引更多的用户，周而复始，网络具有了自我成长的能力。货币的使用也具有这样的特性。货币使用网络达到一定规模后，规模经济带来的低交易成本和交易便利性会产生自我强化效应。这种自我强化效应的结果是货币的国际使用在一定程度上超越了货币发行国实力支撑的程度。就像人进入成年，自身具有了自我发展的能力，这种发展和摄入能量多少不再有紧密的相关性，比青少年和婴幼儿时期具有更独立发展的能力。成长期货币竞争力的形成具有重要的意义，最终网络规模会决定货币国际地位的高度。成长期是新兴国际货币与在位国际货币以及其他新兴国际货币进行市场竞争的过程，竞争的结果是国际货币结构达到某种程度的均衡状态。在相对力量发生显著变化之前，均衡状态将维持一段时间，进入货币竞争的“相持”阶段，货币国际化也随之进入稳定期或成熟期。

货币国际化进入成熟期是货币竞争均衡产生的结果。货币的国际市场份额相对稳定，一般情况下不会急剧增加也不会急剧减少，可能产生反复，即货币地位暂时被其他货币取代，但之后会被夺回。成熟期的发展将取决于竞争对手和国际宏观环境、国际关系等因素，带有很大的不确定性。在位国际货币的“惯性”阻力在成熟期会达到最大，没有哪个国家会心甘情愿放弃世界货币的“头把交椅”带来的特权，在其各方面实力被彻底超越之前，会竭力维持霸权地位。斯特兰奇所说的结构性权力将会被用来阻止竞争对手的进一步发展，甚至“修昔底德陷阱”也许会成真。冲突的结局将决定货币竞争均衡的发展方向。

新兴国际货币在均衡之后可能有两种结局：直接进入衰退期，均衡点将成为货币国际地位的最高点，像人一样未老先衰；或者彻底取代在位国际货币成为新的世界货币，超越所有竞争对手。如果进入衰退期，货币国际化将完成一个周期。如果新兴国际货币成为一种新的世界货币，对于国际货币体系来说，旧的霸主退位，新霸主产生，世界货币新老交替本身就产生了一个新的周期，新霸主将等待另一潜在大国的崛起，直到被下一个霸主取代，也走向衰退期。

把美元国际化放在整个美国历史发展背景下，会发现货币国际化与国家实力之间的关系，美元的国际地位是美国综合国力在国际货币结构中的反映。美国为美元世界霸主地位的确立构建了国际制度基础，其对外政策和军事实力促进了外国政府对美元的支持。

3.2 美元国际化的孕育期（1914 年之前）

1914 年之前，美元在国际货币结构中毫无地位。一战之前，与黄金一样好的是英镑，除英镑之外，法国法郎、德国马克、瑞士法郎、荷兰盾、意大利里拉、比利时法郎、奥地利先令都处于国际货币序列中，唯独没有美元①。统计数据也证明了这一点。根据 Lindert（1969）的统计，在 1913 年各国外汇储备中英镑占比 48%，法国法郎占比 31%，德国马克占比 15%，其他为 6%，美元微不足道②。

但这一时期却是美元国际化国内基础形成的时期。根据前文中国际货币生命周期假设，在一国国力充分发展之后才可能有本国货币的国际化，而 1914 年前后正是美国作为后发国家赶超先进国家英国的关键时期。一战之前，美国

---

① 埃森格林. 嚣张的特权：美元的兴衰和货币的未来［M］. 陈召强，译. 北京：中信出版社，2011：19.

② LINDERT P. Key currencies and the gold exchange standard, 1900—1913［D］. Cornell: Cornell University, 1967.

不仅拥有了极具吸引力的丰富农业资源，还拥有了世界上最强大的工业部门，美国已经是世界头号强国。

首先，政治独立和领土统一为经济发展奠定了基础。1783 年美国独立战争结束，英国承认美国独立；1814 年第二次对英战争结束，美国成为完全独立的民族主权国家；1865 年结束南北战争；1877 年民主重建结束。美国国土面积增长了 4 倍，从最初的 13 个州增加到 48 个州，人口增长了 24 倍，从大约 400 万增长到 1 亿。美国的独立和内战的统一以及领土的相对固定给美元的崛起提供了政治前提，领土的扩张和内战的结束形成国内统一市场，为美国经济的飞速发展奠定了基础。

其次，经济和贸易实力发生了飞跃。按胡鞍钢（2006）的划分，1870—1913 年美国实现了持续的经济起飞和持续的迅速崛起，这一阶段叫黄金时期[①]。整个美国大陆的经济在这一阶段获得了广泛的发展，从一个农业国转变成一个工业国，甚至实现了对英国的赶超（见表 3.1 和表 3.2）。

表 3.1　美国与其他国家的国民生产总值指数比较

年份	1900 年	1913 年
美国	349	585
德国	225	330
日本	206	281
英国	184	224
法国	160	200

注：表中的数据以 1870 年为基期数据。

资料来源：金德尔伯格. 世界经济霸权：1500—1990 [M]. 佚名，译. 北京：商务印书馆，2003：315。

表 3.2　不同国家不同时期（人均）总产值与美国的比较

	总产值				人均总产值			
年份	1850	1870	1890	1913	1850	1870	1890	1913
英国	1.42	0.97	0.67	0.41	1.30	1.33	1.21	0.95
法国	1.43	0.73	0.44	0.28	0.92	0.76	0.69	0.65
德国	0.69	0.45	0.33	0.28	0.81	0.78	0.75	0.72

注：假设美国人均总产值为 1。

资料来源：恩格尔曼，高尔曼. 剑桥美国经济史：第二卷 [M]. 高德步，译. 北京：中国人民大学出版社，2008：484。

① 胡鞍钢. 国家生命周期与中国崛起 [J]. 中关村，2006（7）：7-17.

1840 年英国的国内生产总值（GDP）是美国的 1.5 倍，之后美国的 GDP 逐渐超过英国，到 1913 年，英国的 GDP 仅相当于美国的 41%，两个国家的相对地位发生了根本的转变。从经济规模上看，一战前美国已经成为经济强国，甚至可以说已经成为世界上最大的经济体，其年均 GDP 已经超过英、德、法三个一战的主要参战国家，甚至其当时的 GDP 已经大约相当于全部西欧发达国家 GDP 总和的三分之二，人均收入水平在 19 世纪晚期要比当时世界上的绝大多数国家要高（见表 3.3）。

表 3.3　1914 年之前美国的贸易额占世界总贸易额的比重　　单位：%

年份	1800	1860	1870	1880	1900	1910	1913
出口	3.2	9.8	7.9	13.2	15.0	12.3	12.9
进出口	5.3	9.7	8.2	10.7	—	—	—

注：“—” 表示数据缺失。

资料来源：恩格尔曼，高尔曼. 剑桥美国经济史：第二卷［M］. 高德步，译. 北京：中国人民大学出版社，2008：484.

同时，美国也成为世界上最大的产品提供者。如表 3.3 所示，1800 年美国进出口额占世界份额的 5.3%，出口额占 3.2%，到了 1880 年，占比则分别达到 10.7%和 13.2%，出口额在 1900 年更是达到 15%，之后有所回落，但 1913 年仍达到 12.9%，美国的对外贸易额已经超过了英国，同时美国的贸易收支从逆差逐渐转变为顺差，一直维持到 20 世纪。贸易顺差给美国带来大量的黄金，美国占全球黄金储备的份额从 19 世纪 90 年代中期的大约 1/8 上升到 19 世纪末的 1/4。同时，美国大约在 1895 年从资本输入国变为资本输出国①。

最后，金融市场的基本建立。在第一任财政部部长汉密尔顿的努力下，独立后的美国开始重新发展国内债券市场，为现代资本市场的发展奠定了良好的基础。根据《剑桥美国经济史》，汉密尔顿的金融计划，包括货币和银行制度的安排，产生了以政府债券和银行股票形式存在的高达 8 000 万美元的高等级证券。到 1795 年，7 000 万美元的政府债务中有大约 2 000 万美元被外国投资者持有，到 1801 年提高到 3 300 万美元，1803 年增加到 5 000 万美元②。同时

① 恩格尔曼，高尔曼. 剑桥美国经济史：第二卷［M］. 高德步，译. 北京：中国人民大学出版社，2008：469.

② 同①500.

期，美国银行体系也大致建立。随着美国联邦制的形成，一个包括金融机构（如银行和保险公司）、金融工具（如铸币、可兑换银行券、债券和股票）和证券市场的金融体系也应运而生。

虽然这一时期美国经济产生了飞跃，但无法全方位地改变世界霸权结构。19 世纪整体是“大英帝国治下的和平”，世界政治格局还没有发生实质变化，英镑仍是头号世界货币，虽然英国相对经济地位已经下降。

3.3 美元国际化的摇篮期和成长期（1915—1945 年）

从现有的相关数据来看，美元的崛起是“现象”级的。美元从 1914 年之前几乎为零的状态迅速过渡到 20 世纪 20 年代超过英镑，几乎没有经过摇篮期，直接进入快速成长期。到 20 世纪 20 年代下半期，在美国所有的进出口业务中，有超过一半是由美元计价的银行承兑汇票融资的，作为债券面值的计价货币和储备货币，美元也在同一时期超过英镑。1922 年热那亚黄金会议计划用英镑和美元来补充黄金储备的不足，这可以作为官方证据表明美元在一战后的国际地位有了巨大提升。到了 1934 年，美国已经拥有了世界上最强大的货币，居于国际货币体系的支配地位，开启了国际货币历史上的下一个时代①。

1914 年成为美国货币史上的一个分水岭②，也被众多学者视为美元国际化的标志性时间。原因有二：美国联邦储备体系在 1914 年正式开始运转；第一次世界大战爆发。

蒙代尔对美国联邦储备委员会（以下简称美联储）的作用给予了极高评价，他说“1913 年美联储的诞生是 20 世纪最重大的历史事件之一，正是美联储使美钞成为世界上最重要的货币”③，“它（美联储）为美元统治世界铺平了道路”④。

一战进一步加速了英美之间霸权的交接过程。正如金德尔伯格所说的那样，战争在新兴大国赶超老霸主的过程中具有重大作用，“无论胜利者抑或失

① 蒙代尔. 蒙代尔经济学文集：第四卷［M］. 向松祚，译. 北京：中国金融出版社，2009：34.

② 弗里德曼，施瓦茨. 美国货币史：1867—1960［M］. 巴曙松，译. 北京：北京大学出版社，2009：5.

③ 蒙代尔. 蒙代尔经济学文集：第五卷［M］. 向松祚，译. 北京：中国金融出版社，2003：5.

④ 蒙代尔. 蒙代尔经济学文集：第六卷［M］. 向松祚，译. 北京：中国金融出版社，2003：133.

败者，战争都是经济增长或衰退的温床，它既使本已快速增长的经济的发展速度加快，又使正在萎缩或增长放慢的经济衰退加速”①。一战前，美国是债务国，处于“一个发展中国家的正常状态”②，但一战中为了从美国进口，欧洲国家大量减持美国国债、输出黄金、举借新债、出售国外资产，一战后美国就变成了持有世界上大部分货币黄金储备的债权国，至 1940 年，美国已经占有全世界四分之三的货币黄金储备，世界金融中心从伦敦转移到了纽约。1941 年美国经济进入了高速发展阶段，工业生产指数从 1929 年的 100 上升到 1941 年的 139，美国实际 GDP 从 1929 年的 7 090 亿美元增长到 1944 年的 13 806 亿美元，增长了 94.7%（见图 3.1）③。两次世界大战不但给美国带来经济上的巨大收益，更重要的是确定了美国作为战胜国的国际政治地位和增强了美国的军事力量④。

二战后，美国彻底完成了世界霸权的更替，相应地，国际货币体系结构也对世界政治格局的变化做出反应。

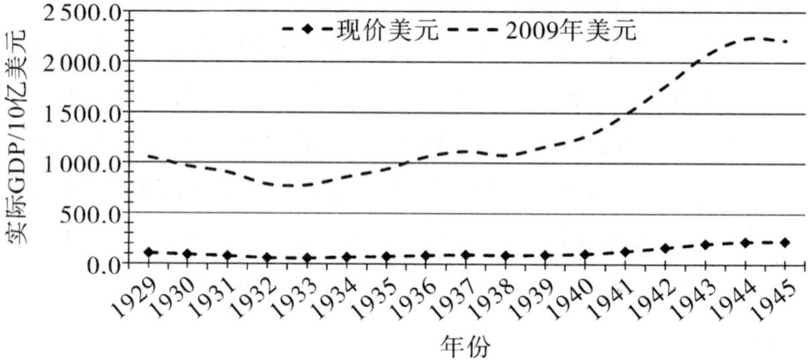

图 3.1　1929—1945 年美国实际 GDP

① 金德尔伯格. 世界经济霸权：1500—1990［M］. 佚名，译. 北京：商务印书馆，2003：52.

② 恩格尔曼，高尔曼. 剑桥美国经济史：第二卷［M］. 高德步，译. 北京：中国人民大学出版社，2008：476.

③ 沃尔顿，罗考夫. 美国经济史［M］. 10 版. 北京：中国人民大学出版社，2011：564.

④ 美国军队人数从 1916 年的 17.9 万人增加到 1918 年的近 300 万人，军事行动费用也大幅增加，从 1916 年占国民生产总值（GNP）的 1.6%增长到 1918 年的 24.2%。

3.4 美元国际化的成熟期（1946—1971 年）

1945 年美国已经成为超级大国，工业产出占世界的 80%，拥有世界四分之三的黄金储备，这段时期被金德尔伯格称为美国的黄金时期，美国在世界经济中的显著地位无可挑剔①。赢得世界大战，制造出原子弹，成为世界政治大国与军事大国，美国势力独一无二（见图 3.2）。美国的对外贸易额世界占比在 1948 年高达 35%，超出第二位的英国十个百分点。之后虽然有所下降，到 1971 年仍保持 25% 以上的份额，GDP 占世界份额在 1967—1971 年平均为 37.4%，是德英日三国总和的 2 倍。1970 年净对外资产为 424.40 亿美元，是英国的 7 倍多，超过德英法日四国之和。

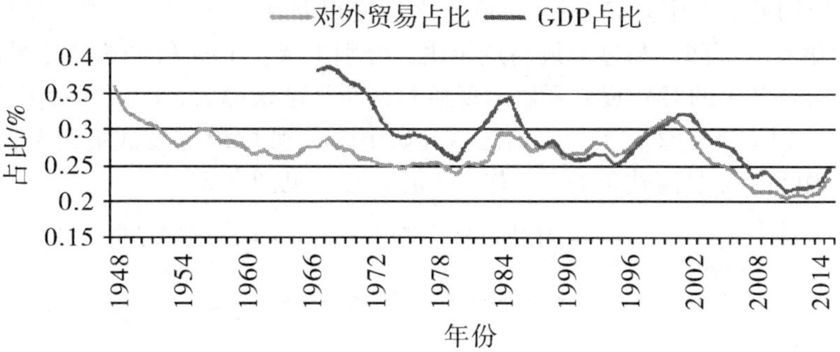

图 3.2　美国对外贸易和 GDP 占世界份额

这一时期美元的国际地位达到顶峰，美元同黄金一样，成为世界记账单位、关键货币、合同的记账单位、价值储藏手段、交易媒介、干预外汇市场的主导货币、贸易结算货币、延期支付的货币单位以及国际储备货币。

这一时期，英国的广泛政治体系网络仍在发挥作用，英镑区国家的政治支持在一定程度上延缓了英镑地位的下降。美国利用其霸权优势继续打击英镑，在对英国的 1946 年贷款中美国就提出了条件，包括消除英镑区的对外歧视、进口限额、外汇管制、关税特惠，以及英镑自由兑换成美元等。为获取美国提供的巨额低息贷款，迫于压力，英国在对外开放市场和英镑自由兑换成美元方面做出让步，于 1947 年 7 月实现了经常账户可兑换。其后果是其他持有英镑的国家都将英镑兑换成了美元，英国的储备损失严重。

---

① 金德尔伯格. 世界经济霸权：1500—1990 [M]. 佚名，译. 北京：商务印书馆，2003：285.

带有地缘政治色彩的“马歇尔计划”和“道奇计划”解决了二战后出现的美元短缺问题，从而为巩固美元货币作为关键货币的坚实基础发挥了作用①。1946 年 3 月，时任英国首相丘吉尔在美国发表“铁幕演说”，1947 年 3 月美国“杜鲁门主义”出台，同年 6 月，美国国务卿提出“马歇尔计划”，前两者都是“冷战”的标志性事件，后者被称为“冷战的曙光”②。1949 年提出的“道奇计划”具有相似的地缘政治背景。Eichengreen（2011）甚至认为这两个计划“拯救了美元的国际地位”③。

3.5 美元国际地位的相对衰退期（1971 年至今）

1970 年之后，随着西欧和日本的逐渐崛起，美国经济和贸易占全球份额开始下降，虽然在 20 世纪 70—80 年代仍维持在较高水平，甚至在 20 世纪 90 年代有所回升，但下降趋势在 2000 年之后变得非常明显，其对外贸易份额和 GDP 份额双双下降，与过去最高点相比，分别下降了 14%和 46%（见图 3.2）。更明显的是美国的对外贸易开始出现逆差，而且越来越大，净国际投资头寸从 1980 年达到 2 968.62 亿美元峰值之后开始下降，到 1989 年变成负的 337.13 亿美元，2015 年更是高达负的 72 806.37 亿美元（见图 3.3）。

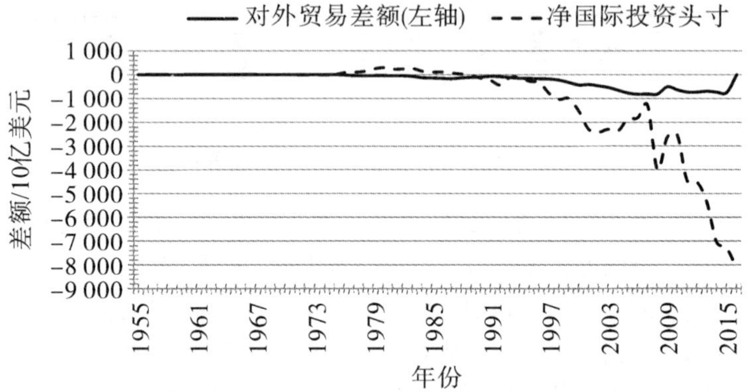

图 3.3 美国对外贸易差额与净国际投资头寸

---

① 岩本沙弓. 别上美元的当：以日本金融战败为鉴［M］. 崔进伟，承方，译. 广州：广东经济出版社，2011：73.

② DEGROOT M. The marshall plan: dawn of the cold war［J］. International Journal，2019，74（4）：616-619.

③ 埃森格林. 嚣张的特权：美元的兴衰和货币的未来［M］. 陈召强，译. 北京：中信出版社，2011：55.

1971 年 8 月 15 日，美国总统尼克松宣布关闭“黄金窗口”，对外不再履行美元兑换黄金的义务。布雷顿森林体系崩溃，美元失去了黄金担保，这标志着美元国际货币垄断地位相对衰退的开始。如金德尔伯格所说：“美元变成了充当国际货币的一辆破车。”① 在美国经济由盛转衰、布雷顿森林体系风雨飘摇以及“尼克松冲击”下，美元并没有出现“失控”现象，地缘政治因素起到了关键性作用。

20 世纪 60 年代，美国国际收支赤字严重恶化，美元面临巨大的贬值压力，同时，美元的“嚣张特权”也引起了其他国家不满，法国更是公开宣称要把存放在美国的黄金运回国内。此时，拥有巨额的国际收支盈余的德国却没有落井下石，反而公开同意不再从美国国库中购买黄金，以此鼓励其他盈余国持有美元。德国反其道而行的原因是，德国需要美国的军事保护。“在海外驻军补偿协议谈判中，美国政府警告德国，如果欧洲人不愿意缓解美元与黄金的外流趋势，美国政府不会放弃使用从北约撤回军队的威胁；赤字不是美国的错，如果德国没有准备好提供帮助，政治后果将会非常严重。”②

在美元失去与黄金的联系之后，美元的价值肯定受到市场和外国官方的怀疑，但以沙特阿拉伯为首的海湾国家以美元为石油定价，不但支撑了美元的海外需求和美元的中心货币角色，而且石油美元的回流对美国稳定国内通货膨胀和缓解财政赤字起到了重要作用。石油美元的形成无疑对在后布雷顿森林体系中美元的关键货币地位的支持是巨大的，石油这种重要资源的美元定价成为后布雷顿森林体系时代新的诺克斯堡保证（Fort Knox guarantee）③。“石油美元”不但在美元由盛转衰的关键时刻发挥了巨大作用，且其影响持续至今。美国在中东地区的“保护者”角色也是世人皆知。

美国强大的军事实力直到现在仍发挥着重要作用，在美元的相对衰退期，美国不会轻易让出其作为关键货币发行国的地位，美元必然采取某种手段卷土重来，军事手段不会被排除在外④。

随着德国和日本的相继崛起，美元开始与马克和日元分享一部分国际货币

---

① 金德尔伯格. 世界经济霸权：1500—1990［M］. 佚名，译. 北京：商务印书馆，2003：307.

② 加文. 黄金、美元与权力：国际货币关系的政治（1958—1971）［M］. 严荣，译. 北京：社会科学文献出版社，2011：68-80.

③ MCKINNON R I. The Euro threat is exaggerated［J］. International Economy，1998，12（60）：32-33.

④ 岩本沙弓. 别上美元的当：以日本金融战败为鉴［M］. 崔进伟，承方，译. 广州：广东经济出版社，2011：123-132.

权力。1999年欧元诞生之后逐渐成长为第二大国际货币，国际货币体系开始进入“双寡头”时代。但由于缺乏一种足够合适的替代物，美元并没有失去在国际货币体系中的中心位置，依然是世界的关键货币（见图3.4和表3.4）。从长期来看，美元的国际地位远超出了美国经济基础可以支撑的程度，美国综合国力的相对衰退必然会带来美元的衰弱，英镑的过去就是美元的未来也许不只是一种假设。

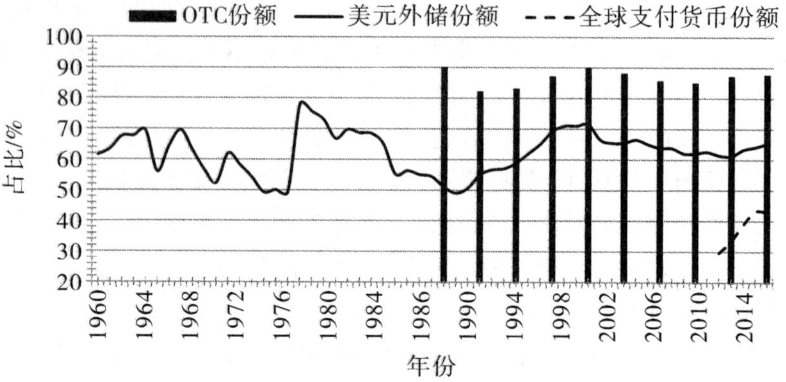

图3.4 美元的部分国际货币职能份额

表3.4 美元在部分国家进出口贸易计价的份额

国家	年份	出口/%	进口/%
美国	2003	99.8	92.8
日本	2008	49.8	74.7
韩国	2006	84.5	84.2
马来西亚	2000	90.0	90.0
泰国	2008	80.7	81.0
澳大利亚	2004	69.6	50.5
英国	2002	26.0	37.0
比利时	2004	29.6	35.1
法国	2003	33.6	46.9
德国	2004	24.1	35.9
希腊	2003	17.5	24.9
意大利	2004	51.2	55.3
葡萄牙	2004	27.4	32.6
西班牙	2004	29.1	35.5

4 地缘货币关系：一个分析性框架

二战后美国的联盟体系是建立在与他国的军事安全关系基础上的，“通常而言，紧密的货币关系同紧密的军事关系具有一致性”①，美国在不对称的安全关系中获得的权力被转移到货币关系上来，而被保护的安全依附者将货币关系置于安全关系之下，与美元的竞争或替代美元的偏好被压制。将“联盟”视为一种约束条件，不对称联盟中主导性大国为其他成员提供“安全”，换取其他成员在货币竞争中的“自主”利益让步。因此，可以说，在不对称联盟内部存在“安全保障-货币自主”交易关系，货币关系具有了地缘政治属性。

4.1 安全关系下的货币关系

首先，考察货币关系。

从官方外汇储备角度看，现在列入国际货币基金组织官方储备统计范围单列币种有：美元、欧元、日元、英镑、澳元、加元、瑞士法郎，以及人民币。从发展历史看，欧元诞生之前，还包括德国马克、法国法郎和荷兰盾。从2020年所占份额看，美元占比58.92%，处于货币金字塔顶端，占据第二位的是欧元的21.29%，日元和英镑分别处于第三、四位，份额最少的是瑞士法郎，仅有0.17%（见图4.1）。

---

① STRANGE S. Sterling and British policy: a political view [J]. International Affairs, 1971, 47 (2): 302-315.

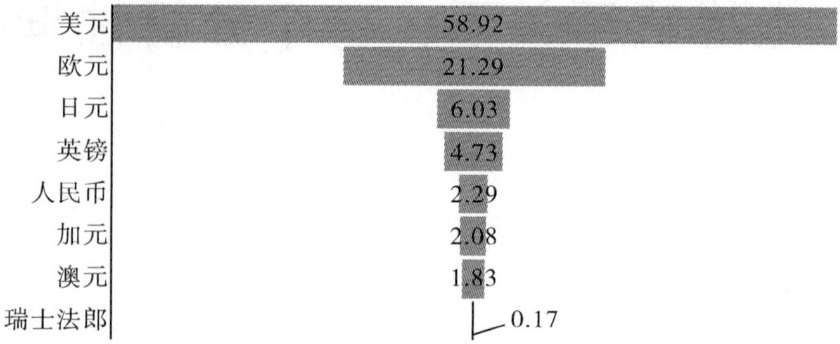

图 4.1　货币金字塔（2020 年;%）

将历史前推到欧元诞生之前的 1998 年，货币金字塔结构更为明显（见图 4.2）。此时美元绝对是一枝独秀，处于第二位的德国马克仅是美元份额的 1/5，美元是单极世界货币体系的绝对霸主。

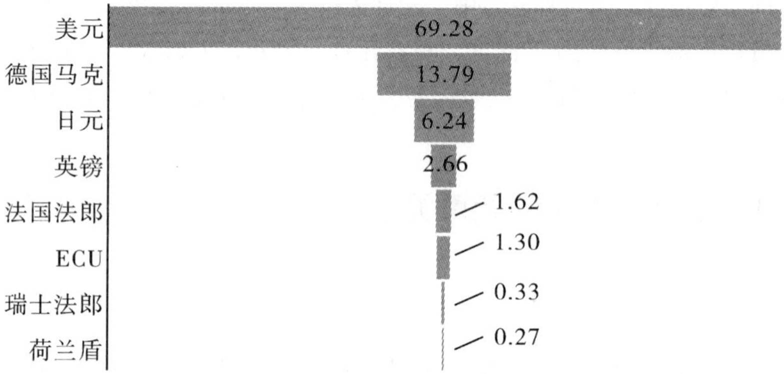

图 4.2　货币金字塔（1998;%）

从经济角度看，各国都有争夺货币国际活动空间的动力，以获取国际货币可能带来的铸币税收益和其他权利，因此，美元与其他各储备货币之间存在竞争关系。这种关系有两种表现：各储备货币发行国间的竞争、各储备货币在第三国的竞争。为便于分析，本书将前者称为“储备货币竞争”，将后者称为“储备货币替代”。“储备货币竞争”体现了一国政府在本国事务中对另一种储备货币的支持与否，以及对待本国货币国际化的支持意愿。“储备货币替代”则是作为非储备货币发行国的第三国对各储备货币的替代性选择。

其次，考察安全关系。

以2020年的国际储备货币为标准，可以发现，这些储备货币（人民币除外）发行国/地区都与美国有着“安全关系”，大都以双边或多边协议的形式与美国签订正式的军事联盟条约（见表4.1）。欧元区国家大多数属于北约成员，仅有少数几个国家虽不是北约成员，但也是北约的伙伴国。虽然瑞士是欧洲-大西洋伙伴关系理事会（EAPC）成员，但也是北约的伙伴国。日本与美国签订有《日美安保条约》。除了所谓的“特殊伙伴关系”，英国还是北约成员，同时在2021年与美国和澳大利亚签署了三边安保联盟协定（AUKUS）。澳大利亚与美国则有《澳新美安全条约》以及新签定的AUKUS。加拿大则是北约成员。除了瑞士之外，其他几个国际储备货币发行国/地区都是美国的传统盟友。

表4.1　货币与安全

国际货币	欧元	日元	英镑	澳元	加元	瑞士法郎
发行国与美国的安全关系	多边安全协议:《北大西洋公约》	双边安全协议:《日美安保条约》	多边安全协议:《北大西洋公约》;三边安保联盟协定:AUKUS	三边安全协定:《澳新美安全条约》、AUKUS	多边安全协议:《北大西洋公约》	北约的伙伴国:EAPC
发行国持有美国国债份额	欧元区:14%;欧盟27国:17%	17%	3.5%	0.6%	1.2%	4%

从二战至今美国一直是军事大国，无论是装备和军费开支，还是军事技术等，美国都是遥遥领先的。在美国与其他储备货币发行国结成的联盟中，军事实力对比显示了联盟的“不对称性”，美国作为“大国”，其他盟友都是“小国”，美国无疑占据绝对的主导地位。巨大的军事优势使美国具有强大的自我保护能力以及在全球各地维护自身利益的实力，从而使美元成为全球最为安全的货币。美国凭借强大的军事实力为其他盟友国家提供安全保护，尤其是所谓的“核保护”，其他国家则向美国提供诸如军事基地、国际事务立场支持等，当然也包括对美元的国际地位支持。因此，在不对称联盟内部，其他国家以降低“货币自主”利益的形式以获得美国提供的“安全保护”利益，从而形成“安全保护-货币自主”的交易性地缘货币关系。在与美元的竞争中，货币自主权被置于安全利益之下，事实上形成了对美元国际地位的支持。以日本为例，作为曾经的世界第二大经济体，日本政府曾积极推动日元国际化，但由于

受制于日美安全关系，日本在军事上尤其是核保护上对美国依赖严重，日元只能作为美元国际职能的补充者，而无法实质挑战美元的领导地位。事实上，日本一直是美国国债的最大海外持有者之一，在本国对外进出口中，也以美元为主要计价货币①。

非国际储备货币发行国在国际经济交往中，必然要选择一种国际货币作为中介，对私人来讲，这种国际货币主要用来计价、结算、投资；对政府部门来讲，这种国际货币主要用于外汇储备、外汇市场干预和汇率锚。基于一般经济逻辑，非储备货币发行国在选择使用哪种国际货币时，会受到两国贸易关系紧密程度的影响，尤其是贸易计价。但现实是，经济逻辑并不能反映第三国的国际货币选择，一国与他国经济联系的紧密程度不足以解释该国的货币选择行为。韩国货物进出口货币计价结算份额见表 4. 2。

表 4. 2　韩国货物进出口货币计价结算份额　　单位:%

年份	出口				进口			
	美元	日元	欧元	英镑	美元	日元	欧元	英镑
1980	95. 0	2. 2	1. 6	0. 5	93. 2	3. 7	1. 7	0. 5
1985	94. 2	3. 8	0. 8	0. 4	82. 4	12. 3	2. 0	0. 5
1990	88. 2	7. 4	2. 2	0. 9	79. 1	12. 7	4. 1	0. 9
1992	88. 8	6. 3	2. 8	0. 8	78. 6	13. 6	3. 8	0. 6
1994	88. 9	6. 4	2. 6	0. 5	76. 8	14. 7	4. 1	0. 7
1996	89. 1	5. 1	2. 2	1. 0	81. 0	10. 7	3. 6	0. 7
1997	89. 2	5. 0	1. 8	0. 9	82. 1	10. 0	2. 9	0. 8
1998	88. 5	5. 0	2. 7	1. 0	82. 4	10. 6	2. 7	0. 6
1999	85. 6	6. 0	2. 4	0. 9	80. 3	13. 8	2. 4	0. 5
2000	84. 8	5. 4	1. 8	0. 7	80. 4	12. 4	1. 9	0. 8
2001	87. 4	5. 4	1. 5	0. 7	82. 2	11. 5	1. 3	0. 6
2002	86. 8	5. 2	5. 8	0. 8	80. 4	12. 3	5. 4	0. 6
2003	85. 4	5. 4	7. 0	0. 8	78. 5	13. 8	6. 1	0. 6
2004	84. 3	5. 3	7. 8	1. 0	79. 1	14. 0	5. 6	0. 5
2005	83. 2	5. 3	9. 1	1. 1	81. 6	11. 7	5. 5	0. 4
2006	84. 5	4. 3	8. 8	1. 0	84. 2	9. 2	5. 6	0. 3

① 2008 年，日本出口中，日元计价占比为 39. 4%，美元为 49. 8%；进口中，日元计价仅占 20. 7%，美元高达 74. 7%。根据美国商务部的数据，截止到 2021 年 6 月，日本依然在美国境外投资者中排名第一，日本持有 12 773 亿美元美债，占比 17. 7%。

作为“东亚美元本位”的主要支撑者之一，韩国与美国军事关系异常紧密。《美韩共同防御条约》是韩美同盟的基础，条约中含有“领土开放”和“军事驻扎”条款，甚至韩国的战时指挥权至今还掌握在美国手里。韩美安全关系中，美国是韩国的军事保护国，韩国则处于被保护的从属地位，这种极为不平等的、带有等级色彩的依附关系，极大地损害了韩国在内政、外交上的自主利益，但这是韩国换取美国安全保障的成本①。鉴于韩国在东亚的地缘因素，将美国作为唯一的依靠极大降低了韩国用其他货币替代美元的自主性，毕竟没有哪个国家能替代美国在韩国心中的“保护者”角色，货币替代面临政治障碍。韩国外汇资产币种构成见图 4.3。

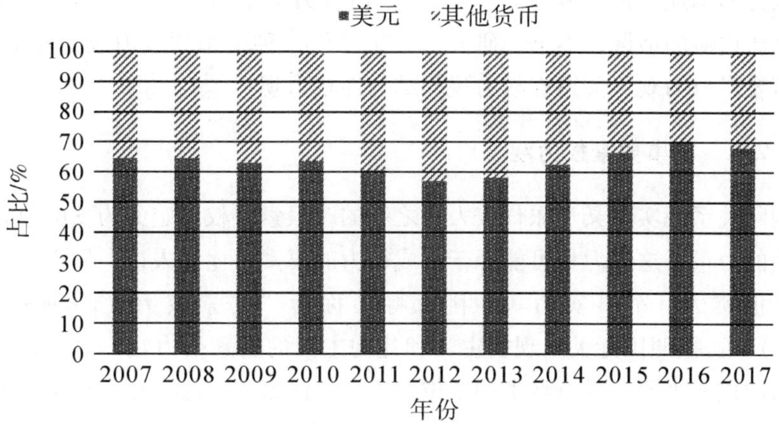

图 4.3　韩国外汇资产币种构成

美国盟友对美元国际地位的支持象征着对美国霸权和美国领导的世界政治秩序的支持，在所谓的“自由秩序”下，这些“小国”选择通过让渡自主利益——允许美国驻军或建立军事基地、追随美国对外政策、限制货币竞争或货币替代等——获取“大国”的持续军事保护和安全承诺。“大国”在牺牲掉一部分（从边际上看是微不足道的）安全利益下，在国际事务中——包括维持美元霸权——获得更大的“自主”利益，“嚣张的美元特权”和“不流泪的赤字”正是美国不断获得“货币自主”利益的结果。

① 苏俊燮. 韩美同盟的非对称性析论［J］. 上海交通大学学报（哲学社会科学版），2004（4）：37-41.

4.2 不对称联盟下的权力

不对称联盟不仅可能使“小国”自愿、主动放弃货币自主利益以换取“大国”对联盟安全保障的持续承诺，而且不对称联盟赋予“大国”的权力也可能被“大国”作为一种向“小国”施压以进一步提升自主权的强有力工具。

关于如何界定“权力（power）”①，国际政治经济学界并没有一个一致概念，正如此领域的著名学者罗伯特·吉尔平（Robert Gilpin）所言，国际关系中对权力的描述是最为麻烦的一件事②。但权力又是国际关系学和国际政治经济学无法逃避的话题，本书的研究内容主要以三种类型的权力观为理论基础，即军事要素权力观、关系性权力观和结构性权力观。

4.2.1 军事要素权力观

国际关系现实主义学派代表人物之一的摩根索将权力定义为支配他人意志和行为的力量，这种力量可能源于组成权力的要素，比如人口、领土、资源禀赋、经济实力、军事实力等，科恩将其称为“要素权力（power - as - resources）”。按照国际关系现实主义和建构主义的要素权力观，军事力量是国家权力的重要来源，具有特别的地位。在度量国家实力时，军事也是重要的构成要素。正如著名经济学家、欧元之父罗伯特·蒙代尔（Robert Mundell）所言“如果一个政府的力量不足以抵抗内、外敌人的攻击，货币的命运绝对不容乐观”“一旦政府崩溃，货币稳定就烟消云散”③。至于一国是否会真正动用军事力量来获得货币竞争优势，斯特兰奇提供了一个实例。1957 年由于新独立的马来西亚支持英镑，英国直接向马来西亚提供军事保护。虽然自由主义学派认为动用武力的代价太大，不如其他工具有效且经济，但现实却是战争或战争威胁并没有消失。1975 年 1 月，时任美国国务卿基辛格曾含蓄地警告石油

---

① 英文 power 一词在中文中有很多译法，比如 soft power 被译为软实力，international currency power 被译为国际货币权力，market power 被译为市场势力等，按作者理解，不管是哪种译文，都反映了一个事实：可以影响甚至支配他人的偏好和行为的力量和能力。

② GILPIN R. War and change in world politics [M]. New York: Cambridge University Press, 1981: 13.

③ 蒙代尔. 蒙代尔经济学文集：第五卷 [M]. 向松祚，译. 北京：中国金融出版社，2003: 166.

输出国组织国家，“如果出现真正扼杀工业化国家的情况，美国将会武力反击”①。岩本沙弓认为美国对伊拉克战争源于后者计划将石油计价货币由美元改为欧元②。伊拉克战争打击的不是萨达姆，而是刚刚诞生不久、被寄予厚望的欧元③。

4.2.2 关系性权力观

“关系性权力”（relational power）的概念是受经济学家阿尔伯特·赫希曼（Albert Hirschman）的启发，在20世纪70年代被国际关系自由主义学派的罗伯特·基欧汉（Robert Keohane）和约瑟夫·奈（Joseph Nye）在《权力与相互依赖》一书中引入国际政治经济分析并发扬光大。如果经济上的相互依存在不同国家间可以建立起等级森严的、依赖性的实力关系，并产生一种可供利用和操纵的脆弱性，那么安全上的依赖建立的等级关系和脆弱性在程度上不会比前者弱。基欧汉和奈将非对称相互依赖视为行为体的权力来源，认为依赖性较小的行为体拥有较好的权力资源，该行为体有能力促进变化或以变化相威胁④。美国的关系性权力完全建立在其盟友对美国提供安全保护的几乎绝对依赖上（基欧汉和奈将这种极端称为是纯粹依赖），比如日本、韩国、欧盟对美国核力量的依赖，这种高依赖程度造就几乎一边倒的关系。在联盟关系中的绝对优势地位，赋予美国行动的高度独立性与退出的自主性，这种退出不会给美国带来多大成本，但却严重影响依附者应对外部威胁的能力，美国可以通过退出或威胁弱化联盟关系，迫使盟友支持美国。因此，除了强大的军事实力赋予美元的安全货币特质之外，不对称联盟使美国可以将联盟关系当作一种施加强制性权力的工具来运用，通过操控这些关系来影响其他国家的偏好和行为，以实现美国的某种国家利益，包括维持以美元为国际本位的国际货币体系，影响储备货币之间的竞争和可能的货币替代，强化美元的国际地位。

---

① 基欧汉，奈. 权力与相互依赖［M］. 门洪华，译. 北京：北京大学出版社，2012：27.

② 岩本沙弓. 别上美元的当：以日本金融战败为鉴［M］. 崔进伟，承方，译. 广州：广东经济出版社，2011：123-132.

③ 关于美国发动伊拉克战争是否是为了维护美元霸权，众说纷纭，其原因大概是没有“明面”上直接的证据，这大概是国际关系或国际政治经济研究的一个难题，没有国家会明目张胆地宣称为了一己私利使用武力侵犯另一个主权国家，总要给战争找一个光鲜的外衣，披上正义无私的外衣。这个问题不但在伊拉克战争中存在，在美国发动的类似其他战争中也存在，比如利比亚战争、科索沃战争等。

④ 基欧汉，奈. 权力与相互依赖［M］. 门洪华，译. 北京：北京大学出版社，2012：11.

4.2.3 结构性权力观

当代西方著名的国际关系问题专家、国际政治经济学奠基人之一的苏姗·斯特兰奇（Susan Strange）提出另一种类型的权力：结构性权力（structure power）。如果关系性权力是“甲靠使乙去做他本来不愿意做的事”，那么结构性权力就是“决定办事方法的权力”，确定议事日程和设计支配国际关系的惯例和规则的国际体制就是这种结构性权力的表现之一①。斯特兰奇认为结构性权力主要有四种来源：安全、生产、金融和知识，而且“结构性权力不是存在于单一的结构中，而是存在于四个各不相同但互有联系的结构中”②。四种结构相互影响相互支撑，形成一个四面透明的棱锥体模型。结构性权力的拥有者“能够改变其他人面临的选择范围，又不明显地直接对他们施加压力，要他们做出某个决定或选择，而不做出别的决定或选择”③ 因此，“这种权力是不大‘看得出的’”④。

基欧汉认为美国的军事力量只是在就经济事务进行讨价还价时作为一种背景，没有直接影响到讨价还价行为⑤，但是这种背景作为美国结构性权力的重要来源之一却是让人无法忽视、也不敢忽视的，在关键时刻可能会起到比其他因素更为重要的作用。“安全是人类基本需要中最根本的一种。如果有人杀死你，你立即就再没有什么需要可言了。”⑥ 对于国家也是如此，现实主义将安全视为高级政治，是政府当局的理性使然。根据斯特兰奇的理论，政治经济学的安全结构就是由于某些人为另一些人提供安全防务而形成的一种权力框架，权力掌握在能够提供安全或拒绝提供安全的人手里⑦。放在国际关系中，在安全结构形成的权力框架中，美国就是安全的提供者，其获得权力并通过权力决定、限制着作为依附者的盟友国家所面临的选择范围，在运用权力过程中也为自己在经济领域取得某种特惠，“对经济中谁得到什么产生影响”。

按基欧汉的观点，军事力量为美国二战后制定体现本国利益的国际政治经济秩序提供了后盾，当然包括建立事实上以美元为本位的国际货币制度，制定

---

① 斯特兰奇. 国家与市场［M］. 杨宇光，等译. 上海：上海人民出版社，2012：21.

② 同①22.

③ 同①27.

④ 同①27.

⑤ 基欧汉. 霸权之后：世界政治经济中的合作与纷争［M］. 苏长和，信强，何曜，译. 上海：上海人民出版社，2006：166.

⑥ 同①.

⑦ 同①90.

国际货币关系的规则、成立自己主导的国际金融组织（国际货币基金组织、世界银行等），同时，以军事力量来保护其控制的国际政治经济秩序①。在相互支撑的四面棱锥体模型中，安全结构支撑了金融结构，同时，金融结构也支撑着安全结构。美国以军事力量为后盾建立的世界美元体系，反过来通过低成本的军费融资支撑着美国的军事霸权，因此，吉尔平将美元的世界货币地位与核威慑力量称为美国霸权主义的基础，对美国全球性结盟关系的巩固起到重要作用②。

4.3 安全关系影响货币关系的方式

国际关系现实主义学派的观点是：高级政治（军事安全）主导着低级政治（货币竞争），货币竞争从属于军事安全。所谓“联系战略”，是指军事强大的国家（美国）把自己在某一问题上的政策（军事安全）与其他问题（货币竞争）联系起来，以获得在其他问题上的主导权。美国在军事安全领域获得的权力资源是否可以迁移到其他领域，比如货币竞争领域，或者安全问题是否可以与货币问题联系起来，这是一个现实问题而不是假设。

同为美国盟友，澳大利亚对来自美国的安全保护的关切远远高于加拿大，澳大利亚将维护澳美安全关系视为对外政策的首要目标，远高于其他利益，包括货币竞争。对于澳大利亚这样的盟友，其在面对货币竞争时，即使不存在来自美国明确的压力，可能也会不自觉地将安全问题置于首要位置，潜移默化地将安全问题和货币问题联系起来。因为美国无论在军事，还是在经济、技术等领域都处于优势地位，其可能往往不需要采用联系策略就能凭借在某一领域的权力来解决问题，但并不代表美国不会将在安全联盟中获得的权力借用到货币问题，或者其他问题上来。比如在20世纪60年代，时任美国副国务卿乔治·鲍尔声称“美元危机是大西洋伙伴共同面临的问题”“西欧在美元危机中受到的损害会与美国一样多”“更为重要的是，他们（西欧美国的盟友）必须认识到，要延续美国对欧洲的保护有赖于对美元的保卫”“如果我们继续肩负西方世界的主要负担，只有在不会危及美元以及整个国际收支体系的条件下，我们才能这么做。创造这些条件是大西洋伙伴关系首要也是最紧迫的任务”③。最

---

① 基欧汉．霸权之后：世界政治经济中的合作与纷争［M］．苏长和，信强，何曜，译．上海：上海人民出版社，2006：166.

② 吉尔平．国际关系政治经济学［M］．杨宇光，等译．上海：上海人民出版社，2011：4.

③ 加文．黄金、美元与权力：国际货币关系的政治（1958—1971）［M］．严荣，译．北京：社会科学文献出版社，2011：122、127.

终，1967 年联邦德国政府公开同意不再从美国国库中购买黄金，以此鼓励其他国际收支盈余国持有美元。德国与其他西欧国家也被迫与美国签订了海外驻军补偿协议，因为“美国政府警告德国，如果欧洲人不愿意缓解美元与黄金外流的趋势，美国政府不会放弃使用从北约撤回军队的威胁”①。

新的事例也表明，美国不会将安全问题与其他问题联系起来确实仅是一个“理想模型”，不符合现实。在欧洲国家分摊北约军事开支上，2018 年 6 月美国总统特朗普声称“美国支付北约几乎所有的费用，保护的许多国家正是那些在贸易上从我们身上揩油的国家”“欧盟有 1 510 亿美元顺差，应该支付更多的军费”“我们保护欧洲，造成的财务损失，然后在贸易方面遭受不公平的打击。改变即将到来”②。历史和现实都证明，相比自由主义，现实主义观点更让人信服。军事要素权力是美国在货币领域有效实施联系战略的工具。

不对称的安全关系成为美国在货币关系中可以利用的杠杆，操作安全上的相互依赖关系成为一种权力工具。联盟主导国可以通过以下三种方式运用来自不对称安全联盟的权力以获得货币竞争优势③。

第一，进行联盟操控：通过安全联盟行为（结成联盟），将提供安全保护作为“胡萝卜”，诱使其他国家做出货币支持行为，或影响盟友与第三国的行为，进而对第三国货币扩张进行限制。比如，美国在韩国部署萨德反导系统一度被认为会影响到中韩两国的货币互换关系。

第二，利用联盟依赖：形成自己的货币势力范围，如东亚的盟友将本国货币汇率制度与美元挂钩形成东亚美元本位，美国利用与沙特阿拉伯的关系将美元锚定石油形成石油美元。

第三，实施联盟体系破坏：安全关系的不对称依赖产生了一种可供利用和操纵的脆弱性，利用脆弱性，通过破坏或威胁破坏联盟关系迫使盟友改变偏好或行为。不对称的依赖赋予美国一种操控联盟的权力，同时使其他国家产生脆弱性，这种脆弱性成为美国操控其他国家的工具，美国可以通过弱化或放弃安全保护承诺或威胁弱化或放弃承诺迫使其他国家在某些领域支持美国或做出某种妥协。例如，20 世纪 60 年代，美国利用德国对安全保护依赖的脆弱性迫使德国支持美元，防止黄金的流失。

---

① 加文. 黄金、美元与权力：国际货币关系的政治（1958—1971）[M]. 严荣，译. 北京：社会科学文献出版社，2011：80.

② 王天億. 特朗普对盟友的怒火还没消 [N/OL].（2018-06-12）[2021-04-20]. http://www.cankaoxiaoxi.com/world/20180612/2279593_2.shtml.

③ 科什纳. 货币与强制 [M]. 李巍，译. 上海：上海人民出版社，2013：7-16.

"安全依赖"成为拴在其他国家身上的锁链，在诸多领域丧失自主性和独立性，即使与本身利益相冲突，也得维护联盟大局。联盟体系虽然给实力弱小的国家带来应对外部威胁的保障，但对不对称安全联盟的依赖束缚了该国在货币竞争中的手脚，依赖程度越深，货币竞争力越弱。正如 Momani（2008）所说：即使存在美元的替代货币，也没有国家可以替代美国的军事安全保护伞①。没有政府愿意冒着严重损害与美国这个最为强大保护人的关系而去多赚一点外汇储备资产的收益。在缺乏足够的独立应对外部安全威胁的军事实力下，安全需要成为最高需求，除非外部威胁消失或有新的力量可以替代原有的"保护者"。同时，这种高级的安全关系也成为本国货币扩张国际空间的"阿喀琉斯之踵"。欧盟拥有与美国相当的经济体量，欧元也是世界第二大货币，但其国际空间以欧洲及其毗邻区为主。欧洲主动扩展欧元国际势力范围的任何举动都会被美国视为挑战"跨大西洋"关系，尤其是当欧元侵蚀美元原有的地盘时，比如拉丁美洲、东南亚和石油输出国组织（OPEC）国家。欧洲本身处于美国领导的北约军事保护之下，无法自主对外延伸军事影响，同时缺少独立的军事力量，也造成欧盟对外政策的亦步亦趋。欧美这种不平等的同盟关系使欧洲缺少以自身意愿行事的能力和信心。

4.4 "自主—安全"交易条件

不对称联盟赋予"大国"的权力不是一次性的，只要不对称性足够大并得到维持，"关系性权力"和"结构性权力"就会被"大国"反复使用，以获得在特定时间、特定事件上的更大自主性。联盟内，"自主—安全"交易条件是动态变化的，特定的交易条件计算由不对称联盟中的敏感性与脆弱性决定。

"敏感性"和"脆弱性"是基欧汉和奈在相互依赖理论上提出的概念，作为衡量相互依赖程度的两个尺度。这两个概念同样可以用来理解不对称联盟中"大国"与"小国"的不对称程度。敏感性是一国变化导致另一国发生有代价变化的速度，脆弱性程度则取决于各行为体获得替代选择的相对能力及其付出的代价。两者一起反映了一国对另一国直接针对本国政策变化的反应速度和反应程度，即在多长时间内有多大的反应。敏感性体现了维持不对称联盟关系所

---

① MOMANI B. Gulf cooperation council oil exporters and the future of the Dollar [J]. New Political Economy, 2008, 13 (3): 293-314.

付出的代价，脆弱性强调了打破联盟关系所需要付出的代价。

从美国的角度来看，在联盟体系中，其他国家对美国提供安全者需求的敏感性和脆弱性远远大于美国对这些盟友的需求，弱化联盟关系，盟友所需付出的成本要远远大于美国。比如韩国、日本和欧盟国家，尤其是与俄罗斯接壤的国家，缺少美国的保护使其应对外部威胁的能力大大削弱。要提升自身的防卫能力，一方面需要投入巨额开支，而在美国的保护下，这些开支是不需要的，军事开支的增加无疑会削弱其在社会其他领域的支出，增加财政负担；更为重要的是，缺乏必要的生产能力和技术，无法生产所需要的防卫设备和实施，最终可能还得从美国进口。可见，对盟友来说，成本可能是非常巨大的甚至是自己无法承受的。美国就不同了，美国的军事能力不依赖任何盟友，在弱化安全承诺的同时，改善与所谓潜在敌对方的关系（比如改善与朝鲜、俄罗斯之间的关系）可以降低自身受攻击的可能性，在战略收缩，或者说回归到孤立主义的背景下，美国所承受的成本要小得多，况且美国还具有盟友不具有的地理优势。从纯粹安全角度讲，放弃共同防御，聚焦本土安全不但不会降低美国的安全感，反而可以提升美国本土的防卫能力。当然，没有了盟友的支持，可能会使美国绕过联合国等国际组织的行动得不到所谓的“国际认同”而失去国际政治的道德制高点。不过在美国孤立主义下，美国缩减对外干涉行动将降低对盟友国际政治、道德支持的需要。在货币自主方面，美国取消安全保护，可能会使盟友支持美元国际地位的意愿减弱，其他盟友可以获得更多的货币自主权，推动本国货币的国际化或进行货币替代。在存在强大美元使用惯性的情况下，这种货币使用的调整需要时间。对“小国”来说，这种货币自主权的提升敏感性太低、自主收益低。但是，失去美国安全保护的敏感性要高得多，与“微不足道”且在较长时期才能获得的安全自主利益相比，打破联盟所付出的代价过于昂贵。这种“货币自主—安全保护”的交易条件对“小国”来说，是不可取的。

北约是欧美关系的核心，北大西洋公约第五条的“共同防御”条款则是联盟的关键，“对北约任一成员（不管是欧洲还是美洲）的军事攻击都被视为是对北约所有成员的攻击”，所有成员都有义务协助受攻击的成员。特朗普在竞选期间对北约的不待见，迫使欧盟三巨头要在其当选的贺信中特意提醒这位新任总统跨大西洋联盟的重要性。特朗普在 2017 年北约峰会上只是没有再次重申对北约第五条款的承诺就引起欧洲国家怀疑“退群”成瘾的美国是否要退出北约，再加上之前的“北约过时论”，这一切都引起了欧盟的恐慌。2018 年 6 月，美国媒体报道称国防部正在研究从德国撤走或转移大量驻军的可能性，美国媒体形容这是特朗普给俄罗斯总统普京送上的圣诞大礼。特朗普计划与普京会谈被英德媒体称为“北约和欧洲的梦魇”。这充分说明盟友对美国安全保护承诺的敏感性。对于西欧国家尤其是德国来说，生存需求远高于其他，安全事务压倒一切。当被保护国家面对强大的外部威胁而自身无力抵御时，该国的安全系于联盟关系，对来自美国的保护需求超过其他问题，被保护国家愿意通过在货币领域的妥协换取抵御外敌的军事保护。因此，20 世纪 60 年代，美国因国际收支赤字严重导致黄金外流时，德国公开声明不从美国国库中购买黄金，同时与美国签订了海外驻军补偿协议以缓解美国这一时期的国际收支赤字。

4.5 “货币自主—安全保护”交易机制

通过以上分析，我们可以建立一个“货币自主—安全保护”交易框架（见图 4.4）。在不对称联盟体系中，主导性大国因超强的军事实力，在安全关系中获得军事要素权力、关系性权力和结构性权力。大国通过联盟操控、联盟依赖和联盟破坏将三种权利通过联系性战略转移到货币关系领域，影响联盟内小国在货币竞争和货币替代中的决策。大国通过提供安全保护获得小国支持大国货币国际地位，小国则通过牺牲货币自主利益换取大国对联盟安全的持续提供，从而在联盟内部实现了“货币自主—安全保护”。小国的“自主—安全”交易条件因对安全依赖的敏感性和脆弱性而恶化，同时也使这种交易关系长期化，对维持联盟持久性也发挥了作用。

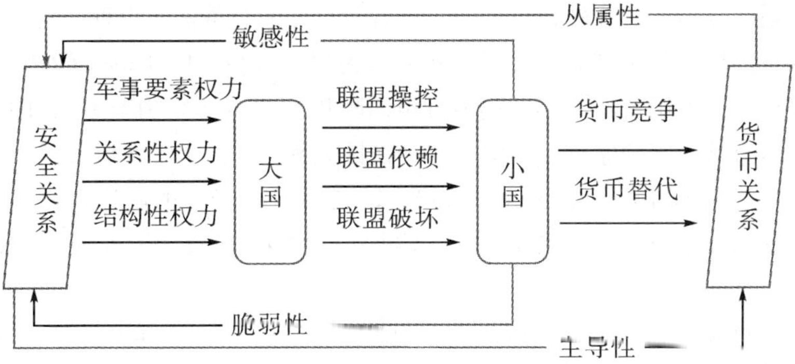

图 4.4 “货币自主—安全保护”交易框架

（1）军事要素权力作用机制。

价值储藏是货币的职能之一，无论是私人还是官方，在寻求价值储藏方式时，安全性必然是首选。强大的军事实力是一国安全，尤其是对外安全的重要保障，也是其获得国家权力的重要来源。因此，军事实力可能被作为“安全资产”标准的外在显性特征之一，具有强大军事实力的国家总比连自己的安全都得不到保障的弱国要受欢迎得多。军事实力的影响力可能在不同背景下表现出的强弱不同，在和平时期，军事实力要素降为次要地位，仅作为个人或官方经济决策的隐性变量，但是在动荡或战争时期，“硬通货”就和军事实力就能画等号了。具有联盟关系的国家会强化价值储藏货币资产的选择倾向，盟友会自动保障对方的资产安全。相反，在非盟友之间，如果两国之间的地缘政治恶化，那么持有的对方资产的安全性就得不到保障。美国对伊朗、委内瑞拉的资产进行冻结，甚至没收，就提供了一个无可辩驳的明证。这也就可以理解为什么在美俄关系极度恶化时，俄罗斯央行几乎将美元资产清空了。因此，持有盟友货币或资产可以减少或避免地缘政治风险。

在货币国际化的不同时期，军事力量发挥着不同作用。斯特兰奇（Strange，1971）将国际货币发行国提供的军事安全保护称为维持宗主货币和协商货币的“胡萝卜”，军事上的保护或政治援助可能是“明的”也可能是“暗的”①。Cohen（2015）认为货币发行国倾向于使用传统的国家权术（statecraft）手段，包括“胡萝卜”和“大棒”，来改变外国政府的现有偏好②。在不能使用“大棒”进行政治强制时，“胡萝卜”就具有非常重要的作用了。“结盟”无疑是一个具有极大诱惑力的“胡萝卜”，军事实力强大的国家使用“结盟”这种联盟操控，以向对方提供安全保护为诱饵，换取对方在国际金融货币领域的支持，比如转换货币锚，或者调整外汇储备资产币种结构。这可以对一些在经济上得不到充分解释的政府行为提供解释。Helleiner（2008）将这种地缘政治对外国政府的影响称为货币国际化的“直接影响渠道”，即货币的国际地位直接源于国家支持，而这与经济因素无关③。这样就形成了一个逻辑链条：大国从军事实力中获得国家权力，利用“结盟”的联盟操控形式，使小国在货币竞争或货币替换中偏向大国货币。“货币-安全”交易达成的概率

---

① STRANGE S. Sterling and British policy: a political view [J]. International Affairs, 1971, 47 (2): 302-315.

② COHEN B J. Currency power [M]. Princeton: Princeton University Press, 2015: 159.

③ HELLEINER E. Political determinants of international currencies: what future for the US Dollar? [J]. Review of International Political Economy, 2008, 15 (3): 354-378.

与小国对安全关系的敏感性和脆弱性大小成正比。军事要素权力作用机制如图4.5所示。

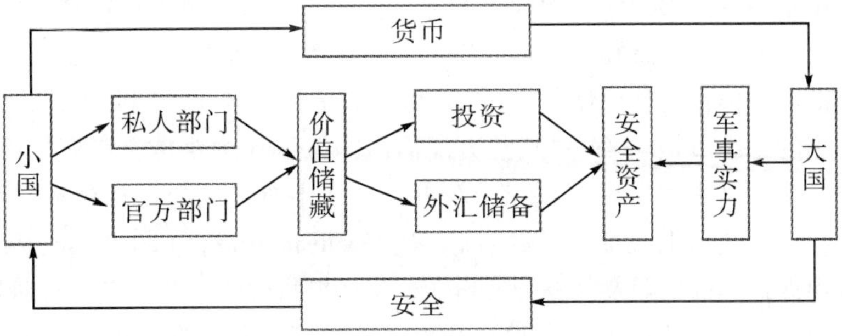

图4.5　军事要素权力作用机制

（2）关系性权力作用机制。

一般来说，地缘影响力与距离成反比，地缘边际效应随距离递减，强权对外影响力随距离的延伸而削弱，对近邻的影响远大于边远之国。如果双方签订有军事联盟条约，这可能会延缓地缘影响力的衰减，强权在盟国有驻军或者军事基地，或者提供核保护，就像是给地缘影响力安装了中继器，补偿了地缘信号的衰竭。同时，如果这个盟国距离另外一个大国较近，那么可能会衍生出对地缘保护的强烈需要，进而更进一步跟随原来的核心大国。比如，澳大利亚就比加拿大有更为强烈的受美国保护的需要，英国和日本类似。这可以解释为什么美元锚在引力模型中表现不佳，因为引力模型没有考虑军事安全保护条约可能起到的中继器作用。军事防卫条约主要针对双边或多边的安保问题，成员的权利与义务都应局限于相对固定的领域。军事上的关系不应妨碍成员在其他诸如经济、金融、货币、外交领域自主权的行使。但是在不对称联盟体系中，大国与小国的权力是不对等的，小国对大国的军事依赖赋予了大国关系性权力，大国凭借安保提供者角色获得的权力被大国利用"转移战略"运用到安保之外的其他领域，包括国际金融和货币领域。非对称军事联盟中，大部分军事能力都是由"盟主"提供，包括其他成员的武器等军需品的提供，以及在当地的驻军或者基地，随着时间的推移，力量弱小成员对盟主的军事依赖会越来越强。依赖性的提高与大国获得联系性权力的增强是同步的。

一国在资源有限的条件下增加安保资源，可能会影响其国民生活水平。盟主为所有成员提供安全保护，军事开支的加大可能造成一系列的经济问题，比如财政赤字和国际收支赤字。这种"双赤字"会影响货币价值稳定性和国内国民生活水平，不对称联盟体系中的安保提供者可能将这种"赤字"看作是联盟所有成员的问题，要求其他成员分担，否则会降低安保水平或弱化对其他成员的安保承诺。于是，联盟依赖或联盟破坏成为大国可以利用的杠杆。小国的反应则是持有大国国债为大国财政赤字融资，通过官方途径支持大国货币。这在一定程度上可以解释，为什么作为国际货币发行者的日本、德国和英国持有大量美国国债作为外汇储备。“美国基本上是利用美元的国际地位，解决了全球称霸的经济负担”，而“某些石油输出国组织（主要是沙特阿拉伯）、联邦德国和日本（尤为突出）”，在 20 世纪七八十年代成为“从金融方面支持美国在经济和政治上继续称霸的后盾”①。Eichengreen 等（2019）证明，一旦美国取消保护，引发盟友降低美元份额，进而抛售美债，会使美国长期利率提高 80 个基点②。这实际上有意识地约束了本国货币与安保提供者货币的国际竞争，以及转向从经济上衡量可能更为有利的货币替代。关系性权力作用机制见图 4.6。

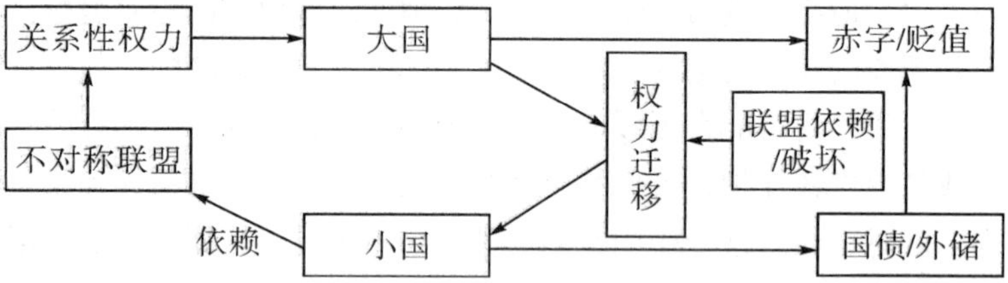

图 4.6 关系性权力作用机制

（3）结构性权力作用机制。

从国际货币发行国角度看，联盟体系成为联盟主导国货币国际地位结构网络的重要一环。大国从联盟体系中获得了安全结构性权力，这种权力有助于大国“规范”小国政府的行事方式，比如经济政策协调、外交政策跟随。于是，大国基于联盟体系在其他领域形成对自己有利的“集团”，获得全方位的“盟友”网络。G7 集团成为以美国为首的盟友之间经济政策协调的平台，美国的对外政策也成为其他盟友制定本国对外政策的基准。盟友成为大国的重要战略资产，不仅体现在安全领域，也体现在金融领域，安全结构可以塑造盟友的货币偏好。

Norrlof 等（2020）认为，联盟成员采用钉住安保提供者货币的固定汇率

---

① 吉尔平. 国际关系政治经济学［M］. 杨宇光，等译. 上海：上海人民出版社，2011：126，304，305.

② EICHENGREEN B. Mars or mercury? The geopolitics of international currency choice［J］. Economic Policy，2019（34）：315-363.

制度会产生“相对安全收益”①。稳定的汇率水平有利于减少贸易和投资的汇率风险，从而产生经济收益，如果钉住联盟体系中安保提供者的货币，那么这部分经济收益会留在联盟体系内部，转化为安保力量，从而使联盟的安保水平得到提升；反之，如果是钉住其他非联盟成员货币，这部分收益可能就外流了。因此，如果联盟成员理性的话，应该选择盟主货币作为货币锚，这样，联盟依赖就会形成一个以盟主货币为核心的货币区。Posen（2008）从货币锚的角度分析了欧元为何无力与美元竞争，采用欧元锚的国家大都是欧元区国家或其邻近国家，但是采用美元锚的国家却是分散的、不连贯的，这与美国驻军有关②。美国在拉美和东亚地区的军事存在引致了这些国家或地区名义上或实际上以美元为货币锚，或者直接美元化了。美国的军事势力范围创造了一个美元区。结构性权力作用机制见图 4.7。

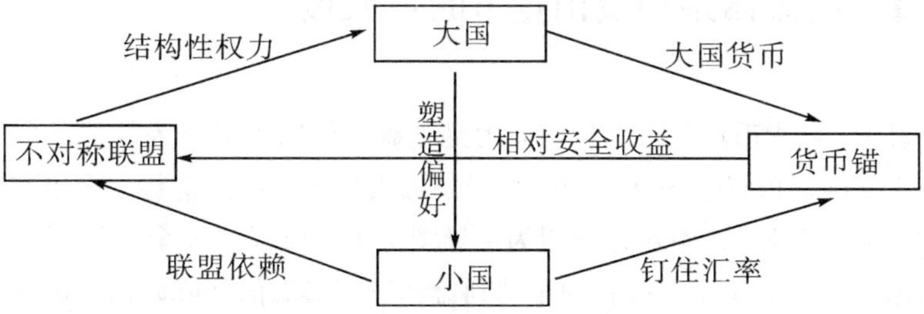

图 4.7　结构性权力作用机制

① NORRLOF C, PAUL P, COHEN B J, et al. Global monetary order and the liberal order debate [J]. International Studies Perspectives, 2020 (2): 109-153.

② POSEN A S. Why the Euro will not rival the Dollar [J]. International Finance, 2008, 11 (1): 75-100.

5 联盟体系与货币竞争：一个经验实证

5.1 联盟体系与货币竞争的“假设”

假设1：在货币竞争中，经济实力是基础，但以不对称为特征的联盟体系可以为主导国货币竞争国际地位提供经济因素所不具备的优势；军事实力为货币提供“安全保障”，不对称联盟为主导国货币提供了“安全溢价”。

强国总是寻求建立一种有利于其利益和意识形态的国际政治经济秩序，并且具备足够的军事力量保护这种秩序①。不论是以“宗主-殖民”为主要特征的“英国统治下的和平”，还是以“军事安全庇护”为特征的“美国统治下的和平”，都有一个共同特征，就是存在一个核心主导国，前者为英国，后者为美国，我们可以将其称为宽泛的“不对称联盟体系”。作为联盟的核心，凭借强大的，甚至是独一无二的军事实力，英国和美国分别为体系中其他国家提供安全承诺。在货币竞争中，这种不对称的联盟体系赋予了主导国一种其他国家不具有的优势，即可以通过变更安全承诺或威胁变更安全承诺迫使其他国家在关键时刻支持主导国货币的国际地位，从而使联盟主导国货币享受着巨大的“安全溢价”。

以美国为例，美国在二战后建立起全球安全盟友体系，为体系内的盟友提供军事安全保护，尤其是“核保护伞”。这包括以多边条约形式存在的《北大西洋公约》，以三边条约存在的《澳新美安全条约》，以双边条约存在的《日美安保协定》等。但在所谓的同盟体系中，欧洲与美国在国力尤其是军事实

---

① 基欧汉. 霸权之后：世界政治经济中的合作与纷争［M］. 苏长和，信强，何曜，译. 上海：上海人民出版社，2006：166.

力上存在的巨大差距，造成双方地位的不对称，在以军事安全为主导的联盟关系中，美国凭借庞大的核武库以及结构性优势占据领导地位。这种主导地位赋予美国“关系性权力”和“结构性权力”，美国使用“联系战略”将安全关系中的权力运用到包括货币国际竞争在内的其他领域。

假设 2：联盟体系虽然给实力弱小的国家带来应对外部威胁的保障，但对不对称联盟的依赖束缚了该国在货币竞争中的手脚，对安全联盟依赖越深，货币竞争力越弱。

对不对称联盟体系的依赖可能会从以下两方面影响货币竞争：对联盟主导国货币的替代和扩张本国货币的国际空间。对于美国的盟友来讲，持有美元储备不再是一个简单的经济问题，而是一个政治和安全问题。尤其在面对外部威胁而又无法自保时，安全问题会压倒货币经济问题，转换为他国货币所能赚取的经济收益无法替代来自美国的安全保护承诺。例如，韩国和沙特阿拉伯就面临这种困境。从纯经济角度看，韩国与其他东亚国家之间的贸易使用双边货币结算比使用第三国货币美元结算更为有利，但实际上韩国对外贸易绝大多数使用美元进行计价和结算，其属于东亚美元本位的一员。韩国要想寻找美元的替代者首先要考虑的是美国对其提供的安全支持。因此，在考虑替代美元或与美元进行竞争时，联盟体系成员必须考虑可能的安全成本，对美国安全依赖越深，安全成本就会越高。

5.2 实证分析

5.2.1 样本选择与模型设计

“由于美元在金融体系中的基础作用，美国有能力从事对外战争、维持海外驻军以及保持其霸主地位，而不会加重美国公民的经济负担，降低他们的生活标准。美元的这种决定性作用和奢侈的特权需要外国伙伴来支持”①。美国盟友对美国安全承诺的依赖成为美国可以利用和操控的软肋，美国可以威胁降低甚至取消对盟友的安全保护承诺来获得这些国家对美元国际地位的维护。同样，这些盟友如果推进本国货币的国际化就不得不考虑与美元竞争带来的“安全”问题。为验证安全依赖对货币国际化影响的普遍性，本书使用较为广泛的样本，样本国家都与美国具有多边或双边的安全关系。样本包括 IMF 单列

---

① 吉尔平. 国际关系政治经济学［M］. 杨宇光，等译. 上海：上海人民出版社，2011：4.

的国际外汇储备币种：美元、欧元、日元、英镑、加元、澳元和瑞士法郎，也将1999年欧元诞生之前的德国马克、法国法郎和荷兰盾纳入进来（见表5.1）。

因为各种货币的国际化起始时间存在差异，每种货币的样本区间是不同的，因此本书建立一个非平衡面板数据模型，模型形式如下：

$$CI_{it} = \alpha_{it} + X'_{it}\beta_{it} + \mu_{it};\ i = 1,2,3,\cdots,N;\ t = 1,2,3,\cdots,T \quad 式（5-1）$$

式中，CI_{it} 表示第 i 种货币在时刻 t 的国际化水平，α_{it} 表示模型的常数项，β_{it} 表示对应于解释变量向量 X_{it} 的 $k \times 1$ 维系数向量，k 表示解释变量的个数，X_{it} 为影响货币国际化水平的各种因素。随机误差项 μ_{it} 相互独立，且满足零均值、等方差为 σ^2 的假设。

表5.1　样本与样本区间

样本	样本区间	样本	样本区间
美元	1950—2017年	加元	2012—2017年
欧元	1999—2017年	瑞士法郎	1980—2017年
英镑	1960—2017年	德国马克	1970—1998年
日元	1973—2017年	法国法郎	1977—1998年
澳元	2012—2017年	荷兰盾	1977—1998年

5.2.2　变量选择与数据来源

衡量货币国际化水平通常使用国际货币的某种职能或综合性的指数，在国际货币职能中计价单位、价值储藏是使用比较多的，鉴于本书将样本期间前溯到1950年代以及数据的可得性，本书使用货币的官方价值储藏职能来衡量货币的国际化水平，即使用某种货币的国际外汇储备份额来表示，份额越高则国际化水平越高，将某种货币 i 在某时刻 t 的国际化水平记为 $SHARE_{it}$。为提高数据变动的敏感度，本书借鉴李稻葵和刘霖林（2008）的做法，将其进行LOGISTIC转换，变量范围取值扩展到（$-\infty$，$+\infty$）①。在影响货币国际化水平的因素中，任何理论或模型都无法将经济因素剔除在外，金德尔伯格（1972）认为规模决定一切②，蒙代尔则认为价值稳定非常关键。本书选择GDP的世界占比来代表货币发行国的经济规模，记为 $SHAREGDP_{it}$，按照货币搜寻理论，

---

① 李稻葵，刘霖林. 人民币国际化：计量研究及政策分析［J］. 金融研究，2008（11）：1-16.

② KINDLEBERGER C P. The benefits of international money［J］. Journal of International Economics，1972，2（4）：425-442.

一国经济规模越大该国货币越有可能成为市场主体的集体选择，因此预计该项符号为正。本书使用各货币与特别提款权（SDR）的兑换率来衡量货币的价值，记为 $EXSDR_{it}$，表示各单位货币折算成的 SDR 数量，货币价值稳定性影响了市场持有该币种计价资产的风险高低，因此货币稳定性越高对市场的吸引力就越大，预计该项符号为正。考虑到发行国国内金融市场发达程度对货币国际化的影响，本书引入金融市场发展变量，记为 FMI_{it}，发达的金融市场可以为投资者提供更具流动性的多元化的金融产品，预计该项符号为正。货币发行国政治稳定性、腐败控制能力和法治水平也是市场考虑货币选择的因素，本书将政府治理能力纳入模型之中，记为 GGI_{it}，预计该项符号为正。本书的重点是考察在这些经济因素之外，军事因素是否也会影响货币国际化，或者说强大的军事力量是否会有“安全货币”效应，同时与美元的竞争是否会受美国“核保护伞”的限制，即与美国的双边或多边安全协议是否会带来“安全困境”。本书使用军费开支的 GDP 份额代表军事因素，记为 $MILEXP_{it}$，预计该项符号为正。本书引入虚拟变量 $ALLY_{it}$表示与美国的安全关系，数字“1”代表该国与美国存在多边或双边安全协议，受到美国的军事安全保护，“0”则表示该国与美国之间不存在安全协议，预计该项符号为负，即来自美国的安全保护限制了该国货币与美元的竞争。二战后的货币“金字塔”结构中，美元是处于顶层位置的，其他货币的国际化都会面临与美元的竞争问题，为体现与美元的竞争，本书引入两个“竞争性变量”：①其他国家经济规模与美国经济规模的比较变量，记为：GDP/USA_{it}，当货币发行国经济规模相较于美国经济规模提高时，该货币对美元的竞争力应该提高，因此该项符号为正；②货币发行国军费开支与美国军费开支的比较变量，记为 MIL/USA_{it}，预计该项符号为正。本书将除虚拟变量之外的所有变量数据进行对数化处理。变量含义与数据来源见表 5.2。

表 5.2　变量含义与数据来源

变量	意义	数据来源
$SHARE_{it}$	以外汇储备份额代表货币的国际化水平	IMF：1995—2016 年； Cohen（1998）：1985—1994 年； Eichengreen 等(2016)：1948—1993 年
$SHAREGDP_{it}$	以货币发行国 GDP 的世界份额代表经济规模大小	GGDC Maddison Project：1950—2008 年； IMF：2009—2016 年
$EXSDR_{it}$	某货币与 SDR 的兑换比率，代表货币的价值稳定性	IMF IFS：1950—2016 年

表5.2(续)

变量	意义	数据来源
FMI_{it}	金融市场发展变量	World Bank GFDD
GGI_{it}	政府治理能力	World Bank WGI（2017）
$MILEXP_{it}$	某国军费开支的 GDP 占比，代表军事力量的强弱	SIPRI（2017）
$ALLY_{it}$	虚拟变量，“1”表示该国与美国具有双边或多边安全协议，“0”表示双方不存在安全协议	作者整理
GDP/USA_{it}	某货币发行国相对于美国的 GDP，代表该国与美国经济实力的竞争力	日本财务省：1985—1995 年；美国商务部经济局（BEA）：1950—1969 年；英国国家统计局：1950—1959 年；其余数据来自 OECD
MIL/USA_{it}	某货币发行国相对于美国的军费开支，代表该国与美国军事实力的竞争力	SIPRI（2017）

5.2.3 实证模型与过程

（1）货币国际化的影响因素。

本书首先考察包括美元在内的所有样本国际化水平的影响因素。因变量数据的可得性问题，本书给出三个不同样本区间模型回归参数，同时也考虑到模型不同可能带来的差异，报告固定效应和随机效应两种模型的参数估计结果，包括美元在内的样本模型参数见表 5.3。对比模型 1 和模型 3 可以发现，经济规模在所有的区间和模型中都是显著的，进一步证明一国经济规模总量的提高有助于该国货币的国际化，金德尔伯格“规模是重要的”观点是正确的。货币价值的稳定性也具有相当的重要性，除了在一个模型（模型 3 的固定效应模型）中不显著外，在其他模型中都是显著的。金融市场发展变量对货币国际化的影响方向虽然与预计相符，即金融市场发达程度对货币国际化有正向影响，但在不同区间的表现存在显著不同，在模型 1 中，影响程度小且不显著。对于本书研究的重点，实证结果显示军事因素在不同区间和模型中都在 1%水平下统计显著，符号也与预期相符。统计结果显示，在控制了其他变量的情况下，军费开支占 GDP 份额每增加 1 个百分点，货币国际化程度平均提高 0.57 ~0.72 个百分点，计量结果支持假设 1。模型 3 的结果显示，政府治理能力在

5%的显著水平下具有统计显著性，政府治理能力在一定程度上对货币国际化具有正向影响。

表 5.3　包括美元在内的样本模型参数

变量	模型 1(1960—2017 年)		模型 2(1950—2017 年)		模型 3(1996—2017 年)	
	固定	随机	固定	随机	固定	随机
SHAREGDP	1.01* (26.90)	0.98* (24.92)	0.96* (20.27)	0.94* (20.17)	1.30* (21.50)	1.27* (22.62)
EXSDR	0.60* (6.17)	0.63* (6.88)	0.47* (4.17)	0.57* (5.65)	0.12 (0.70)	0.24*** (1.72)
FMI	0.06 (0.81)	0.08 (1.15)			0.72* (3.64)	0.70* (3.76)
MILEXP	0.58* (7.52)	0.68* (9.81)	0.57* (5.45)	0.64* (8.48)	0.72* (8.26)	0.72* (8.60)
GGI					1.36** (2.57)	1.26** (2.59)
C	−0.21 (−0.55)	−0.33 (−0.87)	0.12 (0.84)	0.5 (1.36)	−4.69* (−3.84)	1.26** (2.59)
R^2	0.84	0.82	0.80	0.78	0.97	0.96
Obs.	285	285	319	319	93	93

注：*、**、*** 分别代表在 0.01、0.05 和 0.10 的显著性水平；括号内为 t 值。

（2）联盟关系。

为验证与美国的军事结盟对货币国际化的影响，即不对称的安全庇护是否限制了该国的货币国际化，本书考察除美元之外的样本货币国际化的影响因素。本书先使用经济与金融因素建立一个基础模型（模型 4），衡量非经济因素之外的变量对货币国际化的影响，之后采用逐步回归法依次加入军费开支变量（模型 5）、衡量与美国竞争关系的“竞争性变量”（模型 6）以及衡量同盟关系的虚拟变量（模型 7），不包含美元样本的固定效应模型参数见表 5.4。计量结果显示，经济规模在所有模型中都是统计显著的，货币价值稳定性也是统计显著的，而且在所有模型中保持相当的稳定性。金融市场发展水平再次表现出统计不显著，而且系数相当小。军费支出占 GDP 份额也在 1%的水平下具有统计显著性，且相当稳定，货币发行国军费开支占 GDP 份额每增加 1 个百分点，在控制了其他变量的情况下，该国货币国际化水平平均提高 0.11 个百分点。与美国的竞争力经济与军费变量也是统计显著的，结果表明，在控制了其他变量的情况下，相对于美国经济规模每提高 1 个百分点，该国货币国际化水平将平均提高 0.67 个百分点；相对于美国的军费开支每增加 1 个百分点，货币国际化水平平均提高 0.02 个百分点。因此，相对于美国经济和军事竞争力的提高都有助于促进本国货币国际化水平的提高。模型 8 的计量结果显示，ALLY 的系数为-0.12，且在 1%的水平下统计显著，与本书预期一致，来自美国的军事庇护确实限制了本国货币国际化水平的提高。根据回归结果，在控制了其他变量的情况下，相较于非美国军事盟友，与美国的联盟关系造成货币国际化程度平均下降0.12 个百分点。可见，实证结论支持假设 2，即与美国的联盟关系限制了其他国家的货币国际化空间。

表 5.4　不包含美元样本的固定效应模型参数

	模型 4	模型 5	模型 6	模型 7	模型 8
SHAREGDP	0.13* (13.87)	0.13* (15.01)	0.48* (6.14)	0.48* (6.13)	0.47* (6.23)
FMI	0.01 (0.74)	0.06* (3.28)	0.02 (1.56)	0.02 (1.33)	0.02 (1.38)
EXSDR	0.12* (6.17)	0.12* (6.00)	0.12* (6.51)	0.12* (6.60)	0.12* (6.30)
MILEXP		0.11* (5.47)	0.11* (6.37)	0.10* (5.21)	0.13* (6.13)
GDP/USA			0.68* (7.79)	0.67* (7.71)	0.69* (8.24)
MIL/USA				0.01 (1.41)	0.02* (2.62)
ALLY					-0.12* (-3.05)
C	-0.25* (-3.43)	-0.55* (-564)	1.57* (5.23)	1.62* (5.36)	1.76* (5.96)
R^2	0.66	0.71	0.78	0.79	0.80
Obs.	229	229	229	229	229

注：*、**、*** 分别代表在 0.01、0.05 和 0.10 的显著性水平；括号内为标准差。

5.3 结论

“从国际利益的角度，美国永远不会倡导一个新的国际货币体系来取代它目前的地位，因为目前的体系就是美国能够获得最大铸币税收入的体系。美国绝对是最不愿意进行国际货币体系改革的国家，因为它无法容忍通过改革来消除美元带给美国的免费午餐。”① 美元是美国霸权的支柱之一，美元作为国际货币为美国军费融资，维持美国在全球的安全提供者角色。反过来，美国独一无二的军事实力成为美元国际货币结构性权力的强有力来源之一，美国成为全球资产的“安全天堂”。美国对外提供安全产品尤其是对盟友的“核保护伞”成为迫使盟友维护美元国际地位的强有力工具，美元享受到了联盟体系的“安全效应”，联盟体系是美元享有全球货币角色的非常重要的因素，历史以及实证已经证明了这一点。

正如 Kirshner（2003）所说：经济逻辑限定了可行的政策集，但集中的选择最终不可避免地由货币的政治学所决定，包括有关货币的思想、利益集团冲突和国际关系②。实证表明，“安全困境”造成的“两难选择”广泛存在于致力于推动本币国际化的美国盟友之中。对美元的支持是盟友享受来自美国安全保护承诺的成本。但对美国保护伞的依赖成为相关国家在推动本国货币国际化时的“绊马索”，使这些国家陷入推动本币国际化享受国际货币权力以及与美元竞争损害双边安全关系的“两难”之中。独立自主的军事力量建设将是美国盟友扩大本国货币国际空间的必要行动之一，欧盟独立军事力量的逐渐建立将成为欧元继续扩大国际领域的重要因素之一。

---

① 蒙代尔．蒙代尔经济学文集：第六卷［M］．向松祚，译．北京：中国金融出版社，2003：128-131.

② KIRSHNER J. Money is politics ［J］. Review of International Political Economy, 2003, 10 (4): 645-660.

6 美元欧元竞争

发行国际货币的巨大潜在收益给了一国政府推动本国货币国际化的动机，但主观意愿受制于客观实际，政府的动机要受到禀赋的约束。经济规模和金融市场发展水平都可以看作是货币国际化的内部条件，甚至是基础条件，但缺乏对外部约束条件的考察不足以理解欧元国际化的全貌。正如弗朗西斯·加文所说：货币问题不是在真空中讨论的，而不可避免地与当时宏大的政治和安全问题有关①。这句话用在欧元身上再贴切不过，欧元与美元的关系不仅仅是货币关系，而且涉及“跨大西洋”的政治关系。

欧元的创建本身就具有极强的地缘政治色彩，是欧洲试图在世界政治和经济舞台上扮演举足轻重角色的主要工具，也是欧盟拒绝美国霸权在货币问题上的表现。因此，欧元从一开始就被赋予了可以真正挑战美元世界“头号”地位的竞争者，诺贝尔经济学奖获得者、欧元之父罗伯特·蒙代尔认为欧元的诞生是“划时代的创举”“标志着国际货币体系的一个重大转折点”，是“美元取代英镑成为国际支配货币以来，国际货币体系最重大的事件”②。但是，现实打破了经济学家的乐观预言，欧元对美元的挑战所需要的时间超过了预期。就现在的货币金字塔结构来说，欧元不过是“半个”寡头，这里既有经济方面的原因，也有政治方面的原因，但更多的是欧盟对美欧之间安全关系的非对称依赖，跨大西洋联盟关系束缚了欧元向外扩展的能力和政治意愿。欧元要实现在国际货币结构中“质”的飞跃，安全自主和战略自主是一道必须要迈过去的坎。从现在来看，这将是一个长期的艰巨任务。

---

① 加文. 黄金、美元与权力：国际货币关系的政治（1958—1971）[M]. 严荣，译. 北京：社会科学文献出版社，2011：5.

② 蒙代尔. 蒙代尔经济学文集 [M]. 向松祚，译. 北京：中国金融出版社，2003：70.

6.1 欧元第二

Bergsten（2005）预计欧元在外汇储备领域将可能与美元平分秋色①。Chinn 和 Frankel（2008）甚至给出了具体时间，认为欧元将在 15 年内甚至更短的时间取代美元的储备货币地位②。但现实是残酷的，虽然欧元作为世界第二大货币，表现远超日元，但与美元相比差距仍非常显著。欧元在国际货币结构中的位置见图 6.1。按 2020 年最新数据，欧元仅在国际支付货币领域与美元相差无几，但在其他领域，都有较大的差距，其中：官方外汇储备份额仅为美元的三分之一；在国际债券、国际贷款和外汇 OTC 交易领域的差距也大概一致；在汇率锚上，有 19.8%的 IMF 成员钉住美元，有 13%的成员钉住欧元。

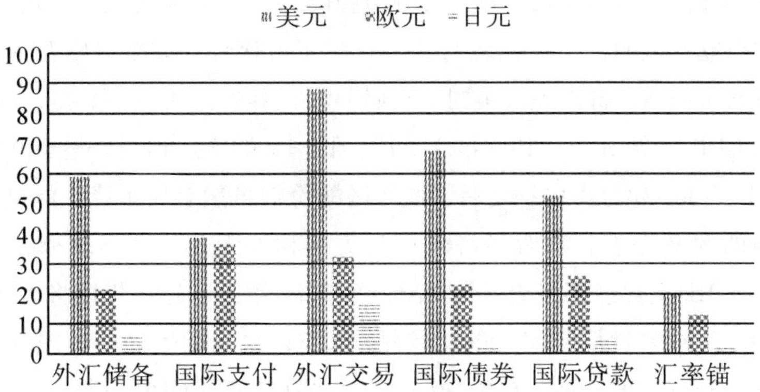

图 6.1　欧元在国际货币结构中的位置

注：外汇 OTC 交易为双边计算数据；除外汇交易数据为 2019 年外，其他均为 2020 年数据。

从使用空间上看，欧元的国际使用者大多数位于欧盟的毗连区或前欧洲殖民地区（比如非洲法郎区国家货币钉住欧元），与在世界范围内广泛使用的美元相比只能算是一个“区域货币”，比如拉丁美洲的智利和秘鲁仅有 10%左右的外汇储备是欧元。即使在欧盟内部，欧元也不一定是第一选择，欧盟成员捷

① BERGSTEN C F. The Euro and the Dollar: toward a “Finance G-2”? [J]. Washington DC Peterson Institute for International Economics, 2005 (2): 31-38.

② CHINN M D, FRANKEL J A. The Euro may over the next 15 years surpass the Dollar as leading international currency [J]. Nber Working Papers, 2008 (3): 78-82.

克和罗马尼亚外汇储备中仅有不到60%为欧元，波兰仅有26%，瑞典则不到20%，甚至欧洲的石油进口等仍以美元计价结算。

6.2 欧元挑战美元的经济基础

如果规模具有货币竞争的决定意义的话，欧元具有了挑战美元的经济基础。在欧元诞生之前，德国马克、法国法郎和荷兰盾一度也是国际储备货币，尤其是德国马克在1995年一度占官方外汇储备15.75%的份额。人们对欧元的极高期望是对欧洲经济联盟规模效应的期望。如果一对一比较，欧洲任何国家的经济规模都无法与美国相比，即使欧盟经济最为强大的德国。按购买力平价（PPP）计算，1998年德国GDP世界份额为4.927%，美国同期为20.544%，德国GDP仅相当于美国的20%左右，其他国家与美国差距更大。但是“联合”起来，整个欧元区的经济规模就与美国具有了可比性，如果以欧盟为计算单位，二者几乎相当，甚至超过美国。按照IMF世界经济展望的数据，1995年，欧元区的GDP世界份额（19.84%）与美国（18.07%）相当，整个欧盟的份额则是21.23%，超过美国；之后，欧元区的份额虽然有所下降，但也基本维持在美国的80%左右，欧盟经济规模与美国相差无几，基本维持在美国的95%左右。IMF世界经济展望报告预测，至2026年二者经济规模将大体相当。欧元诞生之前欧洲货币与美元的比较见图6.2；欧元诞生之前各国与美国的GDP份额比较（PPP）见图6.3；欧元区、欧盟与美国GDP份额比较（PPP）见图6.4。

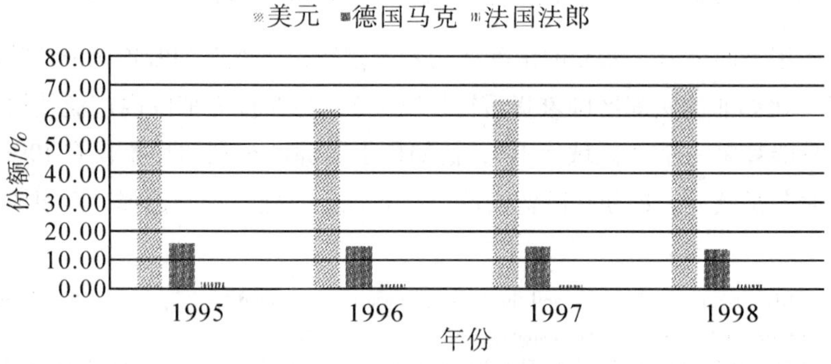

图6.2 欧元诞生之前欧洲货币与美元的比较

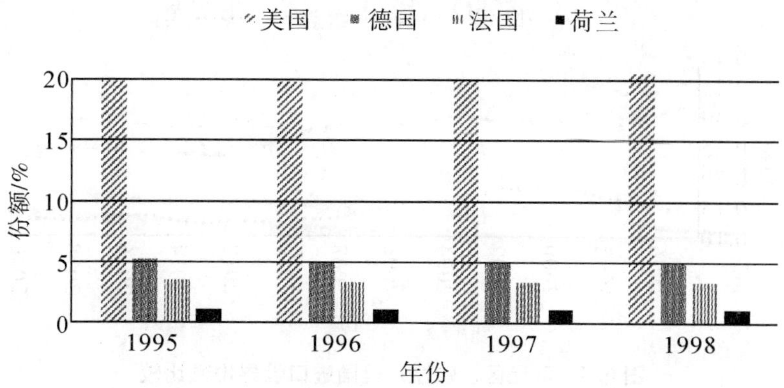

图 6.3　欧元诞生之前各国与美国的 GDP 份额比较（PPP）

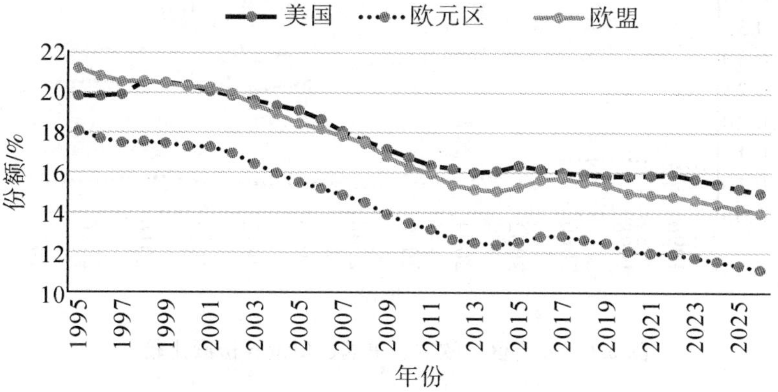

图 6.4　欧元区、欧盟与美国 GDP 份额比较（PPP）

注：2020 部分数据与之后数据为 WEO 的预测数据。

在对外贸易规模上欧元也更具优势。虽然欧元区和欧盟的对外贸易份额在下降，但是作为一个整体，其出口和进口分别维持在美国的 2~3 倍，相比进口，欧元在出口方面的优势更大。欧元区、欧盟、美国进口世界份额比较见图 6.5；欧元区、欧盟、美国出口世界份额比较见图 6.6。

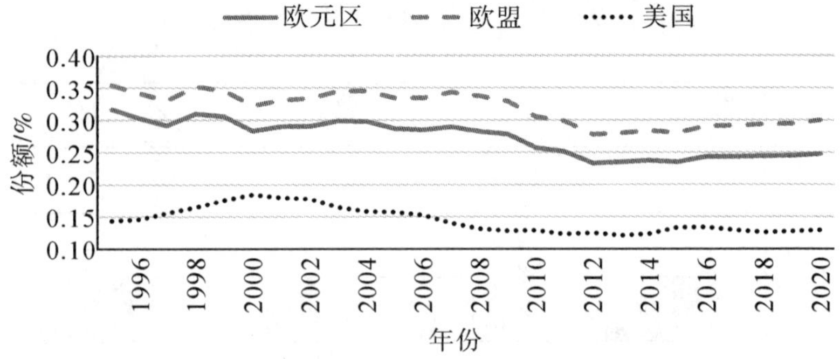

图 6.5　欧元区、欧盟、美国进口世界份额比较

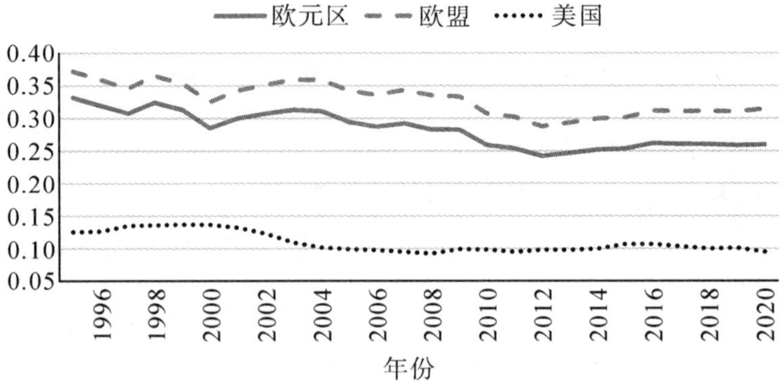

图 6.6　欧元区、欧盟、美国出口世界份额比较

可见，欧盟的成立和欧元区的形成从经济总量上弥补了欧洲单一经济体的不足。经济总量规模和在世界中的地位造就了使用欧元的规模经济，这样一个巨大的使用网络无疑会对市场产生强大的吸引力，也成为欧元与美元竞争的长期经济基础。

但是，欧元区或欧盟是不同国家的联合体，本质是同美国这样的单一经济体是不同的，这可能成为欧元天生的不足，即使欧盟在不断地推进内部经济和金融的融合。

第一，欧元区的金融市场融合度不够，尤其是政府债券市场，始终无法提供一种可以与美国国债相媲美的、统一的金融工具为国际投资者提供流动性和交易便利。具体来说，欧元区政府债券市场是由十二个不同政府的主权债券组成的，而美国是一个。换句话说，美国国债市场在“质”上是同一的，而欧元区国债却是“异质”的，虽然总体规模很大，但却是分割的，不同政府发行的欧元债券相互替代性很低，投资者仍对其进行区别对待，也无法形成一个单一的基准债券，从而形成可以与美国国债相媲美的收益率曲线①。

第二，在国际经济货币事务中，没有单一的机构在政治上可以代表欧盟，无法对外形成统一声音。在《马斯特里赫特条约》中没有一个条款明确规定谁代表欧盟，没有单一的机构被正式指定可以在国际事务上代表欧元区。在国际机构和组织（如 IMF 和 G7）中，代表权是分散的，无法形成合力，欧元区对外不能用一个声音说话，在货币事务和宏观经济事务上无法发挥政治影响力②。正如伯格斯腾所说：欧元区仍然是多头发声，甚至是相互矛盾的发声，这侵蚀了欧元成为关键国际货币的潜力③。

第三，欧盟内部的分歧也限制了欧元对外扩张的能力。一部分成员主张将欧元的未来交由市场竞争逻辑来决定，另一部分成员则主张采取更为激进的立场强化欧元的地位。法国就属于后一部分的代表，从戴高乐总统开始，法国具有挑战美元的传统，将欧元看作是挑战美元霸权的工具④，德国则没有那么激进。核心成员德国和法国的矛盾限制了欧盟的行动能力。此外，贸易赤字是国际货币发行国货币流出的一种途径，但是欧盟内部却无法找到共同认可的贸易赤字支持欧元的国际化。欧盟内部对贸易收支赤字的看法不一致，在这个问题上“南北方”国家无法达成一致，“南方”国家不能创造贸易赤字，而德国不愿意创造贸易赤字。

那么，是否欧元区解决了上述缺陷就可以将美元挑落下马？货币空间由需求与供给共同决定，发行国的供给意愿和支付能力对货币国际化发展具有重大影响。欧盟/欧元区拥有了与美国相当的经济规模，难道就不想拥有与美元一样的货币地位吗？在马克的国际化上，德国政府“著名的不情愿”被众多文献认为是马克没有能成功挑战美元世界货币地位的原因之一⑤。德国对货币国

① COSTA A M. The Euro versus the Dollar：will there be a struggle for dominance? [D]. Sheffield：University of Sheffield，2002.

② 在 IMF，欧盟成员的投票权合计占到总投票权的 23%，份额相当大，但是这些投票权是分散在不同的国家手里，代表了自己国家的利益，但其结果代表了整体，欧元区无法达成一致的政策主张，对 IMF 的决策不能施加与总份额相称的影响。在 G7 中，仅有德国、法国和意大利三个国家，其他欧盟成员国的声音得不到反映。

③ BERGSTEN C F. The Euro and the Dollar：toward a “Finance G-2”? [J]. Washington Dc Peterson Institute for International Economics，2005.

④ 马什. 欧元的故事：一个新全球货币的激荡岁月 [M]. 向松祚，宋姗姗，译. 北京：机械工业出版社，2011：47.

⑤ 艾肯格林（Eichengreen）在其著作《嚣张的特权》一书中提到这样一个事例：1979 年伊朗正考虑把美国外汇资产转换成马克，德意志联邦银行（Bundesbank）警告德黑兰打消这样的念头。

际化的态度对欧元的国际化也直接产生影响。1999 年，欧洲央行（ECB）公开宣称欧元的国际化不是其政策目标，欧元的国际化不应该有损于 ECB 维持价格稳定的能力，欧元的国际化主要是市场驱动的，ECB 采取“中立”立场，既不鼓励也不限制。ECB 在其文件中每年都会重复这种立场①。

2018 年以来，欧盟官方开始转变中立态度，采取积极措施强化欧元的国际地位。但是，在欧盟无法摆脱欧美安全关系羁绊下，欧元挑战美元仍是一种奢望，安全关系依赖降低了欧盟在欧元国际化上的自主性。

6.3 安全依赖限制货币国际化自主

6.3.1 高级政治关系

北约是美国维护其战略利益的工具之一。二战后，为了对抗苏联，欧洲与美国、加拿大联合成立的“北约”成为欧洲的防卫力量，大西洋两岸因共同的安全需要走到了一起。但在所谓的同盟体系中，欧洲与美国在国力尤其是军事实力上存在的巨大差距造成双方地位的不对称（见图 6.7）。在以军事安全为主导的美欧跨大西洋联盟关系中，美国凭借巨大的核武器库以及结构性优势占据领导地位，换句话说，欧洲的安全依赖于美国提供的“核保护伞”。“整个北约战略都维系于美国从核基地做出的反应”②。西欧各国对美国的军事安全依赖并没有随着两极格局的结束而减弱，相反因防务投入的长期不足，与美国相比，西欧各国的军事实力差距变得更大，进一步加深了其对美国安全承诺的依赖。欧盟成立后虽然在集体安全上有所作为，但北约的主体领导地位仍没有改变。军事上的依赖造成欧洲在政治和外交上成为美国的跟随者，这种安全关系成为欧美之间的高级政治关系。欧元与美元的竞争必须在不危及这种高级政治关系的前提下进行。

---

① 参看历年的 ECB 发布的 *Review of the International Role of the Euro*。

② 加文. 黄金、美元与权力：国际货币关系的政治（1958—1971）[M]. 严荣，译. 北京：社会科学文献出版社，2011：54.

图 6.7 北约成员军事支出比较

蒙代尔认为欧元缺乏一个强大的中央政府支持，这个问题可以由北约或与美国的军事联盟来弥补，冷战的结束和苏联的垮台消除了欧洲的最大安全威胁，这些都可以弱化欧元对强大的中央政府的需求。他说："只要欧盟依靠北大西洋公约组织，依靠与美国的军事联盟，即使没有强大的中央政府，欧盟也足以对抗任何外来敌人。"① 换句话说，跨大西洋联盟让投资者相信欧元背后也有强大的军事实力支撑，虽然主要是来自美国，但是欧元不会因为缺乏"国家"背书就变成一个易碎的篮子，欧元仍是一种安全货币。公众对美国信守美欧共同防御的承诺有一个潜在的一致认识，基于价值观的一致和共同的敌人（俄罗斯），美国不会放弃保护欧洲。基欧汉也认为欧洲国家与美国都因相互借助而得到加强②。

事物具有两面性，需要辩证地看问题。基欧汉和蒙代尔都看到了北约对欧盟带来的安全利益，却忽视了欧盟付出的自主利益。基欧汉所认为的相互强化忽视了二者因绝对倾斜关系造成的自主性问题，蒙代尔则忽视了这种安全依赖也限制了欧盟自主推导欧元国际化的意愿和能力。马什认为欧元的创立具有重要的地缘政治含义，欧洲试图在世界政治和经济舞台上扮演举足轻重的角色，这正是欧洲不遗余力创建单一货币的最主要内在动机③。但欧元的国际扩展却面临美国的地缘政治优势障碍，欧洲本身处于美国领导的"北约"军事保护

① 蒙代尔. 蒙代尔经济学文集：第六卷［M］. 向松祚，译. 北京：中国金融出版社，2003：166.

② 基欧汉. 霸权之后：世界政治经济中的合作与纷争［M］. 苏长和，信强，何曜，译. 上海：上海人民出版社，2006：166.

③ 马什. 欧元的故事：一个新全球货币的激荡岁月［M］. 向松祚，宋姗姗，译. 北京：机械工业出版社，2011：36.

之下，无法自主对外延伸军事影响。欧美这种不平等的同盟关系使欧洲缺少以自身意愿行事的能力和信心，有时甚至违背自身意志服从于美国的意志。欧元在中东地区的影响较弱，是因为欧洲不想在中东地区引起与美国的地缘政治冲突，但如果欧洲能在中东地区发挥更大的政治作用，中东产油国就很有动力将石油计价转向欧元。欧盟缺乏一个对外的统一政治口径和独立的军事安全力量就成为欧元国际地位受限的原因之一。如同日元，其国际化虽然是在美国的强烈要求下开始的，但美国绝不会愿意培养美元的对手。美国在世界政治经济中的领导是与北约不可分离的，欧洲国家，特别是德国，担心美国取消其保护的承诺而对自己不利，从而被迫尽量顺从美国的愿望，军事安全依赖成为扩大欧元与美元竞争的“绊马索”，“谁也不能忽视安全结构”①。

6.3.2 美元“安全溢价”

如果说美元的地位由市场决定，但市场不是中性的，市场的选择必然受政治条件限制。美元因美国经济实力的相对下降而可能失去对市场的吸引力，这是一个自然趋势。但美国却可以使用联盟破坏手段，迫使对安全具有较高敏感性和脆弱性的国家，在违背自身经济利益的情况下，选择继续持有美元，支持美元的国际地位。这就是美元得自联盟体系的“安全溢价”，欧美历史提供了一个无可辩驳的自然实验。

虽然欧洲国家竭力想将欧美之间的经济问题与政治安全问题分开，但“对大多数美国决策者而言，美元和黄金问题本质上是一个政治问题”②。这在20世纪60年代的“黄金战役”中得到充分的体现，肯尼迪政府的副国务卿乔治·鲍尔声称“美元危机是大西洋伙伴共同面临的问题”“西欧在美元危机中受到的损害会与美国一样多”“更为重要的是，它们（美国的西欧盟友）必须认识到，要延续美国对欧洲的保护有赖于对美元的保卫”“如果我们继续肩负西方世界的主要负担，只有在不会危及美元以及整个国际收支体系的条件下，我们才能这么做。创造这些条件是大西洋伙伴关系首要也是最紧迫的任务”③。对美国“核保护伞”的依赖最终使联邦德国政府屈服，1967年联邦德国政府

① 斯特兰奇. 国家与市场［M］. 杨宇光，等译. 上海：上海人民出版社，2012：41.

② 加文. 黄金、美元与权力：国际货币关系的政治（1958—1971）［M］. 严荣，译. 北京：社会科学文献出版社，2011：325.

③ 同①122，127.

公开同意不再从美国国库中购买黄金，以此鼓励其他国际收支盈余国持有美元。德国与其他西欧国家也被迫与美国签订了海外驻军补偿协议，因为“美国政府警告德国，如果欧洲人不愿意缓解美元与黄金外流的趋势，美国政府不会放弃使用从北约撤回军队的威胁”①。

6.3.3 欧元“安全困境”

在欧元诞生之前，因处于冷战前沿，鉴于历史原因，德国政府无意重整武装军事力量，只能靠美国的军事保护，缺乏美元那样的让投资者放心的所谓“安全天堂”。德国用对美元的支持换取美国对德国的军事保护，马克与美元的竞争不得不放在不危及德美政治、安全关系的大前提下。制约马克进一步发展的德美政治和安全关系被“欧元-美元”关系承袭并放大为欧美政治和安全关系，欧洲主动扩展欧元国际势力范围的任何举动都会被美国视为挑战“跨大西洋”关系，尤其是当欧元侵蚀美元原有的地盘时，比如拉丁美洲、东南亚和 OPEC 国家。正如科恩（2011）所说“任何企图在欧洲周边之外扩展欧元势力范围的举动都把市场竞争的低级政治引向外交冲突的高级政治”，美国欢迎欧元登上国际货币舞台也只不过是一种外交辞令而已②。欧美政治安全关系成为欧元国际化的天花板，欧洲对欧元国际使用的推进以不危及欧美之间的政治安全关系为限。

成员的多重身份使现在的问题更加复杂化（见图 6.8），欧盟 27 国（不含英国）有 21 国为北约组织成员，占北约成员的 72%，加入北约的欧盟 21 个国家中有 14 个是欧元区成员，占欧元区成员（19 国）的 73%，未加入北约组织的 5 个欧元区成员中有 4 国（马耳他、芬兰、爱尔兰和奥地利）是 EAPC 成员，成为北约的伙伴国。欧元区国家中只有塞浦路斯和北约没有关系，欧盟 27 国成员中也只有塞浦路斯和北约没有关系，另一个没有加入北约的欧盟成员瑞典也是 EAPC 成员。因此，在欧盟完全实现防务自主之前，欧盟成员的整体安全仍要广泛依赖以美国为主要力量的北约。军事安全上受美国庇护造成欧元在对外扩张中不但缺少了一种可以对外施加影响的工具，同时欧盟不得不小心翼翼地推进欧元国际化，避免因欧元与美元的竞争损害跨大西洋关系。

---

① 加文. 黄金、美元与权力：国际货币关系的政治（1958—1971）[M]. 严荣，译. 北京：社会科学文献出版社，2011：80.

② COHEN B J. The future of global currency [M]. London: Routledge, 2011: 40.

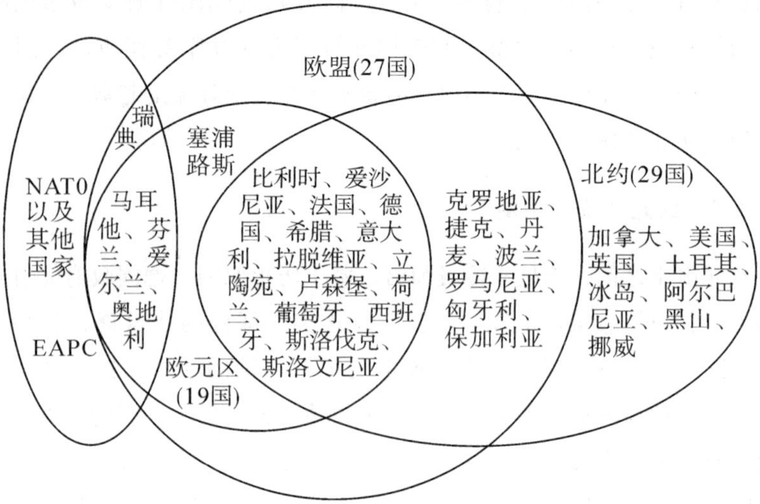

图 6.8 欧盟、欧元区与北约组织成员身份

“跨大西洋关系”不但限制了政府偏好，也束缚了欧元区的手脚，限制了其行动能力。欧洲本身处于美国领导的北约的军事保护之下，无法自主对外延伸军事影响，同时因缺少独立的军事力量，也造成欧盟对外政策的亦步亦趋，欧美这种不平等的同盟关系使欧洲缺少以自身意愿行事的能力和信心。缺乏独立的军事安全力量就成为欧元国际地位受限的原因之一①。中东就是一个鲜明的例证。中东与欧盟之间具有比美国更紧密的经贸联系（见图 6.9）。整体来看，2016 年欧盟对中东出口额是美国的 2.3 倍，中东对欧盟出口额是对美国出口额的 1.55 倍；从产品类别看，在中东的三大类出口商品中，对欧盟的出口也显著超过对美国的出口，2016 年，中东对欧盟出口的农产品价值是对美国出口的 3.6 倍，制成品是 1.47 倍，中东国家最主要的出口商品石油则是 1.5 倍；整体来看，中东对欧盟的出口额是对美国出口额的 1.5 倍，中东自欧盟的进口额是自美国进口额的 2.3 倍。因此，从贸易角度看，欧盟市场对中东国家的重要性要超过美国，依据市场逻辑，中东是欧元向外扩张势力的重要目标。但对华盛顿来说，没有比在能源丰裕的中东地区进行的“大博弈”更高的政治②。20 世纪 70 年代初，布雷顿森林体系崩溃，美国关闭“黄金窗口”，美元

---

① GERMAIN R, SCHWARTZ H. The political economy of failure: the Euro as an international currency [J]. Review of International Political Economy, 2014, 5 (21): 1095-1122.

② COHEN B J. The future of global currency [M]. London: Routledge, 2011: 148.

失去了与黄金的联系，为继续维持世界对美元的信心和需求，美国从 1974 年美国-沙特阿拉伯经济合作联合会开始与沙特阿拉伯达成一系列交易，成功地使沙特阿拉伯以美元对出口的石油定价，最终使石油输出国组织的石油都以美元计价，石油这种战略资源成为后布雷顿森林时代美元新的保证。“石油美元”不但支撑了美元的海外需求，从而支撑了美元的世界中心货币角色，而且石油美元的回流稳定了美国国内通货膨胀，缓解了财政赤字。因此，欧元在中东的扩张必然有损石油美元的地位，必然会引起美国的强烈反应，促使其将货币竞争问题上升为更高的政治外交问题。

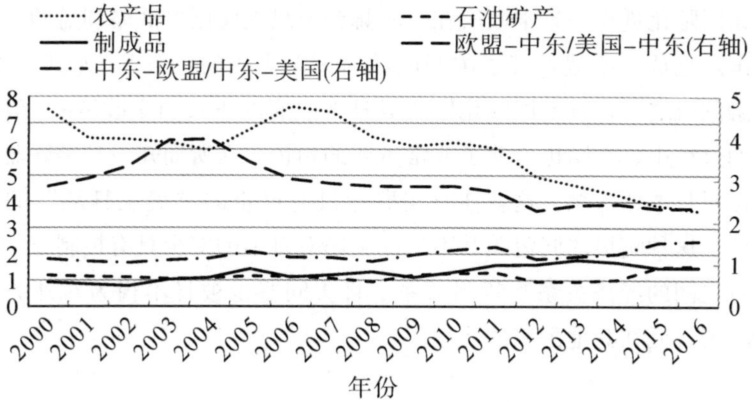

图 6.9　欧盟与中东国家的经贸联系与美国的比较

欧元要想放开手脚与美元竞争，必须实现战略自主，弱化对美国的安全依赖，实现自主。这需要欧盟作为一个整体，要有战略意愿；这需要欧盟或欧元区实现更高层次的政治经济融合和一体化。按 Altfeld 模型，在减少联盟或退出联盟后，欧盟成员需要大幅提高军费支出，以维持相应的安全水平，这可能会损害欧盟各国的经济增长。前者将是一个长期收益，后者却是一个短期成本，这给对美国安全保护形成惯性依赖的各国出了个难题。联盟内成员偏好函数的改变，也许可以提供重新确定“自主—安全”交易条件的机会，从而为欧盟提供一个走出“安全困境”的机会，特朗普冲击就是这样一个机会。现实中，欧盟也在反思战略自主问题，并推出了一些政策和措施，但是欧盟能走多远，仍是一个未知数。

7 美元日元竞争

日元国际化进程是日本政府在国际舞台上最大化国家战略利益的工具，因此日元国际化从开始就具有了浓厚的政府刻意干预的色彩①。尤其是1998年亚洲金融危机之后，日元国际化转变成日本政府的正式国家政策②。但在日元国际化的过程中，美国也扮演了非常重要的角色。众所周知，日美联盟源于二战后美国对日本的占领，这就使日美联盟具有严重的“美主日从”的非对称联盟特征。这种畸形的同盟关系不但使美国对日本的安全具有控制权，而且影响到美日之间的经济关系和货币关系，日美同盟也被日本视为对外关系的基石，影响了日元在其他国家的使用。

7.1 美元的补充者

1964年之前，日本一直严格限制日元的国际使用。1949年的日本《外汇及对外贸易管理法》禁止某些交易和增加对外债务交易的原则以防止对国际收支造成恶劣影响。1960年年初，日本开始允许非居民的对外经常账户日元可兑换，但直到1964年日本因履行IMF第八条款的义务才开始全面实施经常项目的可兑换。同年，日本加入经济合作与发展组织，开始致力于资本交易的自由化。1972—1973年日本虽然放松了限制外国直接投资，但对外直接投资和绝大多数对外金融交易仍受到严格限制。这一时期，资本管制被视为日本调节外部失衡和汇率政策的工具。20世纪70年代初期，日元的国际化水平非常

---

① 刘仁伍，刘华. 人民币国际化风险评估与控制［M］. 北京：社会科学文献出版社，2009：42.

② TAKAGI S. Internationalizing the yen, 1984—2003: unfinished agenda or mission impossible? [J]. Bis Papers Chapters, 2015, 61: 75-92.

低，1970年在日本进出口中日元计价比例只有0.3%和0.9%，金融交易中更是基本没有日元交易，1973年的官方外汇储备中日元仅占0.1%。1971年美国关闭黄金窗口，1973年主要国家放弃固定汇率制度，“双挂钩”的取消标志着布雷顿森林体系的终结，日本也随西欧国家一道转向浮动汇率制度，日元开始具有“自主性”。日元部分国际货币职能份额见图7.1。

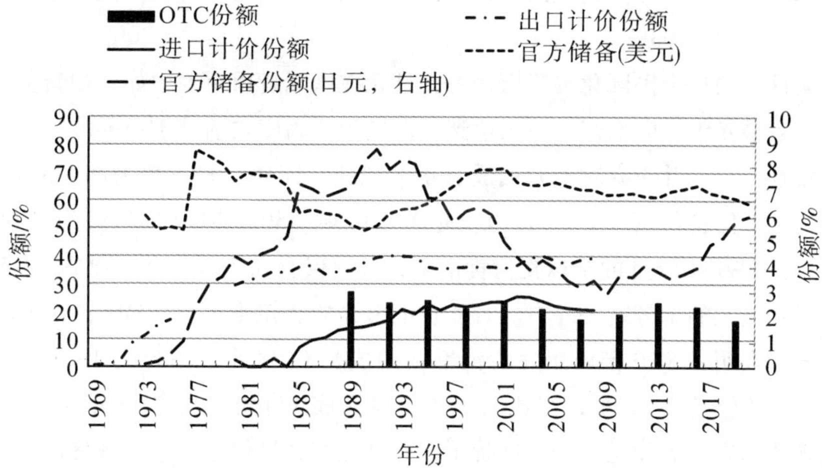

图7.1　日元部分国际货币职能份额

在日本经济高速发展和政府解禁措施的推动下，日元国际化进入摇篮期（1973—1983年）。日元在日本外汇储备中的份额从1973年的0.1%增加到1983年的4.7%，日元在日本出口贸易计价中的份额也迅速上升，从1971年的2%猛增到20世纪80年代的30%以上。但是日本进口贸易中的日元计价进展却不大，不足10%。日元国际化的成长期（1984—1996年）以日元美元委员会在1984年5月达成的有关日本资本金融市场自由化和日元国际化的协议为标志，一直持续到20世纪90年代“金融大爆炸”。不管是源于日本政府的自主意愿还是迫于外来压力，日元国际化在这一时期得到了长足进步，并于20世纪90年代初达到高潮。日元在全球官方外汇储备的份额上升到8%以上，几乎比摇篮期提高了一倍；日元在日本出口贸易中的份额也达到最高点（40%），日本进口贸易中日元份额也从不足10%提升了一倍，达到20%以上；外汇交易场外交易市场（OTC）份额也维持在20%左右。日元国际化在20世纪90年代初达到最高点之后，未能继续提高在国际上的使用程度，市场份额也没有得到维持，日本经济学者期待的日元国际化的成熟期没有到来，反而进入了衰退期（1996 年至今）。如图 7.1 所示，日元在国际储备中的比重从 1995 年开始显著下降，从 1994 年的 8.1%直接降到 6.77%，考虑到波动的可能，在划分阶段时可以放宽，但这种下降之后并没有得到反弹，而是延续下去，2006 年被英镑超过，到 2009 年甚至降低到不足 3%，2016 年反弹回 3.98%左右，只与摇篮期水平相当。如果从最高点算，日元在外汇储备中的比重下降了 53%。2009 年全球金融危机给日元提供了一次反弹机会，日元外汇储备份额于 2020 年回升到 6.03%。

从日元的整个国际化发展历程看，日元在国际货币星空中如一颗新星迅速上升，但星光仅一闪而逝，在未达到人们期望的高度之前就迅速陨落了。从数据比较看，日元并没有对美元形成真正的威胁，即使在日元最为高光的时刻，日元的外汇储备份额（8.7%）也仅是美元份额（50.7%）的 17%，不足五分之一。在 SWIFT 统计的全球支付货币中，日元仅有 3.59%，美元则占 38.7%，日元仅是美元的十分之一左右。日元在汇率锚的表现则更差，IMF 的 AREAER 报告统计表明，2020 年以美元为汇率锚的成员有 38 个，占比为 19.80%，以欧元为汇率锚的有 25 个，占比为 13%，没有成员报告单独以日元为汇率锚。从地理范围看，美元是一种全球货币，而日元充其量仅是一个区域货币，即使在东亚地区，日元的使用比例也很低，东亚仍是“美元区”。比如韩国（见表 7.1），货物贸易计价 80%以上都是美元，日元最多仅占 10%左右；韩国的外汇储备资产也以美元为主（见图 7.2）。

表 7.1　韩国货物进出口货币计价结算份额　　单位：%

年份	出口				进口			
	美元	日元	欧元	英镑	美元	日元	欧元	英镑
1980	95.0	2.2	1.6	0.5	93.2	3.7	1.7	0.5
1985	94.2	3.8	0.8	0.4	82.4	12.3	2.0	0.5
1990	88.2	7.4	2.2	0.9	79.1	12.7	4.1	0.9
1992	88.8	6.3	2.8	0.8	78.6	13.6	3.8	0.6
1994	88.9	6.4	2.6	0.5	76.8	14.7	4.1	0.7
1996	89.1	5.1	2.2	1.0	81.0	10.7	3.6	0.7
1997	89.2	5.0	1.8	0.9	82.1	10.0	2.9	0.8
1998	88.5	5.0	2.7	1.0	82.4	10.6	2.7	0.6

表7.1(续)

年份	出口				进口			
	美元	日元	欧元	英镑	美元	日元	欧元	英镑
1999	85.6	6.0	2.4	0.9	80.3	13.8	2.4	0.5
2000	84.8	5.4	1.8	0.7	80.4	12.4	1.9	0.8
2001	87.4	5.4	1.5	0.7	82.2	11.5	1.3	0.6
2002	86.8	5.2	5.8	0.8	80.4	12.3	5.4	0.6
2003	85.4	5.4	7.0	0.8	78.5	13.8	6.1	0.6
2004	84.3	5.3	7.8	1.0	79.1	14.0	5.6	0.5
2005	83.2	5.3	9.1	1.1	81.6	11.7	5.5	0.4
2006	84.5	4.3	8.8	1.0	84.2	9.2	5.6	0.3

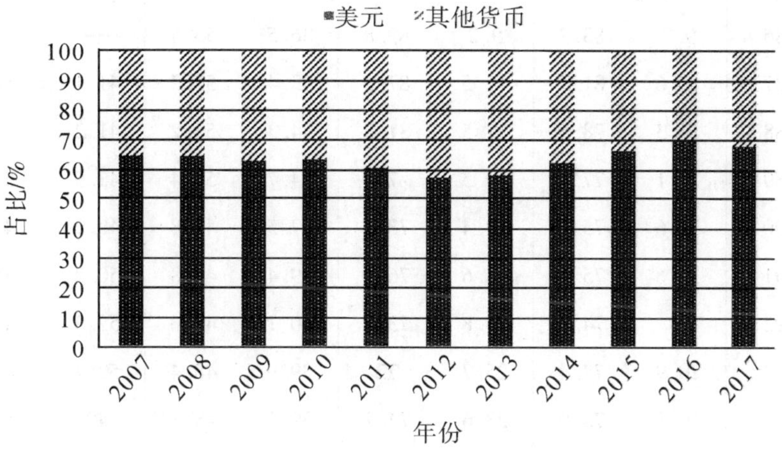

图 7.2 韩国外汇资产币种构成

日本在对外贸易中也以美元计价主。虽然从 20 世纪 70 年代开始，日元在对外贸易计价中的比例得到提高，但从整体上看，日元仍难以和美元平分秋色。在日本对外出口中，日元计价份额最多为 40%，有大幅度提升，但在进口中仍以美元为主，日元份额很低，呈现出较严重的不对称（见表 7.2）。

表 7.2　日元与美元计价比较　　单位：%

年份	日本进口来源				日本出口目的地			
	世界		东南亚		世界		东南亚	
	日元	美元	日元	美元	日元	美元	日元	美元
1970	0.3	80	—	—	0.9	90.5	—	—
1975	0.9	89.9	—	—	17	78.5	—	—
1980	2.4	93.1	—	—	28.9	66.3	—	—
1981	—	—	—	—	31.8	62.8	—	—
1982	—	—	—	—	33.8	60.9	—	—
1983	3	—	—	—	42	50.2	—	—
1984	—	—	—	—	39.5	53.1	—	—
1985	7.3	—	—	—	39.3	52.2	—	—
1986	9.7	83.2	9.2	89.8	36.5	53.5	—	—
1987	10.6	81.7	11.5	87.6	33.4	55.2	41.1	56.5
1988	13.3	78.5	17.5	81.2	34.3	53.2	41.2	56
1989	14.1	77.3	19.5	79	34.7	52.4	43.5	53.6
1990	14.6	75.5	19.4	78.8	37.5	48.8	48.9	48.1
1991	15.6	75.4	21.6	76.5	39.4	46.8	50.8	45.9
1992	17	74.5	23.8	73.9	40.1	46.6	52.3	41.6
1993	20.9	72.4	25.7	72	39.9	48.4	52.4	44.4
1994	19.3	73.9	23.6	74.2	39.7	48.3	49	47.9
1995	22.7	68.9	26.2	71.9	36	52.5	44.3	53.4
1996	20.6	72.4	24	73.8	35.2	53.3	46.3	51.3
1997	22.6	70.8	25	73	35.8	52.1	47	50.2
1998	21.8	71.5	26.7	71.6	36	51.2	48.4	48.7

注：“—”表示数据缺失。

事实证明，日元并没有成长为美元的真正挑战者，即使在亚洲区域，日元的国际使用范围也相当有限，东亚仍是“美元区”。

7.2 日元国际化的经济基础

得益于朝鲜战争中美国的扶持，日本迅速重建战后经济。这一时期，日本经济得到迅速发展（见图 7.3），1961—1973 年工业增长率平均达到 13.6%，GDP 年均增长率达到 8.7%，远超 5.4%的 GDP 世界平均增长率，日本 GDP 占世界总 GDP 的比重在 1973 年也已经达到 9.28%，GDP 规模在 1968 年就超过联邦德国，一跃成为世界第二大经济体，经济规模仅次于美国。日本的对外贸易发展也取得巨大成就，日本于 1955 年加入关税及贸易总协定，于 1965 年首次实现了贸易顺差，之后不断扩大，对外贸易额占世界比重从 1960 年的 6.5% 上涨到 1972 年的 12.6%，超过英国成为世界第三，仅次于美国和德国。外汇储备资产也随之不断增加，1972 年的储备已经是 1950 年的 28 倍。经济实力的增长为日本实现日元国际化创造了条件，日本开始对日元的国际使用放松管制。

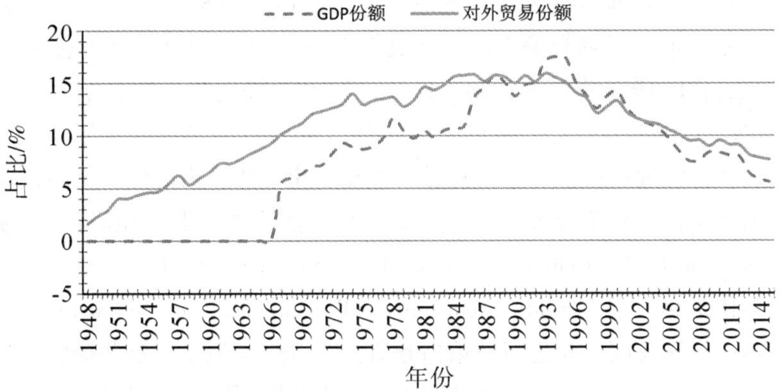

图 7.3 日本经贸变化

20 世纪 70 年代布雷顿森林体系崩溃后，日本经济的世界第二的地位得到进一步巩固。虽然经历了石油危机，日本经济增长速度没有 1973 年之前快，但仍然达到 3.44%，远高于德国的 1.85%，也高于美国的 2.3%和世界 2.73% 的均值，GDP 占世界的比重也上升到 10%以上，远超德国的 6%。对外贸易额占世界贸易额比重上升到 15%左右（见图 7.3）。日本开始着手逐步放松日元在国际金融市场使用的限制，日元国际化进入摇篮期（1973—1983 年）。

从经济发展方面看，20 世纪 70—80 年代，经济规模的高速扩大无疑为日元的市场需求提供了动力，GDP 增长速度虽然较前期有所下降，但维持在 5%的水平，日本 GDP 世界份额和对外贸易份额在这一时期都达到顶峰，超过 15%。日本政府的政策又促进了金融市场的深化发展。1995 年为日本综合国力的最高点。日元的国际化在这一时期达到历史的高点，占据国际储备 8.7%的份额，在外汇交易中的份额达到 27%，对外出口贸易计价中有近 40%的份额（见表 7.2）。这时期日元的发展还得益于日本政府开展的“黑字环流计划”，为了促进日元的输出，日本建立海外协力基金（OECF）和输出入银行（JEXIM），从 1986 年 9 月至 1989 年 7 月共实施三期，涉及金额总计 650 亿美元，通过对外提供日元贷款促进了日元在亚洲地区的流动。在日本经济实力的高峰期，日元国际化也相应度过了成长期（1984—1996 年）。

从 20 世纪 90 年代开始，日本 GDP 增长率开始大幅下降，甚至出现负增长，1991—2015 年日本 GDP 年均增长率只有 0.89%，对外贸易额也出现大幅下降，世界占比从最高点的 16%降到 2015 年的 8%（见图 7.3）。经济上的衰退表现在了货币的国际地位变迁上。

为促进日元的国际使用，日本政府曾在 20 世纪 90 年代积极支持日元的国际化，提升日元的国际化成为日本政府公开的政策目标。1996 年，日本首相桥本龙太郎宣布一系列有关金融自由化的计划，被称为日本版的金融“大爆炸”计划，消除残存的资本管制，以及包括税收减免和增加金融工具等各种措施。1997—1998 年东亚金融危机促使日本重新审视日元的国际地位。1998 年 7 月，日本大藏省授权外汇交易委员会在变化了的国内外经济金融环境下为日元的国际化提供政策建议，在外汇交易委员会下又专设日元国际化分委员会（Subcouncil on the Internationalization of the Yen）。1999 年 9 月，日本成立促进日元国际化研究小组（Study Group on the Promotion of Yen Internationalization）为进一步促进日元国际化进行政策措施研究与调查。但是，这些措施并没有取得理想效果，因为日本此时的经济实力出现大幅度下降，不足以支撑日元的国际化进程。基于此，2003 年，日本公开放弃支持战略。从 1996 年开始日元国际化进入衰退期（1996 年至今）。

7.3 日元国际化失败原因

日元国际地位没有达到人们的预期不能归咎于政府政策，而是多种复杂的因素交织在一起形成的结果。

7.3.1 内部缺陷

（1）政府积极措施与经济基础因素发生了错配。

日本经济增长迅速、经济实力强大的时期是20世纪70—80年代，其GDP、对外贸易规模等都处于世界前列，更一度成为世界第二大经济体，日元的国际地位也在这一时期迅速提高，甚至达到了顶峰，但这段时期，日本政府对日元的国际化并不积极，相反放开国内市场、减少日元国际使用的障碍大多数都是在美国的压力之下进行的，其措施也被诟病为“形式主义”。到了20世纪90年代，日本政府的态度变得主动积极，推出日本版“金融大爆炸”，以期通过进一步放开国内金融资本市场、发展离岸市场、重整日本东京国际金融中心地位促进日元国际地位的提高。在大藏省的主导下，日本设立专门研究机构为日元国际化出谋划策，但这一时期日本经济在泡沫破裂之后出现停滞，经济长期低迷，日本经济从此开始走下坡路。经历连续两个“失去的十年”后，日本经济对市场失去了吸引力，日本政府的政策推进失去了经济基础的支持成为“无源之水”。因此，日本政府的行为或者意愿在20世纪70—90年代与日本经济发展出现“错配”，在其经济实力不断增长的20世纪70—80年代，虽然一些措施有利于日元的国际化，但日本国内仍存在诸如国内金融体系存在管制、在岸与离岸市场分割、国内金融资本市场流动性不足等阻碍货币国际使用的问题，然而日本政府并没有表现出解决这些问题从而提升日元国际地位的“渴望”。等到20世纪90年代日本政府主动解决这些问题时，日本经济实力开始下降，政府的政策没有了发挥作用的基础。

（2）国内没有形成政治共识。

“日元的国际化属于国家行为，政府各部门各自为政、分别推进是明显行不通的”①。在政府层面，最为积极推动货币国际化的部门是日本大藏省，但日本货币当局因担心资本的自由流动会丧失宏观经济自主性而不愿意推动日元的国际化。“一开始就没能加入日元美元委员会之中的日本银行也对报告书很不满。扩大欧洲日元市场必定为货币供应量的管理和金融调节增加难度”，“关于正在朝积极方向前进的欧洲日元自由化，前川春雄（时任日本银行总裁）反复指出：海外和国内的自由化有必要步调一致，现在欧洲日元单独跑到

① 菊地悠二. 日元国际化：进程与展望［M］. 陈建，译. 北京：中国人民大学出版社，2002：219.

前面可不太好。日本银行的不满都凝结在这里了”①。于是在货币国际化的推动上，大藏省与货币当局的态度发生分歧。另一个反映缺乏一致意愿的是对日元升值的态度，日元升值可以增加日元作为价值储藏手段的吸引力，但日本货币当局在1976—1977年积极地干预外汇市场以防止日元升值，以此保证国内出口部门的竞争力。

（3）政府与市场没有形成推动日元国际化的合力。

因为担心丧失对货币需求的控制从而影响货币政策的有效性以及日元升值影响出口导向的增长模式，日本政府在20世纪90年代之前不愿意推动货币国际化，实际上持消极态度，这种消极态度会传递给市场。一方面，货币国际化会使货币升值成为一个被市场固化的概念，这对出口企业来讲这是不利的，于是成为出口部门反对货币国际化的理由之一。这种被固化的观念被“金融与财政当局作为挡箭牌，任意煽动人们对日元升值的恐怖感”“以便拖延日元国际化的进程”②。另一方面，在金融市场上，美元/日元期货交易市场非常发达，当借方希望以日元计价时，贷方往往将美元计价贷款和美元/日元交易组合起来提供，这样做也得到了同样的结果，日本银行业也没有推进以日元计价的对外贷款的意愿。因此，市场缺乏热情正合了政府的意。但是，到了20世纪90年代，政府积极推进日元国际化的时候，市场原来的意愿并没有改变，再加上日本经济正在走下坡路，这时候让市场改变固有的交易习惯和观念就会更加困难。政府与市场始终没有形成推动日元国际化的合力。

7.3.2 地缘约束

（1）安全结构下的“日元美元委员会”。

“尼克松冲击”之后，由于美国操控或忽略美元汇率对其他国家的负面影响，日本经济对美国政府变幻无常的政策束手无策，尤其是从20世纪80年代中期到20世纪90年代中期，日元受到的间歇性上行压力通常由美国政府“压低美元”所引发，这对日本经济和竞争产生了深远的影响。在多次讨论中，日本的决策者和评论家提出了通过推广日元来抵抗这些压力，但这一观点从未形成政策，是因为挑战美元将带来许多经济和政治成本③。其中，最为关键的

---

① 泷田洋一. 日美货币谈判：内幕20年［M］. 李春梅，译. 北京：清华大学出版社，2009：88-89.

② 菊地悠二. 日元国际化：进程与展望［M］. 陈建，译. 北京：中国人民大学出版社，2002：178.

③ 格莱姆斯. 东亚货币对抗［M］. 任锋，译. 北京：法律出版社，2010：134.

就是美日同盟。可以说，日本推动日元国际化的动机是企图有效隔离来自美元和美国货币政策的外溢效应，但这受制于美日之间的安全结构。

源于二战后美国对日本的军事占领，美国塑造和主导了日本的安全结构，美日联盟中的不对等程度远高于美欧同盟。日本处于美国的核保护伞之下，不但使其不具有“安全天堂”的属性，而且这种军事安全上的“庇护”延伸到了日本的经济金融事务中。日美关系制约了日本政府在货币金融事务中的偏好和行动能力。

1983 年 11 月成立的日元美元委员会被认为是日元国际化日本政府官方政策的开端，但该委员会成立的主要政治动机是为了满足美国的要求，即通过日元国际化和日本金融市场的自由化来修正低位日元，解决美国对日本的贸易逆差，服务于时任美国总统里根的选举政治需要。因此，可以说日元的国际化和日本金融自由化是在美国的压力下开始的，日元国际化并没有按照日本设计的“积极、渐进、自主”的原则来推进，美国完全主导了日美货币谈判，日元的国际化是为美国服务的。“这个过程一言以蔽之，就是美国一直在想方设法控制新兴的日本，美国实现了东京金融市场自由化和日元国际化，减轻了基准货币美元的负担”①。因此，日元在 20 世纪 90 年代之前，一直是作为美元主导的全球经济与货币体系的支持者，美国不可能培养日元成为与美元同样地位的世界货币。美国源于美日同盟的安全结构权力是美国在所谓美日货币谈判中占据主导的关键。

（2）日元“亚洲化”的美国因素和地缘困境。

东亚是事实上的美元区，东亚国家不但持有大量的美元外汇储备资产，在汇率上钉住美元，在对外贸易中以美元为计价货币为主，日元的亚洲化战略无疑是要与美元争夺国际空间。因此，日元的亚洲化战略也必须放在更为广阔的日美关系下进行。

日元国际化伊始被当作是对美元和美国货币政策风险的隔离手段，在受挫之后，日本政府放弃了这一隔离手段，转而开始以“地区金融主义”替代货币国际化。1997 年亚洲金融危机为日本的地区金融主义提供了契机，当年 9 月，日本提出建立“亚洲货币基金”，设想以“危机地区自救”替代国际货币基金组织的金融援助。日本提出的方案是筹集 1 000 亿美元，其中日本出资 50%，其余由东亚其他国家或地区承担。日本的目的有二：防止亚洲危机恶化

---

① 泷田洋一. 日美货币谈判：内幕 20 年［M］. 李春梅，译. 北京：清华大学出版社，2009：256.

伤及自身；同美国争夺在亚洲经济金融事务中的领导权，推进日元在亚洲的国际使用①。IMF 是美国主导的，也是美国借以干预地区经济金融事务的主要平台之一，对 IMF 的替代以及将美国剔除在外，必然受到美国的强烈反对。在美国的压力下，"亚洲货币基金"设想胎死腹中。之后，日本又提出"新宫泽构想"以及积极推动《清迈倡议》的建立，这些举动之所以被美国接受是因为清迈货币互换协议是以双边货币互换为基础，且把主要的货币使用监督权（90%）交给 IMF②。可见，美国因素是日本推行货币国际化政策的主要考虑因素。

同时，日本在东亚也面临一定的地缘困境。日本在二战期间的侵略行为对亚洲国家而言是一种巨大的灾难，东亚国家对日本试图建立"大东亚共荣圈"以及种种残暴行为记忆犹新。日本试图在东亚建立日元区，领导亚洲货币金融事务，容易使人们联想到其不光彩的历史，从而充满警惕。再加上日本至今没有对其战争罪行进行反省、没有向受害者进行真诚的道歉，反而不断美化其侵略历史，掩盖自己的罪行。因此，东亚国家对日本不信任，没有国家愿意跟随日本③。东亚地区本来就是美元区，同时一些国家还是美国的盟友，这都限制了从美元向日元的转换，再加上对日本政治上的防范，日元很难在东亚建立国际化的政治基础。其他国家或地区使用日元更多可能是基于经济原因，而不是政治原因。

---

① 王伟军．亚洲货币基金的由来及前瞻［J］．新金融，2001（9）：30-32.

② 张蕴岭．日本的亚太与东亚区域经济战略解析［J］．日本学刊，2017（3）：1-11.

③ KATADA S N. From a supporter to a challenger? Japan's currency leadership in Dollar-dominated east asia［J］. Review of International Political Economy, 2008, 15（3）：399-417.

8 石油美元的逻辑

如果用一个词来概括美元主导地位的关键支柱的话，那就是“石油”①。石油美元是一个经济问题还是一个政治问题呢？或者说二者兼而有之？这是一个看似简单却又复杂的问题。从表面看，以石油为首的国际大宗商品的计价和结算货币选择好像是一个纯经济问题，石油货币应该交给市场来决定。但每次“非美元石油”事件的发生都会引发市场的轩然大波，甚至美国的强烈反应，引起国际政治事件或冲突。石油是中东地区构建政治秩序的战略资源，美元是美国介入中东秩序的重要杠杆②。因此，石油美元的演化不只是简单地遵循市场逻辑，而是国际政治经济作用的结果，带有浓重的地缘政治色彩，甚至可能主导着石油美元的演化历史。

在 20 世纪 70 年代，在“黄金美元”到“石油美元”的过渡中，美国的对外政策起到非常关键的作用。以沙特阿拉伯为首的海湾国家以美元为石油定价，不但支撑了美元的海外需求从而支撑了美元的中心货币角色，而且石油美元的回流对美国国内通货膨胀和财政赤字起到了稳定作用。那么，海湾国家为何在布雷顿森林体系刚刚崩溃之后、美元与黄金脱钩并不断贬值之际做出这样的决定呢？如果基于经济因素，凭借 20 世纪 70 年代石油生产国对石油的控制力度，使用一篮子货币计价结算甚至黄金计价收益不是更高吗？也许美国强大的资本市场是其考虑因素之一，但更多的可能是非经济因素的作用。根据现有文献的研究，政治和安全因素是关键因素，并且将来也是海湾国家对美元忠诚度的决定性因素。

---

① NORRLOF C, PAUL P, COHEN B J, et al. Global monetary order and the liberal order debate [J]. International Studies Perspectives, 2020 (2): 109-153.

② 孙兴杰. 中东秩序的深层逻辑：枪炮、石油与美元 [N]. 中国经营报, 2021-04-19 (A07).

8.1　石油美元的经济逻辑

商品计价货币选择理论一般认为：网络效应可以强化某种货币的国际地位，尤其是在占据“先发优势”的情况下；对于同质商品，生产者是典型的“价格接受者”。从纯粹市场角度看，石油货币符合上述两个特性。

8.1.1　网络效应

货币金属主义认为，货币的产生是因为可以降低交易成本，市场对交易成本降低追求的一致性会产生被普遍接受的交易媒介。基于相同的逻辑，市场主体在国际经济交易中也必然追求交易成本最小化，其结果是某种货币会产生并成为共同的媒介货币被广泛使用。

Kindleberger（1981）① 和 Krugman（1984）② 将货币与语言作类比，认为使英语成为国际商业通用语言并不是因为其简洁性和内在美，而是其广泛的使用。随着某种语言被使用得越来越广泛，其对非英语使用者的吸引力就越大，因为人们能用其与世界上更多的人交流。所有人使用同一种语言，好处是显而易见的：减少沟通交流障碍和成本，提高交流效率。语言的使用“网络效应”逻辑也适用于商品的计价货币选择。

如果将货币看成是一种商品，每个使用该货币的交易者被看成是一个节点，所有使用该货币的交易者就形成了该货币的使用网络，货币就成为“网络产品”。交易者使用该货币获得的效用，会随着使用同一种货币的交易者数量的增加而增加，网络规模越大，网络产品的价值就越高，网络具有了正外部性，这就是“网络效应”。

Katz 和 Shapiro（1985）将这种网络外部性分成直接网络外部性和间接网络外部性③。直接网络外部性是指新加入的交易者不但自己从已有网络中获得效用，同时可以直接增加其他交易者使用同种货币的效用，网络价值因节点的

---

① KINDLEBERGER C P. Dominance and leadership in the international economy: exploitation, public goods, and free rides [J]. International Studies Quarterly, 1981 (2): 242-254.

② KRUGMAN P R. The international role of the Dollar: theory and prospect [J]. Nber Chapters, 1984, 73 (2): 309-327.

③ KATZ M L, SHAPIRO C. Network externality, competition and compatibility [J]. American Economic Review, 1985 (75): 424-440.

增加而提升。间接网络外部性是指随着某种货币使用者数量的不断增加，与之相关的其他“互补品”数量增加、价格降低，因此也增加了交易者从使用同种货币中获得的效用。前者如选择同种货币进行计价的出口商可以更方便地与竞争对手进行价格比较，降低了“计算成本”，同时可以获得汇率风险的“自然对冲”。后者如使用同种货币的交易者增加，会刺激市场提供诸多服务产品与设施，如统一的结算系统、便利的货币兑换服务、丰富的相关金融产品（如规避汇率风险的外汇衍生品）等，这些“互补品”的出现进一步降低了使用同种货币的交易成本，增加了使用该种货币的效用。因此已有的交易网络会成为市场主体考虑的主要因素之一，市场主体倾向于选择网络规模大的国际货币，即使这种货币为第三国货币，即“媒介货币”。处于货币网络中的交易者之所以不愿意转换成另一种货币，在于网络外部性会产生双重规模经济。

网络外部性使其他人的行为进入某人的决策函数中，因更多的厂商使用该种货币作为计价货币，其网络外部性具有了“自我强化”机制。当越来越多的厂商使用该种货币计价，其货币网络外部性得到提高，反过来，网络外部性的提高又会吸引该种货币作为计价货币的吸引力。这种自我强化机制同样适用于储备货币的选择。交易网络的广泛性使那些与货币发行国没有关系的外国人也会在国际贸易中选择使用该货币计价支付，原因是交易网络保证了该货币的广泛可接受性。Krugman（1980）分析了支付结构中媒介货币的选择问题，认为网络外部性降低了使用某种货币作为交换媒介的成本，对于在位国际货币来说，基于支付结构的选择会产生历史惯性，从而使新的国际货币竞争者面对市场主体因转换货币所产生的各种成本，交易网络越广，转换成本就越高①。

网络效应使石油计价货币选择具有了“从众动机”，先行者就具有了优势②。世界第一口商业性油井于1859年在美国宾夕法尼亚州成功采油，控制全球石油市场一直到20世纪初的“石油七姐妹”有五个位于美国，美元价格成为国际石油定价的基准，这些都使美元在石油计价和支付中获得了先行者优势。一旦以美元标价石油以及用其作为交易的结算货币被广泛使用，并且交易达到某个临界点，如果单个买方或卖方选择其他货币，其成本就会变得很高。即使在20世纪70年代后，美国丧失了石油最大出口国的地位，美国纽约商品交易所原油期货价格仍是国际原油的三大基准价格之一，也是全球最大的原油

① KRUGMAN P R. Vehicle currencies and the structure of international exchange [J] Journal of Money, Credit and Banking, 1980 (12): 513-526.

② GOLDBERG, TILLE. Vehicle currency use in international trade [R]. NBER Staff Report No. 200, 2005, 1.

期货交易市场，美元仍是即期、远期和期货交易合同的主导货币。

8.1.2 同质商品

一般认为，商品性质会影响生产商在计价和支付货币中的决策。差异化产品生产者面对向下倾斜的需求曲线，可以运用更多的市场势力，从而避免承担汇率风险，即其更多地使用本币定价（price maker）。同质性初级产品的出口商是市场的价格接受者（price taker），其不倾向于使用本币定价，在这样的市场中，人们更偏向于持有低交易成本的货币。Mckinnon（1979）的研究表明，如果产品具有很高的异质性，导致出口商具有较强的谈判能力，其会倾向于使用本币进行计价和结算①。同质性产品因具有较多的竞争者，其计价货币选择呈现出较强的“羊群效应”。Goldberg 和 Tille（2013）建立了一个一般性计价货币选择和定价的“讨价还价理论”，探讨进出口商的讨价还价能力大小对计价货币选择和定价的影响，结果表明市场结构确实对双方计价货币选择具有重要意义。石油是相对同质性较高的商品，使用单一货币进行计价可以获得非常大的便利、易于比较。鉴于市场传统和深度，美元自然成为石油计价和支付的主导媒介货币。

8.1.3 市场逻辑的挑战

有文献对上述基于网络效应和商品同质性的经济逻辑提出了挑战，认为网络效应和同质商品特性不足以“完美”地解释美元在全球范围内的石油定价和结算的唯一性，石油货币存在多元化的空间。

首先，事实上石油计价货币曾存在多元化空间。Mckinnon（1979）指出，在 1974 年之前，处于英镑区的波斯湾国家曾要求使用英镑支付石油货款。石油进口国的数据则表明，二战后（至 1953 年），全球石油进口中至少 30%使用美元，同时至少有 23%使用非美元，其中以英镑为主；在马歇尔计划中，有数据统计的 16 个欧洲国家在 1947—1953 年，石油进口的 43%使用美元支付，57%是以英镑为主的非美元支付②。但是，大约在 1974 年，美元开始主导石油进口，大约占比 81%。

---

① MCKINNON R. Money in international exchange: the convertible currency system [M]. Oxford: Oxford University Press, 1979: 72-77.

② CHITU, LIVIA, MEHL, et al. Network effects, homogeneous goods and international currency choice: new evidence on oil markets from an older era [J]. Canadian Journal of Economics, 2016, 49 (1): 173-206.

其次，网络效应和商品同质性也存在挑战。Chitu 等人（2016）的研究表明，收益递增的网络效应和产品同质性在全球石油市场中对结算货币选择的影响并没有像传统设想的那样强①。在早期，石油交易的结算实际上由几种不同货币承担，表明即使像石油这样的同质性商品也有多种主权货币作为支付手段存在的空间。历史资料数据显示，在早期（20 世纪 30—50 年代）存在多种石油计价和支付货币，比如英镑。网络收益递增效应并不像普遍设想的那么强，先占者优势并不是一切，在位者并不能保证成功。国际石油交易中美元或其他货币的使用在不同国家是不同的，这种不同与该国和美国的贸易联系程度以及进口国的贸易体量有关。

考察原油市场的细节会发现，市场是相当分割的，原油品质是不同的。以三大基准价格石油来说，以伦敦国际石油交易所（IPE）的北海布伦特（Brent）原油期货合约为基准的布伦特基准油价体系是轻质低硫原油；以纽约商品交易所西德克萨斯原油期货（WTI）为主的北美基准油价体系是中质低硫原油；以迪拜商品交易所（DME）上市的阿曼原油期货为主的迪拜基准油价体系是重质重硫原油。

因此，从网络效应和产品同质性角度看，单一石油货币并非市场的最优选择，单纯的经济逻辑不能完美解释石油美元的出现和演进。Cohen（2012）对主流经济学关于货币国际化研究提出了十分中肯的批评，尤其是对于数据驱动的研究（data-driven），认为基于数据可获得性的简化模型分析无法描述复杂的现实，“对有限数据的过度依赖扭曲了具体的现实”，只关注量化数据而忽视无法量化的因素，造成“以偏概全”，忽视了模型的抽象性与具体现实之间的差距②。Strange（1971）提出了更为直接的批评：纯粹经济分析忽视了现实性和国际经济政治体系中的政治和历史背景③。

经济逻辑限定了可行的政策集，但最终的选择不可避免地由货币的政治学所决定，包括有关货币的思想、利益集团冲突和国际关系（Kirshner，2003）。关于货币问题的选择只能被理解成是持有不同动机的各国之间政治竞争的结果，而不是对全球经济效率追求的结果。无论国内还是国际、不论是政策目标还是管理架构，货币的选择都不是中性的。

---

① MCKINNON R. Money in international exchange：the convertible currency system [M]. Oxford：Oxford University Press，1979：72-77.

② COHEN B J. The benefits and costs of an international currency：getting the calculus right [J]. Open Economies Review，2012，23（1）：13-31.

③ STRANGE S. The politics of international currencies [J]. World Politics，1971，23（23）：215-231

8.2 石油美元的政治逻辑

根据《韦氏词典》，“Petrodollars”（石油美元）是指石油输出国出口石油获得的美元外汇收入，最早见于1973年。20世纪60年代末至20世纪70年代初，是世界金融史上的一个动荡时代，二战后以美元为中心的国际货币体系面临巨大冲击。1960—1973年出现的四次美元危机，使美元变得不如黄金①。可以说，这一时期，美元遭遇了二战以来最大的挑战，美元的信用遭到极大质疑。

同一时期，石油输出国组织的力量从20世纪60年代末得到前所未有的强化，开始在国际经济政治中发挥强大作用。西方国家对石油的依赖，尤其是对中东等地区石油的高度依赖也为产油国对西方国家施加影响提供了杠杆。因此，产油国此时完全有能力改变石油计价支付货币，争夺更为有利的计价标准。

8.2.1 美元危机

美元危机是20世纪60—70年代最重大的国际货币金融事件。

第一，美国国内的通货膨胀使美元的购买力减半，越南战争进一步恶化了通货膨胀情况（见表8.1）。美国的消费者价格指数（CPI）变动从1965年之前的不足2%，上升到1970年的5.84%，1973年进一步上升到6.18%，1974年更是高达11.05%。

表8.1 美国宏观经济指标

年份	CPI/%	财政赤字率/%	贸易余额/10亿美元	国际收支/10亿美元	黄金储备/百万金盎司
1960	1.46	0.10	4.89	-3.40	508.69
1961	1.07	-0.60	5.57	-1.35	484.20
1962	1.20	-1.30	4.52	-2.65	458.77
1963	1.24	-0.80	5.22	-1.93	445.60
1964	1.28	-0.90	6.80	-1.53	442.03
1965	1.59	-0.20	4.95	-1.29	401.86
1966	3.02	-0.50	3.82	0.24	378.14

① 蒙代尔. 蒙代尔经济学文集：第四卷［M］. 向松祚，译. 北京：中国金融出版社，2009：34.

表8.1(续)

年份	CPI/%	财政赤字率/%	贸易余额/10亿美元	国际收支/10亿美元	黄金储备/百万金盎司
1967	2.77	-1.10	3.80	-3.38	344.71
1968	4.27	-3.00	0.64	1.67	311.20
1969	5.46	0.30	0.60	2.81	338.83
1970	5.84	-0.30	2.59	-9.83	316.34
1971	4.29	-2.20	-2.27	-29.59	291.60
1972	3.27	-2.00	-6.42	-10.29	275.97
1973	6.18	-1.20	0.91	-5.02	275.97
1974	11.05	-0.40	-5.51	-8.78	275.97
1975	9.14	-3.50	8.90	-5.53	274.10

注：贸易余额以船上交货价（FOB）作为统计口径。

第二，美国贸易逆差导致黄金大量流失（见表8.1）。二战后随着经济复苏，欧洲国家积累了大规模对美贸易顺差，造成美国黄金的流失，尤其是1958年欧洲国家恢复货币可兑换之后，开始将大量美元兑换成黄金。20世纪50年代，美国大约流失了1亿盎司黄金，1959年美国拥有的黄金虽然仍超过世界黄金储备的一半，但这样的流失速度是美国无力负担的。1959年美国拥有5.57亿盎司黄金，1962年下降为4.59亿盎司，1968年只剩下3.11亿盎司，到1972年仅有2.76亿盎司。同期，美国货币发行的黄金准备金制度也在1968年被彻底废除①。黄金是美元价值的担保，黄金的流失带来的是美元的贬值，其他国家对美元价值稳定的信心随着黄金的不断流失而削弱。

1971年8月15日，时任美国总统尼克松宣布关闭“黄金窗口”，对外不再履行美元兑换黄金的义务。基于“黄金-美元”的布雷顿森林体系崩溃，美元失去了黄金担保，1960年特里芬提出的“特里芬难题”被事实所证明。正如金德尔伯格所说：美元变成了充当国际货币的一辆破车②。美元与黄金的兑换比率从起初的1∶35，逐渐贬值到1971年的1∶38，1973年各主要经济体货币与美元脱钩，实行浮动汇率制度，美元再次贬值到1∶42.22，三年时间美元对黄金贬值超过20%。

① 1934—1945年，美联储债务（包括流通中的货币和存款）的法定黄金准备比例为40%，1945年降低为25%，1965年取消存款的黄金准备要求，1968年取消联储钞票（包括所有流通中货币）的黄金准备要求。

② 金德尔伯格. 世界经济霸权：1500—1990［M］. 佚名，译. 北京：商务印书馆，2003：307.

在黄金市场上，美元对黄金的贬值幅度更大。英国伦敦黄金的价格（见图8.1），在1971年基本维持在每盎司40美元左右，到1972年底已经突破每盎司60美元，1973年下半年更是突破每盎司100美元。从1967年每盎司35美元到1973年12月的107美元，美元相对黄金贬值高达67%。

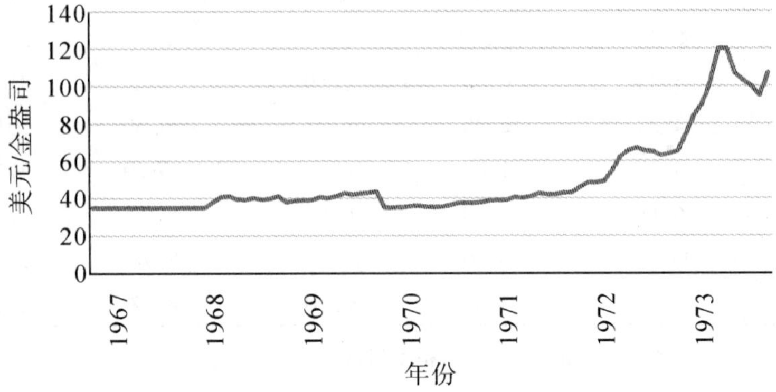

图8.1　伦敦黄金价格（1967—1973年）

数据来源：沃尔克,行天丰雄.时运变迁[M].贺坤,贺斌,译.北京:中国金融出版社，1996:410.

第三，美国国内财政赤字问题。美国约翰逊政府发起的所谓“伟大社会方案”和越南战争恶化了美国财政情况，赤字开始扩大。1960—1970年，仅有两年实现小幅盈余，其余各年都是赤字，1971年赤字率已经上升到2.2%（见表8.1）。

第四，在各国货币与美元脱钩开始浮动后，美元对当时各主要国家货币的汇率开始大幅贬值（见表8.2）。除了对英镑的贬值幅度较小外，美元对德国马克、法国法郎和日元的贬值幅度都相当大，尤其是对具有较大国际收支盈余的德国马克和日元。

表8.2　美元对主要货币汇率（1971—1975年）

年份	马克-美元	美元-英镑	法郎-美元	日元-美元
1971	3.4830	2.4442	5.5100	347.79
1972	3.1886	2.5034	5.0444	303.12
1973	2.6715	2.4525	4.4535	271.31
1974	2.5868	2.3403	4.8107	291.84
1975	2.4614	2.2217	4.2877	296.78

数据来源：赫莱纳，柯什纳.美元大趋势［M］.欧阳珑，译.大连：东北财经大学出版社，2012：157.

由表 8.2 可知，市场主体和持有美元储备的外国央行具有强烈抛出美元的经济动机。事实也是如此，1965 年时任法国总统戴高乐对美国"过度特权"进行了实质性回应，要求美国按 1∶35 的比例将法国的美元储备兑换成黄金，并运回法国。数据显示，法国在 20 世纪 60 年代初就开始显著增加黄金储备，并在 1966 年积累到 1.49 亿盎司的相对高点，比 1960 年整整多了 1 亿盎司。德国和日本黄金储备在这段时期也出现了明显增长，虽然没有法国的增幅大，德国增加了 50%，日本增加了 33%。1971 年 5 月 5 日的一个小时内，德意志联邦银行就吸纳了 10 亿美元，并被迫暂停了外汇市场上的官方操作。1971 年 8 月 16 日，除了法国之外，欧洲其他国家都持续关闭外汇市场一周，日本银行则从市场上吸纳了日本公司和银行抛售的 45 亿美元，这相当于 1971 年以前日本所有的美元储备规模①。

因此，在这样一个历史背景下，石油出口仍采用美元计价结算，单纯的经济逻辑已经无法完全解释这一现象。

8.2.2 石油输出国组织

石油输出国组织（OPEC）建立于 1960 年，通过 1971 年《德黑兰协定》和 1972 年《日内瓦协定》，产油国获得了"石油独立"。1973 年石油危机，OPEC 将原油价格先提高 70%，之后两个月内提高了近 3 倍，同时对美欧国家进行石油禁运。这次石油危机重创了美日欧等国经济，以石油为武器对抗西方国家凸显出 OPEC 的政治色彩。OPEC 在 20 世纪 60—70 年代成为国际石油市场重要的经济与政治力量。

OPEC 的强势源于市场寡头地位和美国的石油进口依赖。如果从生产者角度看，世界石油市场是一个寡头市场，OPEC 控制了世界已探明石油储备的 79%，其出口更是占据了世界的 1/2。美国对石油进口的高度依赖给 OPEC 提供了杠杆。虽然第一口商业油井出现于美国，但是美国石油生产与消费的缺口却是不断加大。如图 8.2 所示，美国石油生产-消费缺口 1950—1960 年增长了 1.35 倍，1961—1971 年这一缺口又增长了 1.1 倍，到 1973 年美国每日的石油生产-消费缺口高达 600 多万桶（1 桶=158.98 升）。美国的石油缺口不得不由进口来填补，石油进口依赖度从 1950 年不足 8%，增长到 1960 年的 16%，1973 年更是飙升到 34%。在美国石油进口来源中（见图 8.3 和图 8.4），OPEC

① 沃尔克，行天丰雄. 时运变迁［M］. 贺坤，贺斌，译. 北京：中国金融出版社，1996：385.

成员占据非常大的份额，在20世纪60年代早期高达60%以上，之后虽有所降低，但1970年之后，又开始上升，到20世纪70年代中期又创造出70%的高点。

OPEC的强势还在于石油较小的需求价格弹性。作为一种不可再生的枯竭资源，在找到完美的替代品之前，或者现有工业技术实现非常大的突破之前，石油仍是现代工业的血液。这种重要性在二战后至20世纪70年代这一时期更为显著。石油的不可再生性与缺乏替代品使石油需求价格缺乏弹性。Kalymon（1975）早期的研究表明，当时美国的石油需求长期价格弹性为-0.5，与美国官方机构美国联邦能源办公室估计范围（-0.2～-0.6）一致①。Cooper（2003）基于1971—2000年的数据，对23个国家的石油需求价格弹性进行了估计，无论是短期弹性还是长期弹性，西方主要国家的石油价格弹性都很低，其中，美国的短期弹性为-0.061，长期弹性为-0.453；最高的短期弹性是西班牙的-0.087，长期弹性最高的是法国的-0.568。因此，从整体看，西方主要国家的石油需求价格普遍相当缺乏弹性（见图8.5）。需求缺乏弹性给予供给方调整价格和计价货币的主动权，这种调整因不能大幅降低需求，因此，调整的经济成本会很低。如果调整的政治收益远高于经济成本，OPEC也就有了调整计价标准的动机和能力。

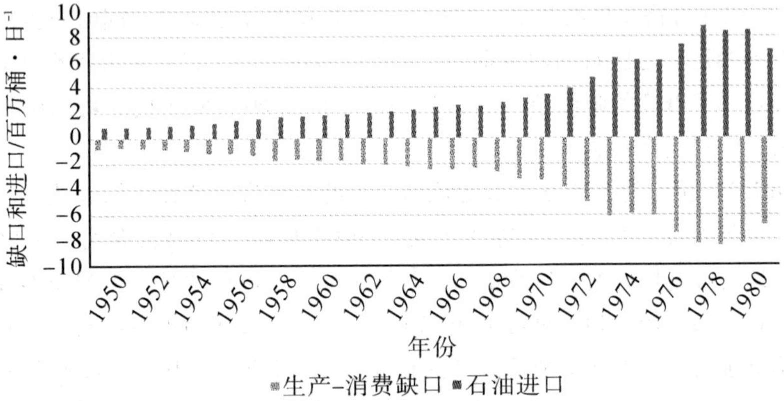

图8.2　美国石油生产-消费缺口和进口

① KALYMON B A. Economic incentives in OPEC oil pricing policy [J]. Journal of Development Economics, 1975, 2 (4): 337-362.

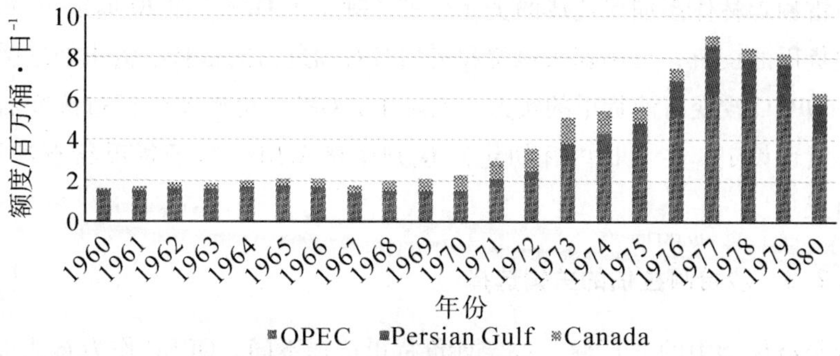

图 8.3　美国石油进口来源地分布（1960—1980 年）

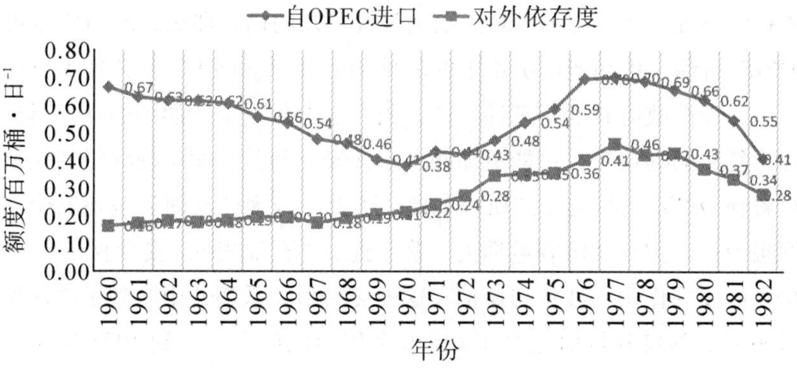

图 8.4　美国石油对外依存度和 OPEC 进口份额（1960—1982 年）

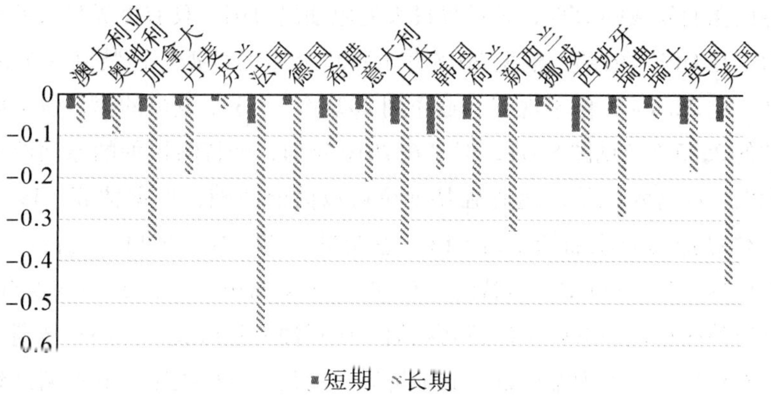

图 8.5　石油需求价格弹性（1971—2000 年）

布雷顿森林体系崩溃造成的美元危机，赋予了 OPEC 在 20 世纪 70 年代改变石油货币的良机，市场寡头地位和美国对石油进口的依赖、需求缺乏弹性又强化了 OPEC 改变石油货币的实力。实际上，OPEC 也确实尝试过改变石油计价结算货币设定，在《日内瓦协定》谈判中试图用一篮子货币给石油计价，但没有成功。

8.2.3 沙特阿拉伯的关键选择

与经济模型中的“厂商”决定计价货币选择不同，OPEC 作为石油市场上具有市场势力的供给方，被假定为是一个纯粹的卡特尔经济组织，完全忽视了 OPEC 本身是政府间的组织性质。如果说统一成员国石油政策以稳定石油价格和获得稳定石油收入，是 OPEC 声明的显性目标的话，那么，政治因素考量可能是 OPEC 石油定价和产出决策中的隐性函数变量。OPEC 成员是主权国家而不是厂商，理性政府有别于理性厂商，利润最大化不是产油国的唯一目标，政府有更为复杂的利益集，可能更加倾向重视安全利益，使用纯粹经济模型不足以完全解释 OPEC 的行为。之所以如此，可能是因为产油国从包括安全在内的政治回报中可以弥补经济利益损失。鉴于此，“石油美元-安全保护”交易型关系仍可能发挥作用，沙特阿拉伯在这种交易型关系塑造中起到了关键作用。

1960 年，沙特阿拉伯是 OPEC 的五个创始成员之一，到 1973 年又有 7 个国家加入。如果把 OPEC 看成是一个“国家卡特尔”组织，那么，沙特阿拉伯无疑是主导的寡头之一。第一，份额高。从世界范围看，沙特阿拉伯原油储量是世界已探明储量的 15%，是世界最大的原油出口国，具有世界最大的原油生产能力。在 OPEC 内部，根据 2018 年 OPEC 公布的数据，沙特阿拉伯原油储量内部占比 22.4%，位于现有（截止到 2021 年）13 个成员的第二位，低于委内瑞拉的 25.5%（见图 8.6），但是在 2010 年前，沙特阿拉伯的原油储量一直是最大的。沙特阿拉伯的这种独特地位可以向前回溯，根据估算，1974 年沙特阿拉伯已探明的原油储量占 OPEC 总储量的 37.5%，出口市场份额占比为 24.8%①。第二，低成本。沙特阿拉伯在 1938 年的第一口油井深度仅有 1 440 米，独特的区位优势造就了沙特阿拉伯生产石油的超低成本。中东波斯湾地区国家的石油生产成本大幅度低于其他地区，同是 OPEC 国家，非波斯湾地区国

---

① KALYMON B A. Economic incentives in OPEC oil pricing policy [J]. Journal of Development Economics, 1975, 2 (4): 337-362.

家的生产成本很高，如委内瑞拉的成本是 27.62 美元/每桶（见图 8.7）。其中，沙特阿拉伯的成本最低，总成本为 8.98 美元/每桶，不到英国的 1/4，即使与伊朗（9.08 美元/桶）和伊拉克（10.57 美元/桶）相比，也是最低的。仅就开采成本来看，沙特阿拉伯开采每桶石油仅需要 3 美元。高市场份额与低生产成本使沙特阿拉伯成为 OPEC，甚至整个世界石油市场的价格领导者，沙特阿拉伯的定价策略（包括计价支付货币选择）会对其他产油国带来连锁反应。

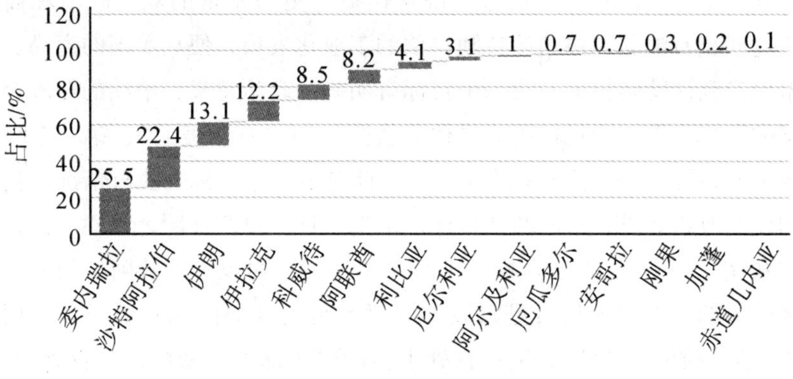

图 8.6　OPEC 成员原油储量分布（2018 年）

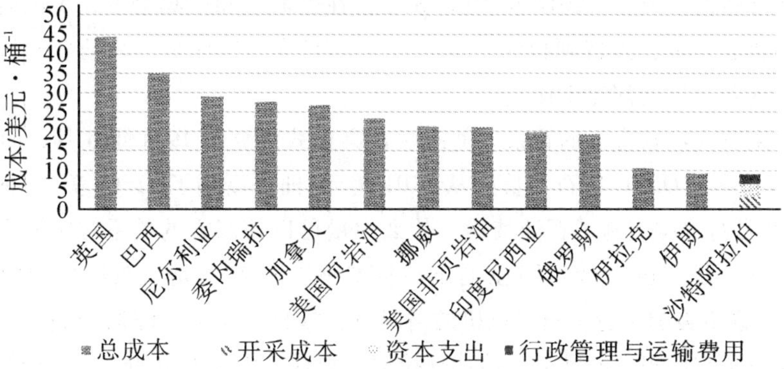

图 8.7　石油生产货币成本（2016 年）

沙特阿拉伯的关键选择源于 1974 年美国-沙特阿拉伯经济合作联合会（US-SAUDI Arabian Joint Commission on Economic Cooperation，后文简称“美沙联合会”）。美沙联合会成立以后，时任美国财政部长迈克尔·布鲁门特尔又与沙特阿拉伯达成一系列交易，成功地使沙特阿拉伯以美元对出口的石油进行定价。沙特阿拉伯又运用自己在海湾石油生产国的影响力使其他国家也使用美元进行计价。美沙之间存在着以石油的美元定价来换取美国安全保护的所谓

"秘密协议"，虽然没有更为直接的证据，但是众多学者都相信这种"秘密协议"是真实存在的。本书提供几个方面的佐证，从侧面证明这种真实存在的可能性。

美国联邦政府审计署在1979年3月22日，发布了一个"关于美沙经济合作联合会"的"总审计长报告"（Report by the Comptroller General of the United States），从公开的文本看，美国的期望是通过该联合会建立一个重要的机制，以此达到三个方面的目标：通过经济合作提升更为紧密的双边政治和商业关系，通过回流石油美元协助沙特阿拉伯的工业化发展，便利美国的商品、服务和技术出口到沙特阿拉伯。第一个目标有明确的政治意义，单纯的经济合作不是美国的初衷；第二个目标更为具体和实际，即"石油美元"；第三个目标是最为次要的目标。"总审计长报告"本身针对第三个目标的执行情况，提出了诸多问题和改善意见，对前两个目标却语焉不详。事实证明，语焉不详是因为存在"秘密"。第一，对于这样一个双边"经贸"协议，沙特阿拉伯的代表是财政和经济部，美国的代表是财政部，而不是商务部门或其他经贸部门。第二，沙特阿拉伯持有美债数量一直处于美国财政部的保密状态，直到2016年才首次公开，而且在规模上可能仍有隐瞒，这可能反映了沙特阿拉伯持有美债的政治敏感性。第三，2018年10月3日，在密苏里州的集会上，美国时任总统特朗普公开威胁沙特阿拉伯，称"如果没有我们的保护，萨勒曼的沙特国王位置连两个星期都保不住"。

再来看美沙联合会的背景。美沙联合会正式成立于1974年6月，而1973年10—12月，OPEC将石油价格从3.01美元/桶提高到了11.65美元/桶，同时在10月对美国实施了石油禁运。什么力量可以使双方的关系在短短半年内迅速缓和？是美国对沙特阿拉伯出口商品吗？显然不是。在沙特阿拉伯等OPEC国家给美国制造了石油危机的情况下，沙特阿拉伯等海湾产油国一定从美方获得了它们想要的利益，沙特阿拉伯不缺钱，美国能给的，又是沙特阿拉伯想要的，必然不是经济上的实惠，地缘政治利益显然更符合条件。沙特阿拉伯以石油的美元计价换取了美国可以提供的地缘政治利益，包括美国在巴以冲突中的外交政策，同时借助美国的政治和军事力量来应对来自地区外部和内部的威胁和敌人。

沙特阿拉伯有第二选项吗？为什么在美元失去黄金锚价值受到市场质疑并已经开始贬值之时，沙特阿拉伯却选择使用美元计价结算本国最重要的，也是全球最重要的资源呢？沙特阿拉伯不能选择其他方式吗？比如为何不直接选择使用最为保值的黄金呢？如果黄金不现实的话，当时的德国马克比美元价值更为稳定，而且德国不存在美国那样的国内巨额财政赤字和贸易逆差的情况，德国也可以为沙特阿拉伯提供商品和技术。从纯粹经济利益角度看，美元在当时可能并不是最优的选择，因此纯粹的经济因素考虑并不能解释沙特阿拉伯的这种退而求其次的反常选择。沙特阿拉伯之所以不选择其他国家，可能正是因为上面所说的地缘政治和安全保护利益，本身还处于美国保护下的德国显然不能给当时的沙特阿拉伯提供有意义的政治和安全支持。

沙特阿拉伯拥有 OPEC 原油已探明总储量的 22.4%，占到五分之一强。同时，沙特阿拉伯的开采成本是最低的。因此，沙特阿拉伯在 OPEC 内，占有储量和成本的双重优势。从 OPEC 内部市场看，沙特阿拉伯具有显著的斯塔克尔伯格寡头和价格领导者特征。沙特阿拉伯的石油货币选择和价格制定对其他 OPEC 成员，甚至非 OPEC 成员具有明显的溢出效应。跟随沙特阿拉伯采用同一种货币计价便于比价，同时，在 OPEC 统一石油政策的组织目标下，沙特阿拉伯的领袖地位也可能得到进一步强化。

这样，就形成了美国沙特阿拉伯“石油美元-安全保护”，OPEC 成员甚至非 OPEC 成员跟随沙特阿拉伯石油货币政策的链条就形成了。美元与石油紧密挂钩，任何想进口石油的国家必须先赚取足够的美元，石油美元体系由此确立。

8.3 石油美元的美国霸权意义

2018 年 11 月，美国前总统特朗普在接受《华盛顿邮报》采访时，曾说：“现在，我们美军是否还会驻扎在世界这个部分（指中东）？一个原因是以色列，而石油因素变得越来越不重要，因为我们现在生产的石油比我们进口的更多，所以美军不是一定要留在那里。”美国在中东的军事力量主要是为了石油在以往被认为无法得到明证，但特朗普的这番表态无疑给出了再明显不过的证据。之前，美国在中东的驻军确确实实是为了石油，只是现在页岩油的开发使美国不再像之前一样依靠中东的石油，所以美国“为了石油”而驻军的意愿降低了。特朗普显然只说对了一半，作为工业的血液，石油确实是非常关键性的战略资源，美国自产石油的提高也能降低产油国把石油作为武器的杠杆。但只使用美元对世界范围内的石油交易进行结算这件事，意义更为重大。石油美元的诞生可以说是美元与黄金脱钩后的最佳替代品，进一步支撑着美元在全球范围内的地位。沙特阿拉伯被称为是华盛顿在波斯湾最亲近的盟友①，不是因为沙特阿拉伯给美国提供石油，更为重要的是沙特阿拉伯的石油货币选择，石油美元对美国而言具有重要的霸权意义。

吉尔平在论述美元与美国霸权之间的关系时，明确指出：美国霸权的基础，是美元在国际货币体系中的作用和美国的核威慑力量扩大到包括了各个盟国，美元作为国际金融体系的流通货币，对全球性结盟关系的巩固起到了重要作用②。石油计价结算货币的美元化给美国霸权提供了重要支持。

第一，“石油-美元”交易机制为美元持续提供全球性需求支持。鉴于区位优势和原油的不可再生性，以及全球工业化对石油的高度依赖，石油原产地与石油需求地严重不匹配，高度工业化国家对石油进口的需求是长期的。如果没有在经济上和技术上完全可以替代的资源，全球对石油的依赖会有增无减，全球经济对石油价格波动敏感度会越来越高。以 OPEC 为主的主要产油国以美元结算支付石油贸易的惯例，持续强化石油进口国对美元的长期需求。因此，可以看到，美国巨额的政府债务和贸易逆差，虽然削弱了美元价值，但是并不足以从全球范围内减少对美元的需求。再加上，在西方各大期货交易所中，石油衍生品合约的美元交易，也促使各市场主体增加对美元的金融交易需求。

第二，“石油美元”回流给美国国内财政赤字提供了支持。美债是美元的根基，美国财政赤字靠美国财政部不断提高债务上限、发行国债来弥补。联邦债务提升造成的国债供给规模扩大，需要广大的投资者购买。石油输出国巨额美元收入以购买美国国债或其他资产的形式重新回流到美国，支持了美国不断上升的政府债务（见图 8.8）。美元的世界货币地位，给了“美国不流泪的赤字特权”，使美国在不降低国内生活水准的同时，维持美国对外战争、驻军以及霸主地位的巨额军费开支。Spiro 称，这是用 OPEC 国家的财富补贴美国政府的“债务快乐”政策（debt-happy policies）和美国公众的“债务快乐”消费（debt-happy consumption）③。

---

① 库普乾. 美国时代的终结 [M]. 潘忠岐，译. 上海：上海人民出版社，2004：270.

② 吉尔平. 国际关系政治经济学 [M]. 佚名，译. 北京：经济科学出版社，1989：4，126.

③ SPIRO D. The hidden hand of American hegemony [M]. Ithaca：Cornell University Press，1999.

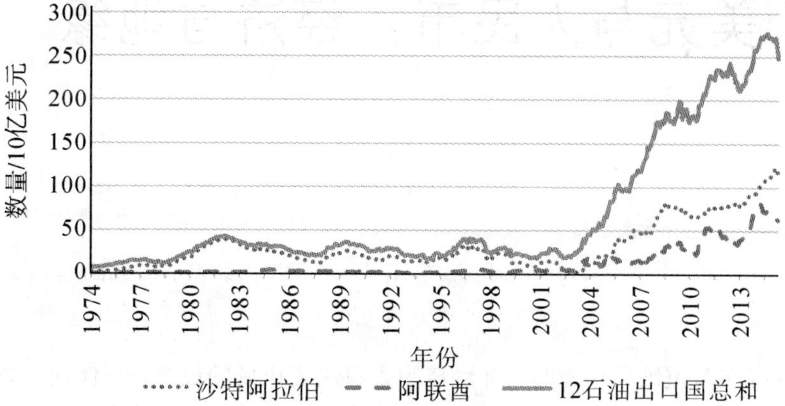

图 8.8　石油出口国持有的美国国债数量（1974—2016 年）

注：12 个石油出口国分别为巴林、伊朗、伊拉克、科威特、阿曼、卡塔尔、沙特阿拉伯、阿联酋、加蓬、阿尔及利亚、利比亚和尼尔利亚。

第三，基于美元结算体系将货币武器化。全球各国对美元的交易需求，使自己可能成为美国美元武器化的对象。美国利用全球美元支付结算系统（比如SWIFT）制裁所谓敌人，而把提供美元流动性支持和资本市场准入作为对盟友的一种奖赏。伊拉克、伊朗、委内瑞拉、俄罗斯等国家深受其害，这些国家都是世界主要的石油出口国，主要石油出口采用美元支付结算，美国就有了阻断其他国家获得美元的工具。

美国基本上是利用美元的国际地位，解决了全球霸权的经济负担①。在“石油-美元”的理想循环系统下，中东地区必然会成为美国进行政治“大博弈”的非常重要的战略空间。美国强大的军事实力直到现在仍发挥着重要作用，在美元的相对衰退期，美国不会轻易让出其作为关键货币发行国的地位，美元必然采取某种手段卷土重来，军事手段不会被排除在外。

① 吉尔平. 国际关系政治经济学［M］. 佚名，译. 北京：经济科学出版社，1989：126.

9 美元与人民币：经济与地缘

在存在多重纳什均衡时，非经济因素将决定市场的最终选择倾向。货币的选择也遵循同样的逻辑，在国际货币选择中也存在多重纳什均衡，非经济因素潜移默化地作用于市场主体的决定。现有研究表明美元的国际地位已经远非美国的经济实力能够支撑，换句话说，美元的国际地位不仅仅是依赖美国经济的强大，还有非经济因素在支撑美元的国际地位。美国强大的军事实力造就了美元资产的“安全天堂”属性，强大的科技创新塑造了美国在产业链中处于高附加值的“微笑曲线”的上端，二战后建立的国际金融体系和国际经济贸易体系使美国成为体系的“核心”，美元的地位就是这种核心的货币表现，美元成为美国价值观的象征。正如 Walter（2006）所说：“规范趋同”（normative convergence）对其他国家愿意“跟随”货币领导者起到了非常关键的作用①。按照斯特兰奇的理论，安全结构（“安全天堂”）、生产结构（控制“价值链”高端）、金融结构（控制国际金融和经贸体系）和知识结构构成了美国结构性权力的主要来源，美元现今的国际地位正是根源于美国的结构性权力，而且这四种结构不是孤立的，而是相互支撑的，成为棱锥体的四个面②。人民币国际化为国际货币选择多重纳什均衡提供了新的选择机会，人民币与美元的竞争也将是对结构性权力要素的争夺。

9.1 人民币与美元国际地位比较

人民币国际化开始于 2009 年我国政府推出的跨境贸易人民币结算试点。之后，试点范围不断扩大，2014 年 12 月召开的中央经济工作会议首次明确

① WALTER A. Domestic sources of international monetary leadership [J]. International Monetary Power, 2006 (5): 51-71.

② 斯特兰奇. 国家与市场 [M]. 杨宇光，等译. 上海：上海人民出版社，2012：22.

“稳步推进人民币国际化”。截至2020年，人民币国际化已经走过了10多年的历程。人民币国际化无论是在职能域还是流通域都取得了令人瞩目的成绩，人民币从贸易计算开始，逐渐向货币的其他职能扩展，从贸易流域扩展到金融领域，从私人部门扩展到官方部门（见表9.1）。

表9.1 人民币国际货币职能的表现

货币职能	私人部门	官方部门
记账单位	贸易计价：人民币贸易计价结算； 金融产品计价：熊猫债券、点心债、境内期货人民币计价	汇率锚：没有IMF正式报告； SDR篮子货币：2016.10； 以人民币计价的外国政府和国际金融机构债
交易媒介	贸易结算：人民币贸易结算； 国际金融交易结算：SWIFT和BIS数据	中国人民银行与外国央行签订的双边本币互换； 官方援助：丝路基金
价值储藏	人民币离岸存款、跨境证券投资	外汇储备：IMF正式统计币种； 70多个央行

2020年，人民币跨境收付金额增长较快，银行代客人民币跨境收付金额合计为28.39万亿元，同比增长44.3%，收付金额创历史新高。根据SWIFT的统计，2020年人民币是全球第五大支付货币，占比为1.88%。BIS2019年统计数据显示，人民币是外汇OTC交易的第八大货币，相比之下，2010年仅排名第十七。国际货币基金组织（IMF）官方外汇储备货币构成（COFER）数据显示，人民币储备规模为2 714.75亿美元，占标明币种构成外汇储备总额的2.29%，成为第五大外汇储备币种。根据中国人民银行的统计，全球有70多个国家的央行或货币当局将人民币纳入外汇储备资产之中。

与美元比较，可以发现，人民币的国际使用在各个层面都要逊色不少，从追赶者角度看，人民币的现状不足以对美元的国际地位形成挑战（见表9.2）。

表9.2 人民币与美元比较 单位:%

币种	国际支付	国际贷款	国际债券	外汇OTC交易	外汇储备	汇率锚
美元	38.70	52.7	67.40	88.30	58.92	19.80
人民币	1.88	1.40	1	4.30	2.29	

注：外汇OTC交易额采用双边计算，数据为2019年，人民币国际贷款和国际债券数据为2016年，其他数据均为2020年。

从人民币国际化现有水平来看，美国似乎不用担心人民币对美元的挑战。这就可以理解为什么美国会同意中国于2016年在美国设立人民币跨境清算行。但是，不能以此就认为美国会欢迎人民币替代美元成为主导货币。其他诸如日元、欧元、加元和澳元等，都在美国安全关系约束之下，美国可以利用联盟权力杠杆限制这些货币对美元的挑战程度。与其他的美元竞争者不同，中国不依赖美国的安全保护，不用牺牲货币自主权。但是，当国际政治关系发生剧烈变化时，不得不重新考虑人民币与美元之间的竞争问题。

9.2 新国际政治背景下的货币关系

研究人民币与美元之间的货币关系必然要置于更为广阔的中美关系框架之下。中美关系作为全球最重要的双边关系，任何起伏必然会向其他国家或地区外溢，尤其会影响中国与美国盟友之间的关系。鉴于美国对其他盟友政治经济外交的影响力，中美关系必然是解决矛盾的关键。正在崛起的中国，也必然会被美国用以强化同盟关系。美国不能容忍盟友货币挑战美元的国际地位，当然，不能设想美国会心甘情愿将国际关键货币发行国地位让给非盟友国家。

在特朗普成为美国总统之前，纯粹从经济学角度看待美元与人民币之间的货币关系也许恰当，中美之间的潜在矛盾冲突仍在可控的框架之内，尤其是政治层面的矛盾。但特朗普执政之后，中国被美国政府定义为“战略竞争对手”，美国对中国的“接触”政策发生根本改变，政治关系不再是货币经济关系的背景，而是走到了“前台”，美国对华战略见表9.3。国际政治环境的改变需要重新考虑人民币国际化与美元之间竞争关系，货币国际竞争函数中政治因素成为一个非常重要的变量。

“接触+遏制”是美国对华基本战略，只是在不同时期，二者偏重不同。特朗普执政之前，以“接触”为主，从美国发布的《国家安全战略报告》中可以看到，无论是小布什，还是奥巴马对中国的定位相对积极，“负责任的利益攸关方”是这一时期的总基调。2018年特朗普政府发布的《美国国家安全战略》《美国国防战略》《核态势评估》等系列战略文件，明确判定世界重回大国竞争状态。中国被认为是对美国战后秩序进行挑战的“修正主义大国”，位列美国三大类别的战略挑战之首。美国还在历史上首次指出，中国是美国的头号“战略竞争对手”。如果对华政策转向仅仅是特朗普个人的政治志向需求，是偶然的短期变数，那么对以市场为导向的人民币国际化冲击是可控的，或者说是可以忍受的。但如果这种转向是基于美国政府对华战略的整体转向，那么即使特朗普下台，无论谁当选，都不会从大的方向改变对华“遏制”战略，对人民币国际化的遏制将成为美国政府的战略选择。不管中国是否愿意承认或接受，人民币与美元的货币关系将超出经济关系范畴。事实证明，人民币国际化的国际政治环境恶化了。接替特朗普的拜登政府基本承袭了前任政府的对华定位，甚至在某些方面超出前任。拜登政府 2021 年发布的《临时国家安全战略方针》仍视中国为最大的战略竞争者，（继续）贸易摩擦、经济脱钩、科技竞争、指责中国人权、干涉中国内政、金融限制（审查在美上市中企）、四方安全对话、美英澳三方安全伙伴关系等，无不显示美国不会支持一个竞争性的、挑战美国优势地位大国的出现，况且中国是一个拥有完全不同于美国社会制度的国家。全面战略竞争、实施对中国的遏制，成为美国两党的共识。“遏制”中国不但成为美国的“政治正确”，而且成为可以“自证其罪”的学术结论。2021 年 10 月，著名现实主义者约翰·米尔斯海默在美国《外交》杂志发表文章，抨击了美国过去 40 多年对中国的“接触”政策。这种不受党派限制、无学派差异的一致观点反映了美国对中国战略的改变不是特朗普一时心血来潮的“即兴表演”，“中美关系性质发生了根本改变”。

表 9.3　美国对华战略

<table>
<tr><th>年份</th><th>文件名称</th><th>对华关系描述</th><th>总统</th><th>美国战略</th><th>提及中国次数</th><th>对美国定位</th></tr>
<tr><td>2006</td><td>《国家安全战略报告》</td><td>负责任的利益攸关方</td><td>小布什</td><td></td><td>28</td><td></td></tr>
<tr><td>2010</td><td>《国家安全战略报告》</td><td>担当起负责任的领导角色</td><td rowspan="2">奥巴马</td><td rowspan="2">亚洲再平衡战略</td><td>10</td><td rowspan="2">重塑美国领导地位</td></tr>
<tr><td>2015</td><td>《美国国家安全战略报告》</td><td>欢迎一个稳定、和平繁荣的中国崛起；寻求与中国发展建设性关系</td><td>12</td></tr>
<tr><td>2018</td><td>《国家安全战略报告》</td><td>战略竞争者，修正主义国家</td><td>特朗普</td><td rowspan="2">印太战略</td><td>33</td><td>美国优先</td></tr>
<tr><td>2021</td><td>《临时国家安全战略方针》</td><td>与中国进行战略竞争</td><td>拜登</td><td>15</td><td>重塑美国优势</td></tr>
</table>

来源：作者整理。

美国全球战略重心东移，所谓的“印太战略”使该地区成为全球经济政治地缘前沿，中国处于暴风眼中。美国对华政策转向也产生外溢效应。美国传统盟友，如英国、日本、澳大利亚以及一些欧洲国家紧跟美国对外政策，甚至充当美国的“马前卒”，恶化对华关系。北约也从2019年峰会开始关注所谓的“中国威胁”，认为中国的崛起关乎北约的安全。拜登政府将盟友视为美国最大的战略资产，一方面美国通过拉拢盟友遏制中国、分担遏制中国的成本，另一方面又通过渲染中国威胁，凝聚不对称联盟体系，提高自主权。英国、澳大利亚、日本都是人民币离岸中心，尤其是英国具有重要的地位，美国带动盟友提升对中国的地缘政治竞争，势必对人民币国际化带来负面影响。

9.3 人民币挑战美元的实力

9.3.1 经济规模是推动人民币国际化的基础

前文的实证分析表明：无论在什么时候，经济规模仍是货币国际化的基础支撑。我国在全球中的经济份额和相对于美国的经济竞争力都会成为人民币国际化的支撑。况且，经济实力最终决定了一国对外政策影响力和军事实力持续增长的可能性，因此，未来中国经济实力的发展将最终成为人民币国际化的基石。未来经济主导国家会是中国吗？萨勃拉曼尼亚（2012）的经济主导指数预测显示2030年的世界经济格局与如今大不相同（见图9.1）。2010年我国的经济主导指数已经与美国不相上下（取决于指数权重的采取）。预测显示，2030年中国的经济主导指数将远超美国，甚至达到美国的2倍，中国的GDP全球占比将近20%，贸易全球占比将达到15%，资本输出净值全球占比为17.5%，而美国三者分别为14.5%、7.3%和-22.3%。中英美欧盟经济实力对比见表9.4。

表9.4 中英美欧盟经济实力对比 单位:%

年份	国内生产总值占比				世界贸易份额				净资本输出占比			
	英	美	中	欧盟	英	美	中	欧盟	英	美	中	欧盟
2000	3.9	26.7	8.0	23.89	4.8	15.6	3.6	15.3	-5.7	-50.4	4.1	
2010	3.1	20.1	13.4	22.37	2.7	10.6	9.8	9.3	-4.3	-50.8	17.5	-2.7
2020	2.6	17.5	16.8	18.47	1.9	8.8	12.1	8.3	-2.2	-31.6	40.1	-0.9
2030	2.2	14.5	19.8	14.59	1.4	7.3	15.0	7.0	-1.7	-22.3	17.5	-0.7

资料来源：萨勃拉曼尼亚. 大预测［M］. 倪颖，曹槟，译. 北京：中信出版社，2012：119-121.

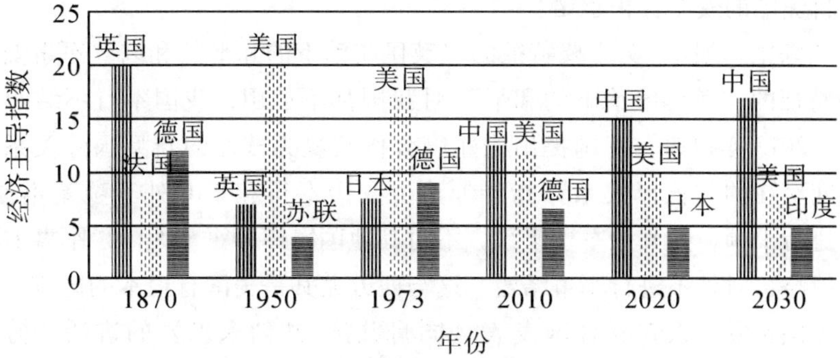

图 9.1　经济主导指数演变

资料来源：萨勃拉曼尼亚. 大预测［M］. 倪颖，曹槟，译. 北京：中信出版社，2012：118.

相对于经济规模，我国在全球价值链中地位的上升也将助力人民币国际化。以全球价值链参与度衡量，根据联合国贸发会的统计，1995—2011 年我国全球价值链参与度虽然年均增长为 18.6%，但低于发展中经济体和发达经济体平均水平。而且我国参与全球价值链以后向价值链为主，相较而言，仅与墨西哥程度相当。低国内附加值贸易比重以及以后向价值链为主的低全球价值链参与度造成我国“世界加工厂”的低端位置，尤其是资本和技术密集型行业附加值进口比重较高，我国技术资本型产业竞争优势仍不足。中共十八届五中全会提出了“提高我国产业在全球价值链中的地位”要求，2016 年 11 月商务部等七部门联合出台了《关于加强国际合作提高我国产业全球价值链地位的指导意见》，为我国产业价值链地位的提高明确了指导思想和基本原则，并指出了发展方向和政策支持框架。得益于国际第三次产业转移，我国正在迅速成长为传统贸易和简单全球价值链网络的供给中心和需求中心，在复杂全球价值链中的地位仅弱于美国和德国。随着我国在数字经济和新一代信息技术领域的不断突破，在全球价值链的地位会不断上升，人民币会越来越多地成为市场的第一选择。

9.3.2　以新安全观破解“安全困境”

“每一种国际货币机制都建立在特定的国际秩序的基础之上”①，基于政治或军事安全方面考虑对一国货币的支持成为该国货币国际地位的国际政治基础已经被历史证明。对于美国的盟友来讲，在面对外部严重威胁而又无法自保时，安全问题会压倒货币经济问题，转换为他国货币所能赚取的经济收益无法

① 吉尔平. 国际关系政治经济学［M］. 佚名，译. 北京：经济科学出版社，1989：112.

替代来自美国的安全保护承诺。

以“宗主-殖民”为主要特征的“英国统治下的和平”和以“军事安全庇护”为特征的“美国统治下的和平”对我国都不适用，我国奉行不结盟的对外政策。2013 年以来，我国提出构建以合作共赢为核心的新型国际关系，倡导国家间交往的“伙伴关系”指导原则。我国奉行和平共处五项基本原则，不对外进行干预，尤其是军事干预，不对其他国家挥舞军事大棒，军事上奉行防御性战略，对外不进行军事结盟。这与西方尤其是美国有根本的区别。2009 年，中国国家领导人在联合国发表《同舟共济 共创未来》的讲话，提出了“互信、互利、平等、协作”的安全观，认为既要维护本国安全，又要尊重别国安全关切，促进人类共同安全。2014 年在亚信峰会上，中国国家领导人进一步提出了倡导“共同、综合、合作、可持续”的安全观，搭建地区安全和合作新架构，努力走出一条共建、共享、共赢的亚洲安全之路。中国充分向世界阐明了自己的安全观，国际社会应该理解到这种安全观比西方“以干涉为核心，以武力和制裁为手段的安全观”更符合各国的利益，具有更强大的生命力。安全是相互的，现今中国的周边环境较以往更为复杂，中国不对外扩张，但也有足够的军事力量保护领土安全和完整。

人民币国际化战略支点不是孤立的，要受到其他经济、政治、军事安全等方面的复杂影响，战略支点国家对人民币支持的力度不但受限于与中国的经济关系，而且政治关系同样重要；不但同中国的关系，而且与第三国尤其是美国的关系也具有非常重要的影响。战略支点国家是与中国有着长期稳定、高度可预期的战略合作关系的国家，双方具有高度政治共识和政策默契，能够经历外部冲击和国际环境变幻、能够承受一定国际压力考验的战略合作关系①。

首先，增加双边政治、安全战略互信是我国与潜在人民币国际化战略支点国家建立健康与可持续的高级政治关系的前提，这也是管控双方分歧的基础。合作共赢的新型国际关系是中国向其他国家抛出的“橄榄枝”，世界其他国家的理解与支持是这种理念得以生根的重要条件。现实是中国与周边国家的领土争端问题仍是妨碍双方政治安全互信的重大障碍。“互不侵犯的安全保证是发展一切外交合作关系的底线，在这一点无法达成的情况下，任何伙伴关系的建设都无法顺利进行”②。

---

① 刘伟，郭濂. 一带一路：全球价值双环流下的区域互惠共赢［M］. 北京：北京大学出版社，2015：35.

② 周亦奇. 当伙伴“遇见”盟友——中国伙伴关系与美国同盟体系的互动模式研究［J］. 国际展望，2016（5）：21-39，148.

其次，中美关系以及美国与其盟友之间的关系将是影响人民币国际化发展的非常重要的因素。我国的伙伴关系网络与美国的同盟体系存在着重叠，我国的伙伴关系“嵌入”美国的同盟体系①。美国在亚洲、欧洲等地拥有广泛的正式的或非正式的同盟国，虽然有很多国家在经济上倾向于中国，但安全上却严重依赖美国的军事保护，比如韩国、澳大利亚、新加坡等。我国提出构建中美新型大国关系以突破传统思维解决两国矛盾，特别是所谓的“新兴大国”与“守成大国”的关系，以避免走向对抗的零和博弈。如果中美可以相向而行，在中国与美国盟国之间健康的国际关系，尤其是政治关系发展将大有裨益。特朗普上台后，美国从“经济全球化”的退缩以及美国和盟友之间军费分担问题都开始影响这些国家同美国的关系，这给中国提供了深化同这些国家关系的机遇。

最后，美元、欧元和日元的国际化历史表明积极的对外政策和独立自主的安全实力的重要性。2010 年在中共十七届五中全会公报中第一次提出“积极参与全球经济治理和区域合作”，标志着我国将以更加积极的姿态参与国际经济和政治事务②。2010 年爆发的金融危机使 G20 成为各国政府进行政策协调共同应对危机的平台，以中国为代表的新兴市场国家历史性地站在了“主桌”之前，开始成为全球治理的主体。党的十八大以来，中国以主动参与全球经济治理为先导和中心的总体战略参与全球治理，作为一个负责任的大国，积极承担应尽的责任，在倡导和创新全球治理理念、引导全球经济议程、参与国际规则制定、推进区域经贸安排等方面发挥着积极作用。

9.3.3 负责任大国发挥软实力

中国要树立负责任大国的形象，发挥自身软实力，应做好以下几点。

第一，树立中国政府负责任、有担当的大国形象。随着我国经济体量的不断变大以及融入全球经济的程度不断加深，我国国内政策的外溢效应会不断增强。在国内外经济周期不同步的情况下，如何做到政策兼顾其他国家是一个复杂的问题，只考虑本国情况不是一个负责任的国家应有的处事方法。尤其是在人民币国际化的初期，负面影响会被放大。美国的“美元是我们的货币，但是你们的问题”不是中国应该学习的榜样。中国负责任的形象在货币国际化

---

① 周亦奇. 当伙伴“遇见”盟友——中国伙伴关系与美国同盟体系的互动模式研究 [J]. 国际展望，2016 (5)：21-39，148.

② 刘伟，郭濂. 一带一路：全球价值双环流下的区域互惠共赢 [M]. 北京：北京大学出版社，2015：62.

的推进中具有更加重要的意义，尤其是世界经济动荡的时候。1997 年亚洲金融危机愈演愈烈，东南亚国家迫切需要一个大国担当时，日本为了自身的利益选择日元贬值，中国则承诺人民币不贬值，有效地缓解了金融危机的蔓延和恶化，起到了“稳定器”的作用，得到了国际社会甚至美国的好评。可以说中国的做法是负责任的、有担当的。为应对 2008 年金融危机，中国积极参与全球治理，提出和倡导各个经济体协调宏观经济政策。在随后的欧债危机中，中国也没有落井下石，反而向欧洲提供资金。2017 年在美国特朗普政府反全球化背景下，中国继续坚持倡导经济全球化。除此之外，在其他领域，比如预防全球气候变化以及联合国维和行动中，中国也日益发挥巨大的推动作用。

第二，中国模式的成功改变国外的认知偏见。“中国崩溃论”实际上是对中国发展模式的怀疑，对中国发展模式持怀疑态度的人肯定会怀疑中国维持货币价值稳定的能力，如果国家没有未来，该国货币就不可能有未来。实践证明，西方发展模式不是唯一的，改革开放以来，我国经济取得了巨大的成就，GDP 跃居世界第二位，我国在社会、经济方面取得的成就证明中国的发展道路是正确的、有生命力的。中国经受住了 2008 年金融危机的考验，表现出了强大的应对能力，中国的发展是值得其他国家尤其是发展中国家借鉴的。“一带一路”倡议是中国向国际社会展示中国模式的战略性平台，“一带一路”的成功无疑会极大增强中国模式的说服力。

第三，参与全球治理，提供中国方案，传播中国价值观。在应对 2008 年金融危机中，G20 发挥了重要的国际政策协调作用，表明以中国为代表的新兴发展中国家正式走到全球治理的“主桌”前面，成为全球治理的重要参与者。参与全球治理，中国必然就要贡献自己的方案，方案之中必然体现中方的价值观。2016 年杭州 G20 峰会是中国向国际社会展现参与全球治理的“中国方案”的集中体现，“人类命运共同体”理念则是“中国智慧”的结晶。“中国方案”和“中国智慧”得到国际社会的广泛认同是我国在国际事务中话语权提升的表现，是中国价值观的形象表达“载体”。中国通过价值观的认同塑造在国际上的“知识结构权力”。

9.3.4 边际改革国际货币体系

目前以美元为中心的国际货币金融体系是二战后布雷顿森林体系的延续，美元仍是世界关键货币，美国仍是国际金融机构中的主导者，比如世界银行和国际货币基金组织。现有的国际经济金融秩序主要反映了以美国为首的西方国家的利益，但现在的国家力量格局已经发生了巨大变化，发展中国家迫切需要国际金融领域可以反映自己的关切。我国提出要积极参与多边事务，强化同其他国家的合作交流，推动全球治理机制变革，进一步增强在国际事务中的代表权和话语权，推动国际秩序走向公正合理，为我国发展争取有利的国际环境①。诺斯认为由连续的边际调整导致的渐进制度变迁是社会和经济体演化的主要方式②。对国际货币体系采用边际调整这种渐进性制度变迁一是有利于减轻来自在位货币的阻力，二是有利于缓解国际货币体系激烈动荡对其他经济体产生的冲击，进而降低转移成本。

根据新制度经济学的观点，制度结构中的制度安排是彼此依存的，就像一个完整的系统一样，某个特定的制度安排的变迁会产生“前向”或“后向”的连锁反应，从而引起对其他制度安排变迁的需求。人民币国际化在面对强大的美元惯性时可以采取“迂回包抄”战略，从建立非核心制度开始，或者说为克服美元惯性，从削弱美元的外围开始。

第一，改善国际货币基金组织治理结构。在以中国为代表的发展中国家的努力下，才有了2010年的国际货币基金组织份额改革方案，该方案提升了以中国为代表的新兴经济体的份额，其中中国的份额从不到3.996%提高到6.394%，投票权由3.81%提升到6.07%，超越德国、法国和英国，升至第三，仅次于美国和日本，极大提高了我国在国际货币基金组织中的话语权。虽然该方案由于美国的阻挠直到2016年1月底才正式生效，但这仍是国际货币基金组织成立以来最大规模的一次权力调整，是最根本性的治理变革。随着全球经济格局的演变，以国际货币基金组织为代表的国际金融体制的变革将不可避免，中国应该可以发挥更大的作用。

第二，进一步积极推动SDR的扩大使用。2009年，时任中国人民银行行长周小川曾发文提议使用SDR取代美元来避免金融危机的发生，并在2016年7月的G20财长和央行行长会议上再次提出应该扩大SDR的利用。为引导和推广SDR的使用，中国人民银行在2016年4月开始发布以SDR为报告货币的外汇储备数据，此外国际收支和国际投资头寸数据也开始使用SDR计值，同时积极推动SDR债券的发行。2016年世界银行和渣打银行先后在我国成功发行了6亿SDR的债券，这对于扩大SDR使用、促进人民币国际化和中国金融市场对外开放具有重要战略意义。中国政府应该进一步推广SDR的记账单位功能，培养更大规模的SDR金融资产市场，发挥SDR的杠杆作用，以撬动人民币的潜在国际市场。

① 曲星. 人类命运共同体的价值观基础［J］. 求是，2013（4）：53-55.

② 诺斯. 制度、制度变迁与经济绩效［M］. 杭行，译. 上海：上海人民出版社，2008：10.

第三，建立中国主导的国际金融机构。现有的国际金融机构都是以美国为首的西方国家主导，中国话语权有限（见表 9.5）。国际货币基金组织 2010 年份额改革虽然减少了美国的份额，但美国仍有 16.5%的投票权，具有事实上的一票否决权。美国也是世界银行最大的股东，国际清算银行由七国集团主导，亚洲开发银行由美日共同主导。推翻现有的体系不现实，也不是中国的意愿，但现有体系确实不能体现中国的意志，建立以中国为主导的国际金融机构成为中国提升国际金融事务地位的必要途径。正式成立于 2015 年 12 月的亚洲基础设施投资银行（AIIB）和 2017 年 5 月成立的亚洲金融协会就属于这种尝试。亚投行现已有 77 个成员，除美国和日本之外，其他众多发达经济体都加入了亚投行，其中包含了众多美国的传统盟友，中国为最大股东，持有 32.02%的份额和 27.51%的投票权。亚洲金融协会目前也有 27 个国家和地区的 107 家机构成员。两个机构得到国际社会的普遍拥护充分反映了中国现今的影响力和号召力。另外，还有金砖国家新开发银行以及为配合“一带一路”倡议设立的各种专项基金都是中国对现有体系进行边际调整的体现。

表 9.5　中国在国际金融机构中的份额与投票权对比

机构名称	成员数	国家	份额/%	投票权/%	现任(2022)总裁/行长国籍
国际货币基金组织	189	中国	6.41	6.09	保加利亚（迄今总裁都出自欧洲国家，其中 5 位法国人）
		美国	17.46	16.52	
		日本	6.48	6.15	
世界银行	189	中国	4.78	4.55	美国（历任均为美国人）
		美国	17.25	16.32	
		日本	7.42	7.04	
亚洲开发银行	67	中国	6.44	5.45	日本（历任均为日本人）
		美国	15.6	12.78	
		日本	15.6	12.78	
亚洲基础设施投资银行	77	中国	32.02	27.51	中国
		印度	8.9	7.92	
		俄罗斯	7.02	6.24	

资料来源：国际货币基金组织、世界银行、亚洲开发银行、亚洲基础设施投资银行。

第四，充分发挥双边与多边机制作用。通过更多的双边本币互换安排或区域性的多边本币互换网络为其他国家提供可替代美元的流动性池子，或者建立地区金融稳定网络，区域国家相互支持，以此降低对美国的依赖。在全球经济金融治理和政策协调中则强化 G20 的地位，逐渐弱化 G7 的作用。

中国在国际货币基金组织中份额和投票权的提高、人民币正式加入 SDR、AIIB 的设立以及 G20 地位的提高等都有助于中国成为货币强国，提升了中国在国际经济治理和金融规则制定中的话语权和影响力，是中国在金融结构中提升地位的重要途径和标志。

人民币国际化面对的阻力不仅来自区域内的日元，更重要的是美元。美元惯性的形成不仅是私人使用产生的路径依赖，而且是结构性的，包括社会价值观、文化影响、外交和军事安全。美国将中国视为全球性战略竞争对手，人民币与美元的竞争不可能不成为美国关注的对象，华盛顿很难接受来自人民币的挑战，必然会动用它认为需要的一切手段实现其遏制中国的战略目标。我国所要做的是保持经济发展的战略定力，通过经济实力的不断增强提升综合国力的其他要素的影响力，以此作为我国对外影响力扩展的坚实基础。同时，提升政府治理能力，稳步推进法治建设，提高政府政治和经济管理能力。对外以新安全观破解“安全困境”，扩大全球伙伴国网络，强化人民币“安全货币”的性质。

10 特朗普冲击与去美元化

最开始“特朗普冲击”这个词是被媒体用来描述特朗普当选为美国总统的出人意料，人们难以相信这竟然成为事实。人们不相信一个在竞选中充斥贸易保护主义、反传统的、孤立主义论调的非建制派候选人会成功地当选美国第45任总统，一个完全没有从政经验的亿万富翁打败了政治明星希拉里·克林顿，被形容为“傲慢、偏见、自恋、不可靠”的商人从各方面看都不可能当选的“小概率”事件却真真切切地发生了，这是2016年全世界最大的“黑天鹅事件”。本书中，“特朗普冲击”① 不仅指其当选事件的不可思议，更重要的是指其当选之后的言行和美国政策走向对其他国家，甚至是全球经济政治安全秩序带来的破坏性影响。如果这是美国民意的反映，这种冲击的影响将持续到未来，每个国家都必须谨慎对待。

特朗普冲击将影响美元的国际地位？美国在二战后创设的国际机制在美国国力衰弱之后继续以惯性的方式对美元的国际地位起到支撑作用。按照基欧汉在《霸权之后》中阐述的“国际制度理论”思想，国际机制的存在可以在美国失去霸权（在20世纪70年代衰弱之后）继续维持国际合作，维持国际体系的相对稳定，而英国就缺少在极盛时期建立相应的国际机制，以至于造成美元可以在一战期间超过英镑。而现在美国要亲手破坏自己建立起来的，美元赖以生存的国际机制。因此，答案是肯定的，虽然效果可能在更长的时期之后才能显现。

---

① 鉴于特朗普政府对以往美国国际主义路线的大幅修正甚至颠覆现有秩序的行为表现，美国智库外交学会国际组织全球治理项目主任、高级研究员斯图尔特·帕特里克将其称为“特朗普革命”。

10.1 霸权稳定论视角的特朗普冲击

著名经济史学家金德尔伯格基于国际货币金融的视角，认为一个以开放自由为特征的国际经济秩序需要一个“领导者”国家来维持，罗伯特·吉尔平和斯蒂芬·克拉斯纳在20世纪70年将金德尔伯格的思想引入国际政治经济学，1980年罗伯特·基欧汉将这种思想命名为“霸权稳定论”。

10.1.1 霸权体系不再稳定

按吉尔平的观点，霸权稳定论有三个基本条件：霸权、自由意识形态和共同利益。特朗普政府的所作所为都在冲击着霸权体系的稳定。

第一，退出国际公共产品供给。

“一个位居霸权地位的自由国的存在，是世界市场经济充分发展的必要条件”①，按照金德尔伯格的思想，霸权国存在的必要性是其可以向世界提供公共品。自由开放的贸易制度、稳定的国际货币和国际安全是霸权存在的外部性。1944年之后的美国倡导关税削减、互惠的国家贸易体系，建立了关贸总协定（GATT），其自由贸易理念被全世界所接受，尤其是各个经济强国，多边的最惠国待遇为世界塑造了一个开放的、基于规则的国际贸易制度；以国际货币基金组织（IMF）和世界银行为框架的布雷顿森林体系为世界经济发展提供了稳定的汇率体系，美元则成为体系中的锚货币，实际上塑造了二战后的“黄金-美元”体系；在欧亚等地的军事存在庇护了美国全球盟友的安全，二战中塑造的威望使美国成为国际争端的有力调停者。因此，20世纪40—60年代，世界经济的发展成为霸权稳定论的有力证据。20世纪70年代后，美国总统尼克松关闭了“黄金窗口”，布雷顿森林体系崩溃，但美元的全球地位，以及国际货币基金组织和世界银行仍在全球范围内发挥着重大作用，全球开放的贸易体系仍惠泽着世界各国。虽然美国在20世纪60年代末开始就执行主要以自我为中心的经济政策，小布什和克林顿政府在某些领域也表现出退却，但没有任何一届美国政府可以像特朗普政府一样，实现美国国际公共品提供者“跳跃式”“全局性”的退出。

特朗普上台后的行为不但冲击着自由国际经济秩序，而且恶化了全球安全

① 吉尔平. 国际关系政治经济学［M］. 杨宇光，等译. 上海：上海人民出版社，2011：81.

环境。美国在双边贸易协定中随意退出并迫使其他国家重谈协议，以最大程度实现美国利益的再次最大化；不管世界其他国家强烈反对，违反世界贸易组织（WTO）规则大幅度提高进口关税，在全球发起贸易战；阻挠 WTO 对争端解决机构人员的任命，瘫痪该机构，甚至威胁如果 WTO 不照顾美国利益就退出。美国已经在实质上破坏了自由开放国际经济贸易制度的基础：非歧视原则和无条件最惠国待遇原则。美国不管其他国家的反对，包括盟友，将驻以色列大使馆迁往耶路撒冷激化巴以矛盾，单方施压巴勒斯坦，关闭其驻美机构，丧失和平调解人的中立者身份，哪怕是表面的；单方面退出《伊核协议》，重新对伊朗进行全面制裁；以撤军相威胁，迫使欧盟、日韩等盟友提高驻军费用承担比例，甚至质疑北约为过时组织，以弱化共同防御胁迫欧洲国家提高军费开支；更是以莫须有的俄罗斯单方违约为由退出被视为冷战后欧洲安全基石的《中导条约》；支持盟友在中国周边挑起领土领海纠纷，甚至以自由航行的幌子，挑战中国在南海、东海等地区的主权；支持沙特阿拉伯攻打也门；违反国际条约将军事竞争延伸到外太空，建立太空军并计划部署进攻型武器。种种行为表明美国不但是从国际安全提供者角色激进退却，而且正成为全球安全的最大破坏者。特朗普政府的自行其是让国际社会瞠目结舌，其“借口”让人匪夷所思，更多的是基于猜测，即使国际社会有明确相反的证据，仍抵不过美方自己的“臆想”，因此，对特朗普政府来说，“借口”仅是美国自行其是的“借口”，不管对错，毫不掩饰。

第二，自由意识形态让位于孤立与单边主义。

按照西方经济学的供给概念，有能力且有意愿才形成实际的供给，霸权国对国际社会公共品的供给也是霸权国实力与意愿的统一。霸权的存在仅是自由经济国际秩序得以运行的前提，并不是充分条件，正如吉尔平所说，“没有霸权的存在，一种特殊类型的国际经济秩序，即自由经济秩序，就不可能繁荣和获得充分发展。但只有霸权存在，还不足以确保国际自由经济的发展”①。霸权的存在只是提供了一种可能，如果具有实力的国家不愿意承担稳定国际经济秩序的责任，那么自由经济秩序仍会受挫。20 世纪 30 年代就是因为美国在经济实力上已经超过英国但不愿意承担世界经济稳定的责任才导致大萧条的产生。因此，吉尔平强调“霸主国本身必须恪守自由主义的价值观念”才能构成对外供给公共品的政治经济基础。因此，自由意识形态被吉尔平称为霸权稳定论的三个基本条件之一，退出作为自由意识形态表征的自由国际主义也曾被

---

① 吉尔平．国际关系政治经济学［M］．杨宇光，等译．上海：上海人民出版社，2011：69.

库普乾认为是造成“美国时代终结”的两大趋势之一。如果说自由与保守、孤立主义与国际主义之间的斗争是美国建国以来的传统，1944 年二战后的“美国时代”表明自由主义和国际主义占据了上风，20 世纪 70 年代之后则是保守主义和孤立主义反弹的话，那么特朗普 2016 年当选美国总统之后的行为表明保守和孤立主义已经占据了优势。特朗普公开宣称自己是一个民族主义者，美国向全世界宣布为了自身利益，孤立与单边主义将是美国的首要选择。即使相对衰弱了，美国仍是世界上实力最为强大的国家，但美国停止提供国际公共品的意愿比以往任何时候都要强烈。

第三，“美国优先”强化国家利益。

“美国优先”成为特朗普政府对外政策的原则，这种原则是美国从自由国际主义后撤的政策体现，也是美国退出国际公共品供给的指导思想，更是实现特朗普所谓的“让美国再次伟大”的工具。“美国优先”的实质是美国利益高于其他国家利益、美国利益高于国际社会公共利益，其他国家都得为美国利益服务。霸权稳定论承认，霸主国会利用体系中的优势地位攫取利益，比如获取巨额的铸币税收入，对不服从的国家实行金融和经济制裁。但“共同利益”才是霸权体系得以维持的基础，霸权体系的维持需要其他主要经济强国的支持，这种支持一方面来源于其他主要经济强国对霸主国理念的认同，另一方面则来自霸主国基于共同利益承担责任的担当，容忍其他国家“搭便车”是霸权国必须付出的成本。美国在 20 世纪五六十年代容忍欧洲和日本对美国出口实行歧视政策是美国为维持共同利益允许欧日“搭便车”的体现，美国承担北约及欧洲防务的高比例费用为欧洲提供了安全保障，在日本和韩国的军事存在也为两国塑造了国际安全环境。但特朗普政府一方面不愿意再承担国际公共品责任、指责其他国家搭了美国经济和安全的便车，另一方面却要求其他国家更多地向美国让渡经济利益，以实现“美国再次伟大”的目标，甚至利用优势地位在贸易协定中加入“毒丸”条款直接侵犯别国经贸主权。“美国优先”使特朗普政府仅聚焦于美国单方面的国家利益置其他国家利益于不顾，破坏了霸权体系的“共同利益”基础，损害了美国领导的合法性。

10.1.2 霸权体系不稳定的深层原因

基欧汉认为研究国际政治经济霸权的正确方法是“由外而内”的体系研究方法，同时对于美国特定霸权的研究需要结合“由内而外”的单位研究法，美国霸权的出现是国际和国内形势共同作用的结果。基于基欧汉的逻辑，美国霸权的退却也是体系中相对力量和国内政治经济变化相结合的后果。从国际体系环境来看，“美国对全球参会，尤其是对多边主义形式全球参与兴趣日益减少是变化中的国际环境的直接产物”①。经济力量格局是变化中的国际环境最重要的变量，自由市场经济的竞争本性使国家的竞争优势呈动态变化，没有一个国家可以长期维持竞争优势，最终市场竞争会演化出新的力量格局，经济实力的变化带来权力的分散趋势，库普乾认为这是“美国时代终结”的趋势原因之一，吉尔平认为这是自由世界经济中存在的固有矛盾，“市场体系的运转改变了经济结构，分散了实力，从而破坏了这种经济结构的政治基础”，霸权衰弱是必然的②。二战后至1971年之间被金德尔伯格称为是“黄金时期”，这一时期，美国毫无争议地是世界经济中的霸主，1945年期工业产出占世界的80%；在有统计的国家中，1950年美国GDP世界占比高达27%，第二位的英国仅占6.5%；在对外贸易体系中，美国对外贸易额占世界贸易总额的35%，超出第二位英国10个百分点。

二战后美国依靠强大的经济实力与政治军事实力使自己成为自由主义秩序的“权威”，同时愿意对自由主义经济秩序进行“投资”，使世界上主要的经济体兼盟友（主要是西欧和日本）成为自由主义经济霸权体系的重要组成部分，再加上一致的价值观，以美国为中心的西方体系得以不断壮大。欧日都成长为主要经济体不得不说是得益于美国的自由经济秩序的庇护，但美国在塑造自己霸权体系的同时孕育了自己的竞争对手，德国和日本先后都成为美国强大的经济竞争对手。经济实力格局从“一超”向“多强”的演变在政治上的反映是多极权力中心的形成，权力中心之间的战略竞争开始成为主流。20世纪90年代后日本经历“失去的十年”，经济实力开始迅速下降，与此同时欧洲统合达到一定高度，1999年统一的欧洲货币欧元诞生标志着欧洲联合的一个新高度，经济实力的增强开始助长欧盟作为一个统一政治实体的权力要求，因此，库普乾曾预测，权力中心的分裂会在欧盟与美国之间形成。

中国的改革开放引入了市场经济，加入WTO使中国在经济上向美国建立的自由市场秩序靠近，凭借比较优势以出口为导向的经济增长模式强化了中国的经济实力。按照库普乾的逻辑，又一个新的权力中心开始形成，虽然中国一再表明不会寻求霸权，也不会寻求替代美国在全球的领导地位，但是按照美国或西方的逻辑，中国将是美国霸权长期的、最大的威胁，因为经济实力格局决定了中国必定会是美国的对手。基于此，可以理解为什么特朗普政府发起了全

---

① 库普乾. 美国时代的终结［M］. 潘忠岐，译. 上海：上海人民出版社，2004：73.

② 同①74.

球贸易战，但规模、范围和烈度最大的还是针对中国的贸易战。

从美国国内政治角度看，自由主义从来不是美国天生的、一贯的原则和对外政策的指导，保守主义和孤立主义才是。一个极为明显的例子就是二战后的国际贸易组织的建立，在美国国内受到极大的阻力以至于作为倡导者的美国没有批准该组织的宪章，因此自由、开放、多边的国际贸易并没有形成一个正式的国际机制，最终只能选择一个临时的“关贸总协定”。随着美国经济实力被其他权力中心分散，美国国内的保守主义不断强化力量，小布什政府的政策走向已经被库普乾看成是保守主义和孤立主义威胁的组合，特朗普政府则是将这种威胁的组合推向一个高点，而且不是采取一个渐进的方式，而是激进的方式。

从收益与成本的角度看，二战后初期美国向霸权体系进行投资是因为美国政府认为这种“投资”是值得的，来自霸权体系的收益会远高于投资的成本，因此美国通过马歇尔计划帮助欧洲和日本战后重建以使其向美国乐观其成的方向发展。但是随着霸权体系的建立和发展，美国发现霸权体系的维护成本不断上升而边际收益不断下降，边际收益小于边际成本时，美国无法再次从霸权体系中获取净收益。也正是基于此，特朗普政府向全世界声称目前的体系对美国是不公平的，无论是盟友还是非盟友都在搭美国的便车。特朗普政府对所谓“搭便车者”的强烈不满正是美国认为从现存体系中获取的收益小于成本的表现。既然无法从现有体系中获得净收益，那么美国就认为没有必要再向该体系进行投资，尽管自己创建了该体系。

因此，无论从国际环境、国内政治还是“成本—收益”来看，特朗普冲击是美国管理和维护自由经济秩序相对能力弱化和意愿衰退的结果，是国际经济力量格局变化的趋势。可以认为，美国的转变将始于特朗普，却不会终于特朗普。

10.2 特朗普的联系战略：现实主义更现实

人们通常认为：秩序的建立者倾向于尽最大努力维持该体系，后来的挑战者则极力抓住机会进行体系破坏以建立符合新的力量格局的制度。因此，作为霸主国的美国不应该主动破坏自1944年自己主导创建的自由经济秩序。特朗普政府却挑战了传统认知，正如库普乾所说“大国接受他们必死的命运是相当困难的，历史上很少有大国心甘情愿地为崛起的挑战者让位，并相应地调整他们的大战略"①。运用残存的实力继续维持霸权的苟延残喘就是霸权不甘退出的表现，特朗普的行为就是一个典型例子。因此，我们现在面对的是与良好愿望相反的现实，衰弱的霸权国无意再维持一个和平的世界，其不但从国际公共品供给中大步撤退，而且更为恶劣的是利用尚存的优势制造混乱，甚至利用强大的军事力量对外施压，目标包括其盟友和自己塑造的战略竞争对手。

10. 2. 1 安全权力迁移

"交易型"外交思维推动特朗普政府极大限度地利用"联系战略"，即利用自身强大的经济或军事实力把美国在某些问题上的政策与其他国家在其他问题上的政策联系起来，从而获得在其他问题上的主导权或获得预期收益。国际关系自由主义学者基欧汉和奈在《权力与相互依赖》一书中提出，在复合相互依赖中，由于武力的作用退居次席，军事实力强大的国家使用联系战略的有效性降低了，其他手段被利用。但自由主义或新自由主义无法解释特朗普政府的所作所为，现实的世界使我们成为一个"现实主义者"。安全仍被国家视为优先需要，超级大国美国也不可能轻易放弃手中所掌握的所有可行选项，来获取其国家利益。

首先，特朗普以"国家安全"为借口对包括欧盟、加拿大和日本在内的盟友发起"钢铝贸易战"。将"国家安全"与"贸易逆差"联系起来，先不管美国是否滥用了 WTO 关于国家安全条款，就打击对象来看，欧盟、加拿大和日本都是美国的盟友，使用"国家安全"的借口好像打错了靶子，一个将防务都交给美国的国家如何能对美国的国家安全造成实质性的影响呢？因此，盟友罕见地一致反对特朗普政府的钢铝关税，并将美国告至 WTO，就不值得让人惊讶了。不仅如此，危害美国"国家安全"的说辞也让盟友感觉到莫大的侮辱。特朗普能以"国家安全"为由对盟友展开贸易战，那么用同样的理由打击中国在全球供应链中的地位对美国来说更是心安理得了。其次，特朗普将"共同防御"与"双边贸易"联系起来。特朗普将对欧盟、日本、韩国等盟友的安保作为其双边贸易谈判的工具。2018 年 6 月，特朗普声称："美国支付北约几乎所有的费用，保护的许多国家正是那些在贸易上从我们身上揩油的国家""欧盟有 1 510 亿美元顺差，应该支付更多的军费""我们保护欧洲，造成财务损失，然后在贸易方面遭受不公平的打击。改变即将到来"。同时，特朗普威胁日韩承担驻地美军 100%的开支。在此背景下，最先屈服的韩国被迫与

① 库普乾. 美国时代的终结 [M]. 潘忠岐，译. 上海：上海人民出版社，2004：307.

美国重新签订美韩自贸区协定。

这里存在的一个关键问题，学者们认为军事仅作为一种背景参与讨价还价，并不是直接参与，这是站在美国或者军事保护提供者的角度，说其没有直接动用军事力量参与经济谈判，因此仅是一个背景；但从受保护者角度看，它也是这样认为吗？即受保护者可以认为经济与安全是两个不同领域的问题吗？保护者不会将所谓的“背景”作为一个重要的谈判优势因素吗？受保护者可以认为保护者不会将安全保护作为谈判筹码吗？在关键议题上，安全与经济会分而治之还是合二为一？在安全领域获得的权力可以迁移到货币领域吗？

历史表明，保护者不会忽略自己在安全问题上的筹码，特朗普只是表现得更为明显和霸道而已，受保护者担心二者合二为一是有道理的，尤其是在关键议题中。外界一直抨击特朗普政府没有明确的、一致的战略，但“战略模糊与不确定”也许就是特朗普的战略，其采用“掀桌子”和“恐吓”的方式抓住霸权的尾巴，特朗普政府的行为昭示美国不打算继续履行霸主的国际义务，但仍想用霸主的“余威”为美国国家利益服务，“胡萝卜”没有了，只剩下“大棒”。

基欧汉在《后霸权时代》中强调国际机制在霸权后世界政治经济合作中的重要作用。特朗普政府的行为表明美国不打算接受学者们的建议，逐渐地、和平地、有序地退出领导者位置，美国将不会接受、容忍来自任何对手的挑战，不管是盟友还是“敌人”①。“I jump，you jump”，如果美国无法获得自己想要的，其他国家也别想好好活着。将安全权力转移到货币金融领域，并不仅仅存在于想象中，历史上有过先例，但肯定不是最后一个。

10.2.2 敏感性、脆弱性与“美国优先”

特朗普上台以来，逆转了美国自冷战结束后的内外政策。“让美国再次伟大”（make America great again）从其竞选的口号变成了切实的政策目标，而“美国优先”（America First）成为实现该目标的原则，民族主义和孤立主义再次成为美国对外政策的核心指导原则，而保障“美国优先”成功的手段则是“实力”（power）。

美国“以实力促和平”的本质是运用美国在各方面的强大实力迫使其他国家妥协，将美国国家利益置于国际规则、他国利益之前，如果其他国家不能

① 使用“敌人”一词带有浓厚的对抗色彩，但实际上特朗普曾在2018年7月一次公开访谈中将欧盟、俄罗斯、中国等称为是foe（敌人），并将欧盟列在俄罗斯与中国之前。

满足美国的要求，美国动辄使用制裁甚至包括直接使用军事选项，以此继续维护其霸权地位。比如，2018 年 5 月美国总统特朗普决定退出伊核协议，不到 2 个月之后又要对伊朗石油禁运，实行“零出口”政策，要求其他国家都不要从伊朗进口石油，否则就要制裁不顺从美国意志的国家①。更有甚者，2018 年 7 月媒体曝出特朗普考虑过直接入侵委内瑞拉②。因此，更直接一点地说，美国“以实力促和平”就是回归丛林法则，奉行强权政治、大棒政策。

国内承受变化的主体差异性会弱化或强化敏感性和脆弱性，如果国内承受这种变化的主体是非常分散的、体量相对较小的个体，那么敏感性和脆弱性将降低。相反，如果压力非常集中且有着重要的影响力，外界的不利变化可以迅速地传递到受压主体，那么会强化本身的敏感性和脆弱性。就像压力与压强的关系，同样大小的压力，受力面积越大压强越小，相反，受力面积越小压强就越大。以欧盟为例，北约是欧洲对抗外部威胁的唯一力量，特别是对抗俄罗斯威胁的依靠。尤其是在欧俄关系持续紧张的情况下，欧洲对北约的需要就更加强烈。保障本国安全是所有政府考虑的优先事项，特朗普弱化联盟关系直接针对欧洲各国政府，受力点相对集中，欧洲各国政府感受到的压强变大，尤其是德国以及波罗的海与俄罗斯直接接壤的国家。

除了欧盟，其他诸如日本、韩国、加拿大、澳大利亚等都具有相似的境地，对美国安全关系的严重依赖，成为美国可以利用的弱点。随着敏感性和脆弱性的不断恶化，“美国优先”的政策成功率会越来越高，直到达到一个可能的“临界点”。

10.2.3 负反馈循环与示范效应

2018 年 6 月在加拿大召开的七国集团峰会以史无前例的对立状态告终，特朗普不但提前离席而且拒签联合声明，之后又和加拿大龃龉不断，相互攻击。特朗普此举似乎向世人昭示西方联盟走到了终点。对特朗普来讲，在美国优先的概念里没有盟友的位置，与盟友之间的关系完全是以美国的得失来计算

---

① 2018 年 6 月，美国国务院单方面要求所有国家停止从伊朗进口石油，否则将受到惩罚，包括被逐出美国市场。美国给予所有国家的宽限期到 11 月 4 日，同时声称不会给予违反美国制裁禁令的国家豁免权。

② 美联社 2018 年 7 月 4 日报道，2017 年 8 月在一次白宫办公室会议上，特朗普总统向在场的官员抛出一个让人惊愕的问题：为什么美国不能直接入侵委内瑞拉，并提出了他认为过去在该地区所谓成功的“炮舰外交”的例子，如 20 世纪 80 年代对巴拿马和格林纳达采取的军事行动。尽管遭到助手的劝阻，但特朗普之后在不同的场合都在探讨这个问题，包括公开的媒体见面会、与哥伦比亚总统谈话、与拉丁美洲领导人谈话等。

的，以零和思维判断双边关系认为美国是在为盟友做出牺牲，亏吃大了。英国《经济学人》杂志将特朗普外交描述为“好像是把拆房子的时候使用的铁球砸向了盟友”①。

特朗普将贸易问题和安全问题联系在一起，看作是交易，而这两个问题又会上升为双边的政治问题。特朗普认为，美国在与欧洲的贸易赤字是对美国的极大不公平，而美国又在军事上保护欧洲的安全，贸易问题已经超越了本身，变成了安全关系问题。因此特朗普迫使欧洲国家尤其是德国削减贸易赤字以及提升对北约军费的分担（增加军费开支购买美国装备使二者具有了直接关联），甚至威胁退出北约或从德国等驻军地撤离，安全关系成为双方交易外交的核心。特朗普在北约问题上的咄咄逼人被欧洲看成是一种政治威胁，欧委会主席图克甚至劝告美国要善待欧盟，因为美国都快没有什么朋友了。现在贸易问题、安全问题、政治问题相互交织，任何一个领域的负面冲击都会对其他领域产生溢出效应，并相互产生负反馈效应，使三者的负面冲击螺旋上升。

影响更为深远的可能是特朗普政策的示范效应和持续效应。在美国的盟友体系中，因为本身的经济实力、军事实力和国际政治地位存在显著差异，在与美国的双边关系中存在明显的身份地位差别。比如，美日之间的关系是源于二战后美国对日本的占领，日本对美国的独立性是最差的。韩国虽然独立性相对日本要高一些，但高出程度非常有限，二者之间的关系来源于朝鲜战争中韩国对美国的高度军事依赖，甚至至今韩国的战时军事指挥权都在美军手中。日本虽然曾经是世界第二大经济体，但那也是历史了，鉴于人口规模和老龄化的发展趋势，未来的日本经济不可能再有20世纪80年代的辉煌，经济上已经无法再与美国抗衡。作为曾经的亚洲“四小龙”之一的韩国也是一样，在经济上没有与美国对抗的实力。欧盟是美国所有盟友中最为特殊的一个，也是在经济、政治上最有资本与美国抗衡的一个。首先，美国在欧洲的军事力量的存在，尤其是在德国的驻军与美日相似，均源于二战，但欧盟作为一个整体却不存在占领与被占领的问题。况且作为欧盟支柱之一的法国也是一个核大国，欧盟作为一个整体是借助北约来维护自身的安全。虽然美国是北约的绝对核心力量，但不存在隶属关系或领导与被领导的关系，即使美国退出北约，欧盟依靠的仍然是集体防御，只是实力与有美国的北约不可同日而语。最重要的是，欧盟在现在以及未来（如果欧盟未来不会因为内部问题而解体）是美国所有盟

---

① 贾元熙．当美国将“铁球”砸向盟友 欧洲将继续忍耐［N/OL］．http://column.cankaoxiaoxi.com/2018/0703/2287597_7.shtml,2018-07-03/2021-01-20.

友中最有经济实力与政治实力与美国对抗的一个。欧盟的 GDP 规模与美国相当，在未来财政进一步一体化以及金融市场融合之后，真正作为一个统一的经济体的话，发展潜力巨大。同时，欧洲与美国具有相同的价值观，充当着“国际社会”政治高点，如果欧洲在政治上不支持美国，那么陷入政治孤立的将是美国。欧盟作为美国最重要的盟友，2018 年 6 月在美访问的德国总统施泰因迈尔说：“欧美关系正遭受冲击，带来的损伤可能无法修补。”因此，如果美国与欧盟分裂，尤其是在政治上分裂，将对美国其他盟友产生持续的示范效应。

10.2.4 金融与市场武器化的“离心效应”

美国正强化金融和市场的武器化，以此实现其对外目标。在不动用军事力量的情况下达到外交目的，其手段有两种：“胡萝卜”（市场准入、美元体系准入）和“大棒”（制裁、禁止使用美元体系）。运用这两种手段实现强制性外交政策无疑可能会损害盟友的利益。市场不是中性的，这再次被特朗普政府展现得淋漓尽致。

市场被经济学家定义成一种优化资源配置的方式，割裂了市场与政治之间的关系，国际关系学者却承认市场不是独立的。著名国际关系学者罗伯特·吉尔平认为市场并不是仅存在于与社会不相干的“另一个空间”，市场对社会政治、国际政治具有非常重要的影响。“市场并非政治上中立的，它的存在产生了一种经济力量，这种力量可被一个行动主体用来对抗另一个行动主体，经济上的相互依存产生了一种可供利用和操纵的脆弱性”①。因此，市场使经济相互依存国家之间建立了一种实力关系，而这种实力关系具有严格的等级之分。罗伯特·吉尔平还引用艾伯特·赫希曼的论断：“打断与他国商业或金融关系的力量是一个国家通过市场关系在他国获取实力地位和影响的根源”②。换句话说，金融关系与商业关系都可以被主导国家武器化。

按照霸权稳定论的观点，二战之后作为霸主的美国向全世界提供了众多国际公共品：国际安全、自由贸易秩序规则、国际货币金融稳定体系。美国主导的自由主义经济秩序造就了经济全球化，经济全球化编制了一张笼罩世界的网，美国无疑处于这张网的中心。作为最为发达的经济体，美国拥有巨大的市场，作为科技最为发达的国家，美国始终把持着价值链的上端，美元的世界顶

---

① 吉尔平. 国际关系政治经济学［M］. 杨宇光，等译. 上海：上海人民出版社，2011：20.

② 同①.

尖货币地位赋予美国超强的金融实力和向全世界低成本融资的能力。基于此，美国拥有远超其他国家将市场和金融武器化的能力，对外意识形态扩张使美国具有将市场和金融武器化的强烈意愿。“霸主国可以向友好国家开放市场，或者拒不友好国家于自己的市场之外，从而对其他国家产生影响”，“美国还运用它的金融力量让朋友进入资本市场，以报答知己知情，而不让敌人进入资本市场，又是作为一种惩罚的方法”①。历史上，“胡萝卜”和“大棒”被美国运用地得心应手。

10.3 特朗普冲击对美元的影响

当特朗普政府指责中国是战后国际秩序的“修正主义者”时，其所作所为却践行着“修正主义者”的原则，美国前助理国务卿、前驻华大使芮效俭甚至明确指出：从某种意义上来说，中国实际上是现有国际秩序的捍卫者，而美国看起来更像一个修正主义国家。更为激烈的评价是特朗普冲击标志着美国作为西方自由世界秩序建立者和保护者的终结。

10.3.1 美元的信用基础受到侵蚀

首先，美元作为全球国际贸易最重要的计价和支付结算货币，支撑了自由贸易秩序和美国本身的贸易大国地位，美国实行贸易保护主义无疑会削弱国内市场的相对重要性，市场主体基于体量考虑的计价支付货币选择会因美国隔离自由贸易产生转移意愿。其次，美国侵蚀与盟友之间关系的经贸基础，甚至共同价值观，无疑会削弱盟友对美元国际地位的支持偏好，在削弱美元根基的同时，更为积极地推动本币与美元进行国际空间的争夺，或者转向第三国货币以替代美元。即使偏好的转移不是一蹴而就的，但特朗普冲击无疑说明美国是靠不住的，自己的命运不能掌握在别人手里，走向独立自主才是生存之道，特朗普刺激了其他国家在货币自主上的“觉醒”。虽然特朗普清楚不能直接破坏美元体系，但其所作所为却实实在在地侵蚀了美元的国际体系基石，其他国家包括盟友在内的“去美元化”动力增强。第三，特朗普政府不但损害了美元在余下世界的声誉，而且损害了美元在国内的信用基础。独立的央行被视为货币国际化的重要国内因素，但特朗普总统不止一次地损害美联储的独立性。美联

① 吉尔平. 国际关系政治经济学［M］. 杨宇光，等译. 上海：上海人民出版社，2011：72-73.

储前任主席珍妮特·耶伦破天荒地没有得到特朗普的连任提名，耶伦是美联储历史上第一位女性主席，同时也创造了另一项纪录：近40年来第一个没有被总统要求连任的美联储主席，这种“待遇”与其任期内获得的成绩极不相符①。经济学家以及曾经的竞争对手萨默斯的话颇有代表性：如果按照任期内的成绩评价，耶伦是历史上最成功的美联储主席②。除了对女性的轻视和党派利益外，英国《金融时报》的评论道出了耶伦“下课”的真正原因：如果在强势干预的特朗普治下美联储的独立性遭受破坏，将让耶伦的功绩更加突出。特朗普需要一个与其步伐一致的美联储，即使同为共和党，因与特朗普的政策取向不同，新任美联储主席杰罗姆·鲍威尔同样被“声讨”。特朗普总统需要一个宽松的货币环境来配合政府的大规模发债，但鲍威尔上任后仍沿袭耶伦的“加息”路径，特朗普公开批评美联储的加息政策，甚至用“发疯”“愚蠢”这样的极端词语指责美联储才是美国经济最大的风险③。特朗普的言论会被理解为向美联储传递政治压力，如果顺从特朗普的要求美联储独立性的信誉无疑会受损，美元的信誉无疑会被侵蚀。

被视为拥有坚固基础的联盟关系，在美国总统特朗普上台之后的“美国优先”政策冲击下，“跨大西洋关系”出现了前所未有的“裂痕”。这种裂痕可能会让欧盟重新审视与美国的关系，实际上欧盟也在加快防务与外交的自主建设，尤其是在英国“脱欧”之后。“特朗普冲击”对大西洋联盟关系的破坏可能会进一步加快欧盟的自主，从而在货币竞争中获得更大的政策空间。特朗

---

① 纵观整个美联储历史，只有一个任期或不足一个任期的也仅有包括耶伦在内的3人，另外2人的在任成绩与耶伦相比差得太远，几乎是最差的美联储主席。

② 美国传统基金会的经济学家，特朗普竞选时期的高级经济顾问Stephen Moore表示，“特朗普希望一个支持宽松政策的美联储主席，而且希望美联储主席是个自己人。美联储主席的位子不仅仅是货币政策的决策人，而且还是整个国家经济的发言人。耶伦很显然不是特朗普的人。”经济学家Diane Swonk称赞了耶伦这四年的攻击，她表示，耶伦在美国后危机时代的复苏中起到了关键作用。考虑到耶伦的资历，没有选择耶伦连任是极不正常的。美国经济与政策研究中心联合创始人Dean Baker高度称赞了耶伦。他表示，耶伦在经济学多样性上的贡献非常具有意义。除非在任期内的工作非常糟糕，否则美联储主席连任是一种传统。特朗普在竞选总统时就公开表示上任就会撤换时任美联储主席耶伦。

③ 美国股市在2018年10月经历了一次大跌，特朗普将其归咎于美联储的加息政策。特朗普于2018年10月10日言辞激烈地指责：“我认为美联储失控了，他们正在犯错。”10月23日，在接受《华尔街日报》采访时，特朗普说“每次我们做一些好的事情，他（鲍威尔）就加息了，好像加息让他很开心一样”。在采访中，被问及鲍威尔为什么会加息时，特朗普说：“他应该是个（提倡）低利息的人（low-interest-rate guy），事实证明他不是。”《华尔街日报》在采访中问特朗普是否会换掉鲍威尔，特朗普说：“我不知道。我只是说，我对美联储很不高兴，因为奥巴马时期有零利率。”特朗普对美联储三番五次的攻击，引发了外界对总统是否干涉美联储货币政策独立性的争议，甚至市场开始讨论特朗普中途解雇鲍威尔的可能性。

普一系列的打破传统的非常规政策：贸易民族主义，反经济全球化、交易型外交政策、反契约主义，甚至重拾“大棒”政策，会对美元产生什么样的影响？特朗普对贸易关系、安全关系、外交关系动刀，到目前唯一没有染指的是美元体系，原因是什么？可能特朗普也非常明白美元的国际地位是美国霸权的支柱之一，不能直接针对美元体系展开大的行动，但这并不意味着特朗普在其他领域的所作所为不会对美元的未来产生冲击。

特朗普上台一年后的盖洛普民调显示，2017 年世界（134 个国家样本）公众对美国全球领导力的认可下降到有记录以来的最低点（30%），比奥巴马最后一年任期下降了 18 个百分点，而不认可度上升了 15 个百分点，达到 43%，尤其是在北约和贸易伙伴国家中，公众的认可下降幅度最大。例如被视为美国最亲密伙伴之一的加拿大认可度下降了 40 个百分点，从 2016 年的 60% 下降为 2017 年的 20%，G7 其他国家中，在法国下降了 28 个百分点，在英国下降了 26 个百分点，在德国下降了 21 个百分点，在意大利下降了 14 个百分点，在日本下降了 16 个百分点，在贸易伙伴墨西哥公众的认可度则下降了 28 个百分点，这种下降反映出公众对特朗普政府政策和言论的态度，美国不再是盟友可信赖和可依靠的国家。世界对德国、中国和俄罗斯全球领导力的不认可度分别为 25%、30%、36%，唯一没有发生反转的地区是非洲，这可能与实际上特朗普的政策重点不在非洲有关。特朗普的言行与世界各国公众公认的全球领导形象完全不符，严重损害了美国的国家信誉，侵蚀了美国的软实力。德国以及其他欧洲国家或美国的其他地区盟友可能都要重新审视与美国联盟的未来前景。

美元现在完全是一种以美国国家信誉背书的信用货币，信用的建立和维持需要极大的成本，而毁掉信用却简单容易得多，特朗普在社交媒体上不负责任的言论不断侵蚀着美国的国家信誉和软实力。堡垒最易从内部攻破，特朗普正在自毁长城，世界对美元的信任度无疑会打上一个大大的问号。抛售美元资产无疑是用脚投票的最好诠释，在特朗普上台一年半的时间内，美国国债收益率大幅攀升。

动辄以制裁和“长臂管辖”威胁不服从美国意愿行事的国家，美国所凭借的就是全球独一无二的军事硬实力，军事实力是美国维持霸权的硬支柱。基于此，不难理解，为什么特朗普一边在不断损害美国国家的“软实力”，另一边在不断强化“硬实力”，强化美国核武器库，建立太空军，增加军费预算，重启冷战时期的第二舰队等。作为一个现实主义者，特朗普深深懂得军事的重要性，强大的军事实力为美元提供了一个安全天堂。一方面特朗普损害美国国家软实力破坏美元的国际信用，另一方面提升硬实力强化美元资产的安全天堂属性，二者之间的矛盾共同作用于美元。

10.3.2 特朗普冲击与美元欧元竞争

（1）特朗普政府对跨大西洋联盟的冲击。

按照库普乾的看法，跨大西洋联盟从小布什政府发动伊拉克战争就开始分道扬镳了，他说："大西洋纽带是这场战争（伊拉克战争）的主要代价之一，既然美国安全与欧洲安全不再是不可分割的，那么大西洋联盟即使在名义上得以存活，在精神上也已经分崩离析了"①。特朗普进一步挑战了欧盟脆弱的神经。

特朗普上台之后的一系列政策和行为继续剧烈地冲击着欧洲的认知（见表10.1）。特朗普的理念与欧洲主流政治大相径庭，造成欧盟领导层与欧洲学者对跨大西洋联盟关系前景的"忧虑"正变成现实②。特朗普一系列政策与欧盟价值取向相违背，甚至实质危害欧盟国家利益，与美国拥有共同价值观的欧盟在不同领域都与"美国优先"的特朗普政府产生矛盾。欧美的言行昭示跨大西洋联盟出现了前所未有的"裂痕"，在欧洲看来，跨大西洋合作将进入二战以后最动荡的时期，美国与最为重要的欧盟国家之间已经是国家关系的最低谷，特朗普甚至成为欧盟最大的敌人③。

美国与欧盟的分歧早就存在，比如军费分担问题在小布什和奥巴马当政时期就有，还有其他比如叙利亚问题、俄罗斯问题等。特朗普当政之前，二者的分歧都是限制在某个具体问题上，涉及面相对比较窄，而特朗普造成的欧美分歧则是全面的、理念的分析，分歧严重程度远超以往。在特朗普的持续攻击性政策和行为下，欧美关系变得更为复杂化，其溢出效应不但影响政治和经济问题，同时对未来欧元与美元的货币竞争产生影响。

---

① 库普乾. 美国时代的终结［M］. 潘忠岐，译. 上海：上海人民出版社，2004.

② 美国大选结果揭晓不久，欧洲理事会主席图斯克与欧盟委员会主席容克联名就唐纳德·特朗普当选美国第45任总统发表贺信。两位欧盟领导人在贺信中强调，欧美战略伙伴关系植根于双方共同的价值观，当前比以往任何时候都更需要加强跨大西洋伙伴关系，期待新一届美国政府与欧盟继续合作，加强跨大西洋伙伴关系。信中言辞真切地反映出欧盟高层对特朗普当选后的跨大西洋关系前景的担忧。

③ 2018年5月8日，特朗普宣布退出伊朗核协议，欧洲理事会主席图斯克在接受媒体采访时说：看看特朗普总统的最新决定，甚至有人可能想到，有了这样的朋友，还需要敌人干什么。同月23日，欧盟委员会第一副主席弗兰斯·蒂默曼斯则称："特朗普政府是欧洲大陆与美国结盟以来遇到的最大挑战。我们从未想过跨大西洋关系中贸易和安全问题会发生这样的转变。特朗普政府是第一个将美国利益与欧洲利益割裂的美国政府，这对欧洲构成了真正的挑战。"

表 10.1　特朗普政府对跨大西洋联盟的冲击

	美国的政策行为	欧盟的反应
贸易战	2018 年 3 月，美国政府决定对进口钢铁和铝加征 25%和 10%的关税。 2018 年 5 月，美国商务部部长威尔伯·罗斯说，特朗普政府“无意给予（欧盟）长期豁免”。 2018 年 5 月 31 日，美国政府决定从 6 月 1 日起，不再延长豁免期，对欧盟、加拿大、墨西哥征收钢铝关税	2018 年 3 月，欧盟开出长达 10 页的贸易报复清单，涉及金额达 28 亿欧元，之后视情况可能提高到 64 亿欧元。欧盟还警告称，它“不会在受到威胁的情况下进行谈判”。法国呼吁欧盟面对美国关税威胁时“团结”，认为欧盟没有任何理由接受单方面提高的钢铝关税。 2018 年 5 月，欧盟向 WTO 递交了对美贸易报复清单。 针对美国政府 2018 年 5 月 31 日的声明，欧盟委员会主席容克表示，欧盟将对美国的这一决定采取报复行动。 2018 年 6 月的 G7 财长会议上，其他 6 国财长集体指责美国的贸易行动威胁到西方联盟稳定
对外政策	2017 年 12 月初，美国总统特朗普宣布承认耶路撒冷为以色列的首都并签署了将美国使馆从特拉维夫迁往耶路撒冷的文件，并于 5 月 14 日正式完成迁馆工作。 2018 年 5 月 8 日，美国总统特朗普宣布退出伊核协议	欧盟外交与安全政策外交高级代表莫盖里尼在布鲁塞尔会见美国国务卿蒂勒森时就提出严正警告，美国不应该单边承认耶路撒冷是以色列的首都，欧盟支持两国方案。 2018 年 5 月，法国总统马克龙、英国首相特雷莎·梅和德国总理默克尔发表联合声明，称特朗普的决定令人感到遗憾，强调三国将继续恪守伊核协议内容，并决心保证该协议的落实，呼吁美国避免采取妨碍其他各方全面实施伊核协议的行为
北约与安全防务	特朗普自竞选以来就指责美国的北约盟友没有担负起足够的责任。他称，如果北约盟国达不到军费指标，在受到攻击时将不能无条件依赖美国的安全保障。特朗普还批评北约为“过时的组织”	法国总统奥朗德表示：“欧洲对继续跨大西洋合作已经准备好了，但这种合作是基于共同的利益和价值观之上的。” 默克尔表示“我们欧洲人掌握自己的命运。”

表10.1(续)

	美国的政策行为	欧盟的反应
北约与安全防务	美国国防部长詹姆斯·马蒂斯2017年2月首次参加北大西洋公约组织防长会议，北约其他盟友无法相应地增加军费开支，华盛顿方面将适度地“微调”其对北约的承诺。“美国纳税人不会为了捍卫西方价值观而毫无节制地承担开支”，“美国人不能比你们更出力照顾你们孩子未来的安全”。“如果你们不希望美国限制对这个联盟组织的投入，那么你们各国就必须展现对我们共同防务的支持。”	2018年5月欧洲理事会主席图斯克称：“坦率地说，欧洲应该感谢特朗普总统，因为多亏了他，我们才摆脱了一切幻想。他让我们意识到，如果你需要帮助，你只能靠自己。”
	2018年6月，特朗普批评北约，“美国支付北约几乎所有的费用，保护的许多国家正是那些在贸易上从我们身上揩油的国家（他们只支付一小部分费用，好笑）”“欧盟有1 510亿美元顺差，应该支付更多的军费”“德国支付给北约的费用相当于其GDP的1%，而我们支付的钱相当于GDP的4%，比例高得多。有人认为这样合理吗”。“我们保护欧洲，造成的财务损失，然后在贸易方面遭受不公平的打击。改变即将到来”	德国总理默克尔在2018年6月G7峰会之后表示：我们不能轻易地依靠这一伙伴关系
干涉欧盟内政	2017年1月，特朗普表示：英国脱欧是一件“伟大的事情”“欧盟是德国的工具”。 2017年2月得到特朗普认可的美国驻欧盟大使候选人马洛赫表示，希腊最好脱欧。他甚至放下狠话，“欧元撑不了18个月就会崩溃”。鼓励其他欧元区国家学习英国，尽早举行公投脱欧，令2017年成为欧盟解体年。 2019年1月，美国驻德大使写信警告参与建造俄罗斯主导的“北溪2号”天然气管道的德国公司，可能会面临美国的制裁	法国总统奥朗德对特朗普关于欧洲的言论回应称：“我们不需要欧洲外的人告诉我们该做什么。”

（2）欧盟走向安全与外交独立的尝试。

“通常而言，紧密的货币关系同紧密的军事关系具有一致性”①。不对称联盟体系束缚了欧盟在货币竞争中的手脚，安全依赖限制了欧元与美元竞争的强度。对于欧盟来说，“特朗普冲击”最大的影响可能在于欧洲再也不能把坚定稳固的跨大西洋伙伴关系看作是想当然的事情。当以前依赖的保护者不再可信赖时，对于依赖者来说摆脱依赖走向自主独立将不得不是一个考虑的长期选项，跨大西洋关系的演变意味着欧盟比以往任何时候都更需要为自身安全承担更多的责任。

Posen（2008）认为：欧盟无力或无意对域外提供安全保障，更不用说欧元区了②。但欧盟的无力或无意是因为受制于“跨大西洋”政治安全关系，如果欧盟与美国脱离这种不对称的联盟关系呢？欧盟只有具有了独立于美国（北约）的安全防卫力量才能真正地展现对欧元国际化的积极支持意愿，以及获得可以与美元竞争的更为丰富的手段和力量。2017 年慕尼黑安全会议报告直接提出欧盟应加强军事力量建立防务共同体，因为“只有这样欧盟才能与美国这个超级强国竞争，并且对世界其他大国施加外交压力”。慕尼黑安全会议主席申格尔承认“足够强大的军事力量也是欧盟的战略必需品”。

共同外交和安全政策是欧盟的支柱之一，《欧盟条约》第 42 条明确指出：共同安全和防务政策是共同外交和安全政策不可分割的组成部分。但由于历史原因，二战后西欧并没有发展出真正意义上的独立军事力量，由美国领导的北约一直是欧盟安全的保障。欧元诞生之前，西欧主要国家也曾有过整合西欧国家防务的计划，但都没有太大的实质性进展。欧元诞生之后，尤其是科索沃战争使欧盟看到了与美国之间巨大的差距，刺激欧盟开始认真思考自身的防务一体化问题，在欧盟层面思考整体防务规划（见表 10.2）。2009 年 12 月《里斯本条约》（Lisbon Treaty）正式生效，共同安全与防务政策正式被引入，欧盟在防务的具体事务层面展开行动，设立欧盟外交与安全高级代表在国际组织（如联合国）代表欧盟对外发声，同时设立欧洲对外行动署（EEAS）协助欧盟外交与安全事务高级代表执行共同外交与安全事务，以确保世界能听到欧盟的声音。

---

① STRANGE S. Sterling and British policy：a political view［J］. International Affairs，1971，47（2）：302-315.

② POSEN A S. Why the Euro will not rival the Dollar［J］. International Finance，2008，11（1）：75-100.

表 10.2　欧盟外交与防务独立倾向性事件（1999—2017 年）

时间	事件内容
1999.6	科隆首脑会议通过《加强欧洲安全和防务政策的声明》（ESDP），决定建立欧洲自己的防务
1999.12	欧盟在赫尔辛基峰会上做出建立欧盟独立军事力量的决定
2000.11	布鲁塞尔欧盟国防部长会议决定正式启动欧盟快速反应部队计划
2003.12	欧盟发布安全战略文件《更美好世界的欧洲安全：欧洲安全战略》
2004.7	建立欧洲防务局（EDA），推动成员国军备采购合作
2009.12	《里斯本条约》生效，共同安全与防务政策（CSDP）取代 ESDP；强化欧盟作为一个整体对外发声和统一行动；设立欧盟外交与安全事务高级代表，职责之一是在联合国之类的国际组织或机制中代表欧盟，确保欧盟对外声音和行动的一致性；同时设立欧洲对外行动署（EEAS），协助欧盟外交与安全事务高级代表执行共同外交与安全事务，以确保世界能听到欧盟的声音
2011.1	欧洲对外行动署（EEAS）正式运作
2013.12	欧盟理事会确定防卫优先行动目标
2016.6	《欧盟外交和安全政策全球战略》发布
2016.9	欧盟非正式峰会（EU-27）提出了“组建永久性欧盟军事指挥部”，建立欧盟防务一体化的路线图
2016.11	欧盟委员会通过了《欧洲防务行动计划》（EDAP）
2017.3	欧盟委员会发布《2025 年欧洲愿景白皮书》，提出到 2025 年建成欧洲防务联盟，在所有对外事务中使用同一个声音
2017.3	《罗马宣言》宣称建设一个更具竞争力、更加一体化的防务工业联盟；建立一个强化共同安全和防务的联盟；加强与北约的合作和补充
2017.6	依据 EDAP 成立欧洲防务基金，为欧洲防务提供资金支持，发展欧洲自己的防务工业，提升防务研发能力；建立“军事规划与指挥体系”（MPCC）
2017.7	欧盟理事会讨论欧盟委员会提出的“欧洲防务工业发展项目”（EDIDP）
2017.9	欧洲议会开始讨论 EDIDP
2017.10	“防务协调年度审查”（CRD）试运行
2017.12	欧盟理事会正式批准欧盟 25 国签署的“永久结构性合作”（PESCO）
2018.5	5 亿欧元防务基金用于支持 2019—2020 年欧盟防务产业发展项目

表10.2(续)

时间	事件内容
2018.6	法国、德国、比利时等9个欧盟成员签署“欧洲干预倡议”意向书，承诺将创建欧洲联合军事干预部队
2019.1	法国与德国签署新友好协议《亚琛条约》，德国总理默克尔称这是朝建立未来的欧洲联合军队迈出的一步，推动两国建立一种“共同的军事文化”，“有助于建立一支欧洲军队”

2015年，欧盟委员会主席容克提议建立欧盟自己的军队，他曾说：欧洲不能再背上别人的军事力量，我们要保护我们的利益。由于英国的掣肘，欧盟内部关于组建独立防务力量一直没有实质进展，即使建立的防务力量也处于北约框架之下①。英国“脱欧”给欧盟推进防务一体化与自主化提供了契机，2016年9月，欧盟27国（没有英国）的欧盟非正式峰会提出了“组建永久性欧盟军事指挥部”等建立欧盟防务一体化的路线图。此后欧盟走上了防务独立的快车道。欧盟理事会强调欧洲必须为自身安全承担更大的责任，欧洲需要更多的行动。2016年，欧盟发布《欧盟外交与安全政策全球战略》，欧盟委员会通过了《欧洲防务行动计划》（EDAP）。2017年3月，正值罗马条约签订60周年之际，欧盟领导者决定进一步推进欧盟防务和安全合作，发布《2025欧盟愿景》提出建设欧洲防务联盟目标，6月成立欧洲防务基金，为欧洲防务提供资金支持，发展欧洲自己的防务工业，提升防务研发能力，同时建立“军事规划与指挥体系”（MPCC）等一系列具体事项。2017年12月，欧盟正式批准欧盟25国签署的“永久结构性合作”。正如欧盟外交与安全高级事务代表费代丽卡·莫盖里尼所说：我们正在见证欧洲防务的历史性时刻，我们在过去12个月取得的进步比以往10年还要多。

2017年12月，欧盟正式批准欧盟25国签署的“永久结构性合作”声明，欧盟委员会主席容克再次指出：“欧盟成员国达成‘永久结构性合作’的决定为打造欧洲防务联盟奠定了基础，欧洲不能、也不应该把安全和防务事务交给他人打理。”发展独立的安全防务力量有两方面意义：一是欧盟具备较强的自主防御能力可以促使欧元真正成为“安全货币”；二是独立的安全防务力量可以为欧盟带来更为独立的外交，可以运用对外提供国际安全公共品的方式扩展欧元的影响力。而在安全防卫上逐渐与美国“脱钩”可能会彰显欧盟外交的

① 严骁骁.欧盟独立安全与防务力量的发展演变与未来展望［J］.德国研究，2015（2）：71-85.

自主性，延伸欧盟的影响力，在欧元与美元竞争时可以少一些担忧。但这将是长期的任务，美国必然会为了维持在欧洲的霸权阻挠欧盟真正独立防务力量的出现和成长，如建立的军事机构不能与北约形成竞争，强化北约和欧盟的永久性结构机制，以此来控制欧盟防务的走向。例如在欧盟独立防务火热推进中，北约与欧盟于 2016 年 11 月发表“欧盟-北约联合宣言”强化北约同欧盟的合作机制，而在之前美国更是为欧盟军事建设定下了“3D”方针：不能把欧洲与美国分离开来（no decoupling）、不能建立与北约的重复架构（no duplication）、不得歧视北约中非欧盟成员国（no discrimination）。

现阶段，欧盟的安全防务仍然没有能力完全脱离美国（北约），欧盟在提升防务一体化和自主化时也声明“跨大西洋关系和欧盟-北约合作仍是实现欧盟整体安全的关键”。但欧盟认识到欧盟的未来掌握在自己手中，欧盟的未来落在了 2025 年欧洲安全和防务联盟的建立上。跨大西洋关系的演变意味着欧盟比以往任何时候都更需要为自身安全承担更多的责任，欧盟建立的防务力量可以使欧盟更加自主地掌握防务，并以此实现有益于国际和平和安全的真正跳跃式前进。只有摆脱对美国的安全依赖，形成自己的安全防务力量，欧盟才能甩掉“经济巨人、政治矮子、军事侏儒”① 的帽子，使独立的军事力量与欧元、欧盟旗帜一样成为欧洲独立身份的象征。美国视北约为其塑造二战后国际秩序的重要途径，显然其不愿意放弃在欧洲安全事务中的主导权，再加上欧盟内部成员在安全事务中的不同选择倾向，都将使欧盟安全防务自主变得更加复杂化和长期化②。

发展独立的安全防务力量有两方面意义：一是欧盟具备较强的自主防御能力可以促使欧元真正成为“安全货币”；二是独立的安全防务力量可以为欧盟带来更为独立的外交，可以运用对外提供国际安全公共品的方式扩展欧元的影响力，在安全防卫上逐渐与美国“脱钩”可能会彰显欧盟外交的自主性，延伸欧盟的影响力。比如，欧盟不用跟随美国的意志退出伊朗核协议，反而可以利用强化同伊朗关系的机会，扩大欧元在伊朗石油贸易的计价结算使用。

（3）欧盟货币主权。

特朗普政府主动弱化与安全盟友的关系为欧元提供了新的历史机遇。

第一，特朗普主动弱化对欧盟的安全保护承诺促使欧盟实质性地推进集体

---

① 王湘穗. 欧盟的独立防务：行动与趋向［J］. 欧洲研究，2007（1）：31-39.

② 根据欧盟内部成员对北约和共同安全和防务政策（CSDP）的不同倾向可以将其分成四类：“大西洋主义国家”“老欧洲国家”“新欧洲国家”和“前中立国家”，这四类国家对北约和 CSDP 的看法存在较大分歧，妨碍了欧盟安全防务走向一体化。

防务独立进程，为欧元提供脆弱性降低，甚至真正独立的、强有力的“安全货币”成色。

北约被欧盟视为美欧同盟的关键支柱，是欧洲“安全保护伞”的提供者，但特朗普却一度认定北约是“过时”的，提出有条件地承担北约所规定的集体防御责任，并且有选择性地提供安全保护伞。虽然北约的军费分摊负担问题不是新问题，但相比前任，特朗普无疑更不考虑盟友感受，更加充满威胁的意味。特朗普甚至一度威胁美国可能会放弃对北约盟国的自动保护权。特朗普的威胁会使欧盟更为深刻地认识到依赖别人的安全保护终究不是长远之计，美国不再是一个可以让欧洲国家高枕无忧的安全保护者。当以前依赖的保护者不再值得信赖时，对于依赖者来说摆脱依赖走向自主独立将不得不成为长期选项，跨大西洋关系的演变意味着欧盟比以往任何时候都更需要为自身安全承担更多的责任。只有摆脱对美国的安全依赖，形成欧盟自己的安全防务力量，欧盟才能甩掉“经济巨人、政治矮子、军事侏儒”① 的帽子，使独立的军事力量与欧元、欧盟旗帜一样成为欧洲独立身份的象征。欧盟“脱美”的首要任务就是欧盟防务的独立，以此才能真正实现“欧洲人掌握自己的命运”②。虽然要历经一个很长的时间，但以英国“脱欧”为契机，欧盟加快了防务独立自主的步伐。特朗普弱化甚至取消对欧洲国家的安全保护承诺的威胁无疑会进一步刺激欧盟防务独立的决心。

“如果一个政府的力量不足以抵抗内外敌人的攻击，货币的命运绝对不容乐观”③。超绝的军事优势使美国具有强大的自我保护能力以及在全球各地维护自身利益的实力，从而使美元成为全球最为安全的货币，“安全货币”属性吸引着投资者持有美元资产。欧元背后没有独立的国家支撑，更没有独立的军事力量，没有投资者放心将“鸡蛋放在一个易碎的篮子里”。因此，依附于美国极大地削弱了欧元“安全货币”的吸引力。在欧盟实质性地走向防务独立后，欧元将获得更高的“安全货币”认同，欧盟在货币竞争中也将获得更大的政策空间。

---

① 王湘穗. 欧盟的独立防务：行动与趋向［J］. 欧洲研究，2007，25（1）：31-39.

② 2017 年 5 月，七国集团峰会结束后，德国总理默克尔发表言论，“我们（指欧洲与美国）互相完全依赖对方的时代已经结束”“出于这一原因，我能说：我们欧洲人真的要把命运掌握在自己手里”“我们必须为了自己的未来、为了欧洲人的命运打拼”。2015 年欧盟委员会主席容克提议建立欧盟自己的军队，他说：欧洲不能再背上别人的军事力量，我们要保护我们的利益和欧洲的责任。

③ 蒙代尔. 蒙代尔经济学文集：第五卷［M］. 向松祚，译. 北京：中国金融出版社，2003：166.

第二，在对外关系上，欧盟弱化对美国的跟随，切实实现对外政策的自主有利于提升欧元的国际活动空间。

俄罗斯被欧洲视为最大的安全威胁，对美国“核保护伞”的需求迫切性与欧俄关系密切相关，实现与俄罗斯关系的正常化与良性发展则可以降低对美国军事力量的依赖，有利于欧盟渐进地同美国军事保护“脱钩”。欧盟委员会主席容克强调只有与俄罗斯合作，才能在欧洲建立安全架构，说明欧盟对自身安全的关键有着清醒的认识。与美国军事保护的“脱钩”反过来可以降低欧盟跟随美国对外政策的意愿，提升自身的自主性，以欧盟利益为考量对外发挥作用。特朗普政府造成的美欧跨大西洋联盟裂痕的加深为欧盟改善与俄关系提供了契机，欧盟内部要求与俄开展务实合作的呼声越来越高。德国总理默克尔和法国总统马克龙均强调与俄罗斯寻找利益契合点的重要性，德国甚至在美国反对的情况下仍坚持推进北溪 2 号项目，与俄罗斯进行能源合作。在美国制裁俄罗斯和俄罗斯去美元化的背景下，欧盟可以寻求欧元在双方能源合作中发挥作用的空间。

独立的外交政策同样可以为欧元在其他地区发挥影响力。2018 年 5 月，美国政府不顾欧盟等的反对，执意退出伊朗核协议，进一步恶化了欧美外交政策的一致性。2015 年达成的伊朗核协议不但是欧盟共同外交政策的重大成果和欧盟使用“同一个声音”的标志性事件，而且美国对伊朗的重新制裁会严重损害欧盟与伊朗的经贸利益，因此欧盟具有非常强的潜在动机维护该协议，而且实际上欧盟也正在不遗余力地维护伊朗核协议。为继续维护伊朗核协议的有效性，欧盟不但启动“阻断法令”，向伊朗提供高达 1 800 万欧元的援助，而且决定建立一个绕过美元结算的独立的国际支付系统，以规避美国利用美元国际地位进行的制裁。该系统一旦得到众多国家的支持和使用，无疑会冲击美元的国际地位，欧元会得到更大的国际空间，欧洲在国际金融事务中会真正独立于美国。

在特朗普冲击下，将上述事件看成是独立的个案可能会低估特朗普对跨大西洋关系的破坏性。2018 年 8 月德国外长马斯提出“平衡的伙伴关系”这一对美新战略，试图通过“多边主义联盟”平衡美国跨越“红线”的行为，这是 70 年来德国首次表明要改弦更张。可见特朗普冲击具有更深层的影响。正如德国总理默克尔在七国峰会之后的呼吁，如果没有共同的对外政策，欧盟将被碾压。不再追随美国获得独立的外交政策将为欧元在中东石油贸易计价结算中创造更大的空间和机会。欧盟的努力开始得到回报，伊朗放弃美元改用欧元作为官方报告货币，欧洲的银行开始向伊朗提供欧元计价的贷款，新的支付体系也得到中国和俄罗斯的支持。

第三，贸易战促使欧盟强化与其他国家之间的经贸关系，更多地使用双边本币计价结算，压缩了美元的活动空间。欧元作为世界第二大货币，无疑会成为美元最为重要的替代选项之一。

特朗普政府抛弃多边主义原则，以“实力”为后盾重置美国对外双边贸易关系，损害了欧美贸易关系。特朗普先是将《跨大西洋贸易与投资伙伴关系协定》（TTIP）束之高阁，然后以“国家安全”为借口发起钢铝关税战，更以同样的借口对进口汽车加征关税，作为美国重要盟友的欧盟国家并没有幸免。在贸易领域，欧盟发现已经无法将美国视为贸易自由主义的志同道合者，美国的贸易保护主义迫使盟友寻求其他方式规避风险，特朗普发起的贸易战无疑加速了其他国家达成协议的步伐。2018 年 7 月 17 日，日本与欧盟签订经济伙伴关系协定（EPA），日欧谈判曾因乳制品出口分歧陷入僵局，但从 2017 年特朗普就任美国总统以来，双方谈判取得了较大进展。该协议的达成不但是世界上最大的自贸协议，而且是向美国贸易保护发出的明确信息，以世界贸易组织为中心的多边贸易体制仍是其他国家信奉的原则，日欧极力维护该体制而不是跟随美国步伐破坏多边体制。2018 年 9 月，欧盟委员会发布《连接欧洲和亚洲——对欧盟战略的设想》政策文件，将中国列为首要双边合作对象，中欧双方经贸关系得到进一步提升。在欧盟发展与其他国家经贸关系时，欧元无疑会有更大发挥作用的空间。

第四，特朗普冲击刺激欧盟提升金融与货币主权的政治意愿。特朗普政府事事以美国利益为优先，霸道的单边主义不但与欧盟倡导的多边主义相冲突，更让欧盟不能接受的是美国不顾及欧盟国家利益，甚至对其颐指气使，公开分裂欧盟、打击欧元。特朗普不但不顾欧盟的反对单方面退出伊核协议，而且声称制裁包括欧洲在内与伊朗往来的国家，置在伊朗拥有重要经济利益的国家于不顾。美国不但公开支持英国脱欧，而且试图诱引法国脱欧。特朗普对欧盟的敌意比任何一届美国政府更露骨，难怪欧盟高层将其称为欧盟的敌人。特朗普政府史无前例地将跨大西洋关系中欧盟自主权的缺失展示给世界，无疑刺痛了欧盟敏感的神经。欧盟外交和安全政策高级代表莫盖里尼回击美国说：没有主权国家或组织能接受别人替你决定可以与谁做生意。德法公开表示将建立一个独立的新支付体系时纷纷强调欧洲的金融和货币自主权，德国外长马斯表示，“我们不能让美国伤害欧盟利益，因此有必要通过建立独立于美国的支付渠道来加强欧洲的自主权”，法国财长则表示，“希望欧洲不是美国的附庸，因此现在需要一个独立的金融工具，以避免欧洲成为美国本国法律越界制裁他国的牺牲品”。欧盟两个主要国家罕见的意见一致体现了欧洲对金融和货币自主权问题的觉醒，这种觉醒会改变欧盟对货币国际化的偏好。欧洲央行在其年度报告中一直公开强调欧元国际化不是其政策目标，既不鼓励也不限制，市场力量是欧元国际化主要的驱动力。但特朗普冲击无疑给欧盟提升推动欧元国际化的政治意愿提供了动力。2018 年 9 月，欧盟委员会主席容克不但将“盟情咨文”的主题定为“欧洲主权时刻”，而且罕见地呼吁欧盟应该团结在一起共同提升欧元的国际地位，使欧元成为一种可以与美元相抗衡的全球储备货币。容克表示：“我们必须采取更多措施，让我们的单一货币在国际舞台上充分发挥作用，欧元必须成为更为完整的新欧洲的门面和工具，必须强化经济和货币联盟使欧洲和欧元更强大。欧盟委员会将就提升欧元国际地位拿出具体建议。”2019 年 1 月 24 日，欧盟委员会表示将针对提高欧元国际地位举行持续 2 个月的公众咨询，首先在农业、食品、金属、矿产、交通工具制造部门展开，随后在金融和能源领域展开，而且将在同年 2 月 14 日举办一个论坛，探讨在能源领域扩大欧元的使用问题。欧盟去美元化、提升欧元主权的政治意愿空前高涨。

第五，刺激欧盟法德轴心凝聚力的增强，强化支持欧元的国家政治基础。欧盟内部对欧元的国际角色定位是存在分歧的，法国主张采取激进的立场强化欧元的地位，将欧元当成挑战美元霸权的工具，德国则没有如此激进，主张将欧元的未来交由市场竞争逻辑决定，持中立态度。欧盟内部无法找出一个普遍认可的方式和渠道来支持欧元获取更大的国际空间。特朗普对欧盟的不友好态度和行动使德法两个主要欧盟国家认识到内部团结的重要性。德国总理默克尔和法国总理马克龙都在不同场合强调欧洲团结的重要性①，德国和法国在应对美国孤立主义倾向和贸易保护主义方面有意识地缩小彼此分歧。2019 年 1 月，法德两国签署新的友好协议《亚琛条约》，不但有益于欧洲军事联合，而且在英国脱欧的背景下，强化了法德之间的关系，加强了欧洲一体化的“法德发动机”。欧元是一个国际间条约的产物，而不是单一主权国家的代表，实际上是一个“没有国家的货币”，政治合作的脆弱性使投资者不能放心地将“鸡蛋

---

① 2017 年 1 月，在特朗普发表一系列不受欧洲欢迎的观点后，德国和法国推动欧盟发表联合声明称将继续巩固欧盟。5 月，G7 峰会之后，德国总理默克尔敦促欧盟各成员加强团结，共同应对同美国的政策分歧和英国“脱欧”风波等危机。6 月，欧盟领导人峰会，法国总理马克龙表示“欧洲需要法国和德国团结一致”“欧盟是抵抗巨大挑战的最佳保障”。2018 年 6 月，G7 峰会因美国原因未达成任何成果，会后，德国总理默克尔说“我们不能轻易依靠这一伙伴关系”，如果没有共同的外交政策，欧洲将被“碾压”。

放在一个易碎的篮子里”。德法两国的做法无疑强化了欧盟内部的向心力，尤其是正值欧盟面对内忧外患的多事之秋，政治联合强化将提升欧元竞争力。

（4）美元的国际支持弱化。

此消彼长，特朗普政府的政策行为强化了欧元的竞争力，反过来，削弱了美元的国际竞争力。

第一，特朗普冲击削弱了关键盟友对美元国际地位支持的意愿。欧盟将欧元的国际空间压缩在一定范围，尽量减少主动与美元竞争的进攻性政策，就是为了不破坏其依赖的跨大西洋关系，维护欧美的团结，所以偏好被压制。例如，Cohen（2009）曾认为欧元在中东地区影响较弱，是因为欧洲不想在中东地区引起与美国的地缘政治冲突，但如果欧洲能在中东发挥更大的政治作用，中东产油国就很有动力将石油计价转向欧元。

如果美国主动破坏二者的默契，那么欧盟也没有必要压制自己的偏好，支持欧元的国际化符合欧盟的利益。

特朗普决策行为的不确定性与不可预测性，明目张胆废除前任政府政策、违背国际社会的共同认知，这些都给世界各国理解美国政策带来困难。在一个不可预测的大国决策环境下，其他国家可能会变得无所适从，特别是以前唯美国马首是瞻的盟友。特朗普作为总统的言行反复无常，侵蚀着美国的国家信誉，过分依赖硬实力损害软实力，美国在公众中可信赖的世界大国形象坍塌，影响着美国的世界地位。

第二，使美国在维护美元国际地位时可动用的资源弱化。“联盟政治、货币关系以及战略在很大程度上是紧密关联的”①。美元的国际角色被镶嵌于美国编织的综合性结构网络之中，包括国际安全、地缘政治、军事、经济、文化价值观等。不对称的双边或多边安全关系为美国利用其已经形成的巨大国际货币权力或结构性权力对其他国家转移货币偏好施加压力提供了有效手段，美国以此增加其他国家转移货币使用偏好的成本和意愿，从而维持本国货币的国际地位，阻碍其他潜在竞争对手的国际使用水平。美国盟友对美国安全承诺的依赖成为美国可以利用和操控的脆弱性，美国可以通过威胁降低甚至取消对盟友的安全保护承诺来获得这些国家对美元国际地位的维护。特朗普对跨大西洋关系的主动弱化，全方位撕裂与欧盟之间的关系，无形中减少了美国维护美元国际地位的可获得资源和抓手。历史证明：在关键时刻，来源于盟友的关键支持

① 加文. 黄金、美元与权力：国际货币关系的政治（1958—1971）[M]. 严荣，译. 北京：社会科学文献出版社，2011：325.

非常重要。

总之，与美国的“交易型”联盟适应了欧洲国家的战略需求，美国为欧洲提供了安全保护伞，欧洲盟友为美元国际地位提供了关键支持。但这种好的“交易”造成了欧洲对美国的依赖，货币竞争被置于安全依赖之下，美国的联系战略限制了欧元同美元的国际竞争能力和工具。特朗普政府宣示在跨大西洋关系中被欧盟占了便宜，欧盟认为以美国实行的单边主义割裂了跨大西洋联盟。欧盟的金融和货币主权受到伤害，应该实质性地推进欧盟集体防务独立力量建设、强化共同外交政策声音，为欧盟独立的利益服务，更重要的是提升欧元国际地位的政治意愿，特朗普冲击为欧盟推动欧元国际化提供了新的历史机遇。

联盟体系为美元的国际地位提供了支持。美国对外提供安全产品尤其是对盟友的“核保护伞”成为迫使盟友维护美元国际地位的强制工具，在不对称联盟体系中的绝对主导地位赋予美元“安全溢价”。历史证明，盟友的支持在关键时刻对美元国际地位的持续具有重要作用。因此，特朗普冲击造成美欧关系出现明显裂痕，甚至与主要欧盟国家关系处于历史低谷，无疑会造成欧洲盟友对美元国际地位持续支持意愿的下降。大西洋联盟体系在特朗普冲击下的“裂痕”以及欧盟逐渐走向防务独立都将潜在地影响未来欧元与美元的竞争格局。

10.3.3 石油去美元化

单纯从经济角度看，无论采用哪种货币计价都可以实现交易的便利性，石油也一样。但如果考虑到计价货币选择背后的政治动机，则各种货币是不平等的。一般来讲，除非发生极端情况，现有的石油计价结算机制产生的便利性和网络会产生一种“牢笼效应”，巨大的现存规模使个别使用者变更计价货币面临困难，从经济上看是不可行的。但就像 OPEC 计价具有强大的政治动机一样，如果各国具有强烈的政治意愿和动机变更计价货币，那么石油去美元化就具有了强大的驱动力。

（1）石油去美元的可能成本。

从经济角度看，石油货币的单一性源于惯性形成的网络效应，处于任意一个节点的单一主体脱离网络，可能会有两种成本。一方面，单一主体脱离网络会产生“离网”成本，包括脱离原有的具有高效率的支付结算系统（这种高效率也源于支付结算系统本身的网络），贸易伙伴反对的可能性，因计价货币改变产生的比价成本和可能产生的汇兑损失等。这种“离网”成本与原有网络规模大小成正比，原有的网络规模越大，“离网”成本就会越高，这可能对在网主体产生强大的“黏性”。另一方面，单一主体脱离网络会产生“再入网”成本，加入另外一个网络，要重新熟悉新的支付结算系统的学习成本，重新制定报价文件的“菜单成本”，承担单一主体脱离网络新计价货币发行国金融市场效率可能产生的成本等。“再入网”成本与潜在替代网络规模大小成反比，如果可替代网络规模大，支付系统效率高，新计价货币价值稳定，国内金融市场成熟，这种“再入网”成本就会降低。

鉴于石油美元对美国霸权的意义，纯经济成本可能不足以概括产油国去美元化的所有成本，比如可能出现的美国政治经济制裁损失，甚至军事干预的巨大风险①。如果产油国本身就处于美国的打压制裁之下，这种成本类似于“沉没成本”，这可能会进一步引发产油国去美元化的动机。

（2）石油去美元的可能收益。

美国对产油国进行制裁的重要工具是石油美元支付结算，比如，SWIFT 在 2018 年迫于美国的压力，切断了与包括伊朗央行在内的大量银行系统的联系，威胁将俄罗斯踢出 SWIFT 美元支付结算系统；威胁通过美元支付系统制裁不遵守美国发起的对伊朗制裁协议的其他国家；直接停止从委内瑞拉进口石油，造成委内瑞拉美元短缺，引发委内瑞拉本币大幅贬值和国内通货膨胀等；甚至直接非法冻结、没收他国在美外汇储备资产、黄金储备等②。石油去美元化是产油国和石油进口国斩断美国霸权长臂的一把利器。去美元化可能有几方面潜在的经济与政治收益：第一，削弱美国非法制裁的杠杆，美元武器化脱离了美元本身，也就失效了；第二，保障国家海外资产安全；第三，降低甚至摆脱对美元的依赖，稳定本国货币汇率和国内经济，实现经济金融自主；第四，收取铸币税；第五，外交政策独立。这些潜在收益没有立竿见影的效果，其实现具有长期性，但一旦完成，受益将是终身的。

由于长期依赖和美元在全球范围的使用惯性，摆脱美元的收益又是远期的，这可能造成“成本—收益”在时空错配，当无法忍受眼前的损失时，可能会造成缺乏去美元化的长期动力。

---

① 2019 年 1 月 24 日，美国前总统安全顾问约翰·博尔顿在接受采访时声称：如果委内瑞拉同意让美国石油公司进入并参与到石油生产，两国人民都比较好受。这一赤裸裸的威胁再次暴露了美国的真实嘴脸：石油美元。伊拉克战争、利比亚战争等都显示出美国试图更换石油货币的意图。

② 前美国国务卿蓬佩奥在 2019 年 1 月 25 日声明，确定委内瑞拉临时总统有权控制委政府或央行在美联储或其他银行的账户，美国国务院也将委政府在美国银行的账户转交给反对派控制。

现实中，石油去美元化表现为两个方面：

第一，被美国打压制裁的产油国被动去美元化。委内瑞拉采取了去美元化的多重措施，在官方汇率机制中剔除美元，优先选择欧元和人民币等可兑换货币，在欧洲和亚洲开设银行账户，在国际交易中使用人民币、卢布、日元、欧元和卢比组成的一篮子支付货币，发行石油币，使用石油币 Petro 账户作为原油交易账户等。俄罗斯也采取了大量实际行动去美元化，以实现经济独立。俄罗斯调整了国家主权财富基金（国家福利基金）货币结构，将美元资产配置从35%降为零，提高了欧元、人民币、黄金等配置比例；将外汇储备中的美债几乎清仓，至 2021 年 10 月仅剩 37.2 亿美债资产，而且几乎全部为短期债券；在大宗商品交易中大幅提升本币、欧元、人民币或其他非美元货币结算比例；出口欧洲石油要求从美元转向欧元支付；扩大双边本币支付结算；建立本国支付系统（金融信息传输系统 SPFS）等。面对美国的非法、无理制裁，委内瑞拉和俄罗斯去美元的成本已经产生，提高去美元化潜在收益的动机应该是最高的，如果能借此摆脱美元依赖，实现经济自主，将是两国化危为机的最大长期收益。伊朗也与上述两个国家具有相似的境地。

第二，其他国家/经济体主动弱化对美元的依赖。美国对美元武器化的运用，会对其他国家或经济体产生涟漪效应，比如，作为一个所谓中立的国际支付结算系统 SWIFT 都受制甚至听命于美国，在 2018 年阻断伊朗银行进入系统。有一就可能有二，其他国家势必担心遭受相同的待遇。英国金斯顿大学经济学家基恩教授抨击美国的行为是在“耍流氓”，这一禁令势必给其他国家敲响了警钟：美元不可靠。更为关键的是，美国的制裁对象还包括与被制裁国家进行正常交易的第三方，这种损害第三方利益的“长臂管辖”可能会引发第三方的去美元化。比如，受美国对伊朗制裁影响的欧盟，就与伊朗建立一个特殊的金融支付机制（SPV）以缓解与伊朗的非美元贸易；2019 年 1 月 31 日，法德英三国外交部长发表联合声明，将联合建立与伊朗结算机制 INSTEX SAS；瑞士也表示准备和伊朗建立独立的支付渠道，主要用于促进伊朗与其他主要亚洲原油客户的石油交易；2018 年 11 月印度与伊朗签署协议使用卢比支付石油进口。我国的跨境支付系统 CIPS 也为其他国家“再入网”提供了一个可行选择，截至 2019 年年末，CIPS 系统业务实际覆盖 167 个国家和地区的 3 000 多家银行法人机构，俄罗斯就有多家银行接入了 CIPS 系统。2018 年 3 月，以人民币计价的国际化原油期货在上海国际能源交易中心正式挂牌交易，此举是为了直接引入境外投资者，全面对外开放，争夺石油定价的人民币话语权。作为美国盟友的欧盟，也在反思石油等大宗商品的美元计价策略，正逐步推出能源欧元计价计划，以实现“地缘欧元”雄心。

石油去美元化是一个任重道远的历史任务，习惯成自然并不代表不能改变，当美国无力继续维持霸主地位，无法改善国内财政状况，尤其是肆意武器化美元，其后果像俄罗斯总统普京所说：“不是我们想放弃美元为目标，而是美元在抛弃我们。”

10.3.4 保护者替代与货币替代

美国对盟友的保护者角色具体可以表现为两个方面：武器（包括核保护）和驻军，这实际上构成了美国对盟友施加影响（包括货币竞争）的战略杠杆，也构成了盟友对美元进行替代与竞争的强大阻力。

众所周知，美国是世界上最大的武器出口国，盟友则是其最为重要的出口对象。斯德哥尔摩国际和平研究所（SIPRI）报告为量化盟友对美国武器的依赖提供了工具（见图 10.1）。除个别年份外，美国一直是沙特阿拉伯最大的武器进口来源地，20 世纪 50 年代至 60 年代中期，甚至是唯一的武器供给者；1969—1971 年，沙特阿拉伯从美进口武器为零，当然，这一时期，沙特阿拉伯总体的进口规模较小；从 1974 年开始，沙特阿拉伯武器进口规模开始逐年大幅增加，从美国进口占比也非常高，1974 年是 100%，规模也比前一年增长了 1.36 倍；虽然从 20 世纪 80 年代开始，沙特阿拉伯的武器进口来源地开始多元化，但美国在大多数年份仍是最大来源地，1952—2020 年，沙特阿拉伯对美的武器进口依赖度平均为 0.64。另一个 OPEC 重要成员阿联酋的整体依赖度在 0.42，但是从 2005 开始，美国替代法国成为阿联酋的第一大武器进口来源地（除了极个别年份外），2005—2020 年的平均依赖度超过 60%。可见，美国以“武器提供商”角色在中东主要产油国扮演了极其重要的“保护者”角色。对沙特阿拉伯等中东国家来说，虽然有可以替代美元的货币，但却没有美国军事安全保护伞的替代者①。美国提供的“安全”保障不得不成为中东国家选择出口石油计价结算货币的政治考量因素。

---

① MOMANI B. Gulf cooperation council oil exporters and the future of the Dollar [J]. New Political Economy, 2008, 13 (3): 293-314.

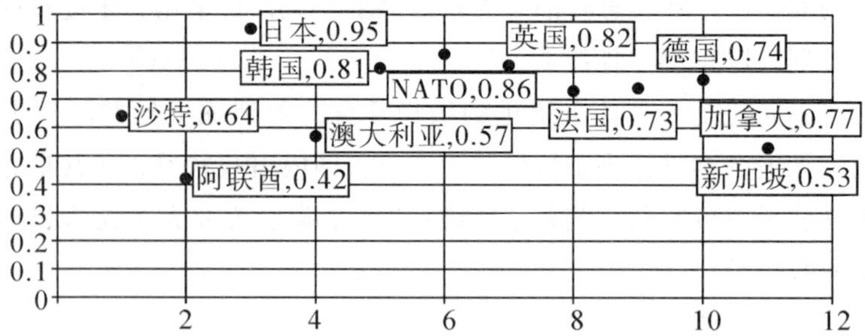

图 10.1　盟友对美武器依赖度（1950—2020 年）

基于安全的考虑对美元的支持不仅沙特阿拉伯或海湾国家一例，在亚洲和欧洲盟友中，美国的安全保护角色更为特殊。在日本，美国承袭二战后对日本的占领国角色；在韩国，美国的角色源于朝鲜战争，韩国的战时指挥权到现在仍在美国手里。因此，在日韩，美国具有超然的、类似宗主国的地位。美国在日韩拥有大量驻军和基地，日本对美武器进口依赖度高达 0.95，韩国也有 0.81 的高依赖度。新加坡是比较特殊的，其声称非美国盟友，但二者却有关于允许美国战机和战舰使用新加坡部分军事设施的协议，该协议从 1990 年至今已有 30 多年历史，而且新加坡对美武器进口依赖度也有 0.53。与日韩具有相似情况的，还有欧洲盟友德国，毫无例外，德国对美武器的依赖度也高达 0.74。同属欧盟的法国对美武器依赖度（0.73）跟德国几乎相当。与美国具有“特殊关系”的英国对美武器依赖度高达 0.82，与美国共享防空的加拿大对美依赖度为 0.77，澳大利亚一直视澳美关系为最为优先的政治安全关系，对美的武器进口依赖度平均在 0.57 左右，澳大利亚武器进口在 1965 年之前，主要是英国，如果从 1965 年起算，至 2020 年，澳大利亚对美武器进口依赖度上升到 0.64。英国、加拿大和澳大利亚对美国外交政策的跟随度也是非常高的，基本上相当于是美国的仆从国，丧失了一个独立主权国家的外交政策属性。作为一个整体的北约，86%的武器都来源于美国，事实上，北约也成为美国制约盟友的一个工具，北约的战略任务也跟随美国战略变化而改变。

安全依赖美国的事实使美国盟友在政治、外交上也不得不从属于美国，美国也利用这种依赖来压迫其他国家做出所谓有利于美国国家利益的选择。美国总统特朗普当政后，多次对盟友进行撤军威胁。比如，特朗普多次指责韩国是“安全免费搭车”：“我们的军人在保护韩国的边境，但我们却得不到应有的费用补偿”，公开要求韩国提高防卫分摊金额，并声称“韩国如果不愿意承担 100%的美国驻屯费用，就应该自己保护自己”。特朗普还威胁日本提高驻军开支分摊，威胁从德国撤军以迫使德国提高军费占比等。美国在 20 世纪 60 年代末利用在德国的保护者角色，迫使德国在美元关键时刻支持美元的历史还会重演①。

在美元强盛时期，美国保护者角色在美元国际地位维持中得不到显著体现，但是，在美元走下坡路时，美国军事安全提供者角色将从背景走向前台。Helleiner（2008）认为，“即使最一般的国际货币体系的观察者也可以发现，政治在决定国际货币崛起和衰弱过程中起到重要作用”，并使用协议货币的概念解释美元国际地位的变迁，认为美元未来的国际地位的维持会更加依赖于外国政府的直接支持。这种支持过去存在，将来也必然存在。正如 Momai（2008）所说：即使存在美元的替代货币，也没有国家可以替代美国的军事安全保护伞②。没有政府愿意冒着严重损害与美国这个最为强大保护人的关系而去多赚一点外汇储备资产的收益。在缺乏足够的独立应对外部安全威胁的军事实力下，“生存”的安全需要成为最高需求，除非外部威胁消失或有新的力量可以替代原有的“保护者”。Cohen（2009）就认为，如果欧洲能在中东发挥更大的政治作用，中东产油国就很有动力将石油计价由美元转向欧元。欧盟要使欧元在中东有更大的国际空间，必然要与美国发生地缘政治冲突，但本身就依赖美国保护的欧盟不具有与美国竞争地缘政治的能力。被美国保护的欧盟没有实力像美国一样为沙特阿拉伯等中东国家提供安全保护。保护者替代与货币替代的困境在美国盟友之中普遍存在。

---

① 20世纪60年代美国国际收支严重恶化时，德国尽管拥有巨额的国际收支盈余，但并没有向美国购买黄金，甚至在1967年联邦德国政府公开同意不再从美国国库中购买黄金，以此鼓励其他盈余国持有美元。德国的这种做法是基于美国提供的军事保护，在海外驻军补偿协议谈判中，美国政府警告德国如果欧洲人不愿意缓解美元与黄金的外流趋势，美国政府不会放弃使用从北约撤回军队的威胁，赤字不是美国的错，如果德国没有准备好提供帮助，政治后果将会非常严重。

② MOMANI B. Gulf cooperation council oil exporters and the future of the Dollar [J]. New Political Economy, 2008, 13 (3): 293-314

11 美元国际地位变迁中的关键行动者：制度变迁视角

如果认为国际货币的产生是市场在由众多国家货币组成的选择集中进行选择的结果，那么制度是这种选择集的约束条件。市场主体在进行国际间经济交易时对货币的选择可以看成是一种制度安排，政府行为也是如此。安然于现有制度造成的路径依赖可能给市场主体造成一个自我设置的“陷阱”，更为糟糕的情况是饮鸩止渴。要想突破这种依赖，需要承担必要的成本，而且需要集体行动，或者至少是要用关键行动者。关键行动者有意愿和能力改变现有制度，并提供一个相对更好的制度。制度转换成本越高，关键行动者就越重要。世界美元本位的形成和突破都需要关键行动者，美国的盟友是潜在候选者之一。

11.1 世界美元本位形成中的制度

11.1.1 货币背后的制度安排

制度可以分成正式制度和非正式制度，按照诺斯的解释，正式制度指的是某些人或组织自觉和有意识地制定的各种法律、法规、规则以及经济主体之间签订的正式契约；非正式制度是指对人的行为不成文的限制，通常被理解成在社会发展和历史演进中自发形成的、不依赖人们主观意志的文化传统和行为习惯。正式制度与非正式制度在本质上没有差别，并且相互依存、相互补充，任何正式制度有效地发挥作用，都离不开一定的非正式制度的辅助，同时非正式制度只有借助一定的强制性的正式制度的支持，才能有效地实现其约束力，特别是在涉及各方面复杂的经济关系上，离开了正式制度的强制作用，非正式制度是软弱无力的[1]。纸币的出现与普遍被接受是非正式制度与正式制度共同作用的结果。从“实物货币-金属货币-可兑现纸币-信用货币”的货币演化历史角度看，今天被广泛接受的纸币不可能在一开始就被人们所接受。货币形态演变过程，体现了市场主体对纸币交易习惯的接受，更体现了“法币”背后的法律制度约束。不可兑换纸币最终被人们接受不是纯粹“市场力量”的作用，而是国家通过法定货币的形式强制人们接受，对市场经济活动主体来说，在国内交易中使用哪种货币是由国家正式的法律制度来决定的，是一种正式的制度安排。虽然经济学大师哈耶克主张货币的去国家化，但历史证明，“私人货币”无法真正承担重任[2]，同时，这种情况一般在政治上也存在困难。比特币（Bitcoin）完美体现了哈耶克去中心的经济思想，但其价值不稳定性、相对较小的资本化市场、不易使用、缺乏基础资产，以及不能满足经济增长的交易需求，都使其不能成为真正意义上的“货币”，也不能充当外汇储备。不同国家对待比特币（Bitcoin）的态度也充分说明了“货币”的法律属性，有的国家（如萨尔瓦多）将其合法化，视为法定货币，有的国家（如美国）仅承认比特币是一种投资性资产，有的国家（如墨西哥）则明令禁止其在国内流通和使用。但央行发行的数字货币却是合法的，是一国法定货币。《中华人民共和国中国人民银行法》明确规定：“中华人民共和国的法定货币是人民币。以人民币支付中华人民共和国境内的一切公共的和私人的债务，任何单位和个人不得拒收。”1913 年《美联储法案》则规定了联邦储备券在美国的法定货币地位，境内所有银行均应接受，并用于支付所有税费、关税和其他公共债务等。

在国际交易中，市场主体选择哪种货币进行计价结算则是一种非正式安排，从市场主体选择权上看不受一国法律的约束，市场主体可以通过契约的形式选择双方同意的货币进行计价结算。但是这种选择也不是绝对自由的，要受到相关国家的有关货币跨境流动、支付结算等方面法规的限制，只有在这些正式制度允许的前提下，市场主体才能做出自由的选择。也就是说，这种非正式制度安排受到正式制度支持才能发挥作用，正式的制度安排可以在国际货币的形成中产生重大作用。美国在二战后创设的国际机制在美国国力衰弱之后继续以惯性的方式对美元的国际地位起到支撑作用。按照基欧汉在《霸权之后》阐述的“国际制度理论”思想，国际机制的存在可以在美国失去霸权后继续维持国际间的合作，维持国际体系的相对稳定，而英国就缺少在极盛时期建立

---

① 国彦兵. 新制度经济学［M］. 上海：立信会计出版社，2006：55.

② CHAMP，BRUCE. Private money in our past，present，and future.［J］. Economic Commentary，2007（3）：1-1.

相应的国际机制，以至于造成美元超过英镑。对于美元，最为重要的一个制度建设是布雷顿森林体系，布雷顿森林体系的建立最终在制度上确立了美元的世界货币地位①。

11.1.2 世界美元本位制度安排

（1）国际制度安排。

一般认为，美国经济规模总量在19世纪70年代就超过了英国，但是美元真正取代英镑的世界地位却是在二战后。克鲁格曼将其归结为是货币（英镑）使用的“惯性”作用结果②。英镑“惯性”的形成既有英国作为世界金融中心和贸易中心所形成的引力作用，也跟英国的殖民体系密切相关。美元完成对英镑的颠覆，不是凑巧发生在二战结束后，而是因为美国在这一时期彻底完成了对英镑进行替代的制度建设，同时破坏了英镑惯性所依赖的制度安排，这正是布雷顿森林体系的功劳。1944年建立的布雷顿森林体系是以美国的《怀特计划》为蓝本的，反映了美国的意志。“怀特在思考货币问题时是一个强烈的民族主义者，在获得财长同意的情况下，公开寻求使美元成为战后世界的主导货币”③。于是，最终通过的《国际货币基金组织协定》与《怀特计划》的重大差异是放弃了建立世界货币的设计，转而设计成“黄金-美元”体系，黄金被重新确立为国际货币体系的基准，黄金美元则成为计价单位。为满足国际货币基金组织协定的规定，在当时的情况下，美元是唯一可与黄金兑换的货币，其他国家除将本币与美元挂钩之外似乎也没有别的选择了，这样国际货币基金组织通过实施细则将美元本位制的实际做法塞入了基金组织协定中④。正如Eichengreen所说，“国际货币基金组织这一新成立的国际体系的监管者授权其他国家以美元定义其汇率，以此确立该货币的独特地位”⑤。通过布雷顿森林体系“双挂钩”机制，最终确立了美元作为世界货币的法律地位。布雷顿森林体系的建立正式标志着美元成为世界关键货币，得到各国官方在国际制度上

---

① EICHENGREEN B, FLANDREAU M. The rise and fall of the Dollar [J]. CEPR Discussion Papers, 2009, 13 (3): 377-411.

② KRUGMAN P R. Vehicle currencies and the structure of international exchange [J] Journal of Money, Credit and Banking, 1980, 12: 513-526.

③ 斯泰尔. 布雷顿森林货币战：美元如何统治世界 [M]. 符刑捷，陈盈，译. 北京：机械工业出版社，2014：107，124.

④ 蒙代尔. 蒙代尔经济学文集：第四卷 [M]. 向松祚，译. 北京：中国金融出版社，2003：92.

⑤ 埃森格林. 嚣张的特权：美元的兴衰和货币的未来 [M]. 陈召强，译. 北京：中信出版社，2011：43.

的认可，开启了“黄金-美元”本位的时代，英镑彻底失去了国际主导货币地位，被美元正式取代了世界货币角色。两次世界大战使美元对英镑的挑战变得相对容易，但英国的广泛政治体系网络仍在发挥作用，“英镑区”国家的政治支持在一定程度上延缓了英镑地位的下降速度。其中，外汇管制成为美元扩展的障碍之一。外汇管制本身限制了国外进出口商对美元的使用程度，布雷顿森林体系取消外汇管制条款可以为市场使用美元消除法律和体制障碍。此外，在对英国的 1946 年贷款中美国就提出了条件，包括消除英镑区的对外歧视、进口限额、外汇管制、关税特惠、英镑自由兑换成美元等。为获取美国提供的巨额低息贷款，迫于压力，英国在对外开放市场和英镑自由兑换成美元方面做出让步，于 1947 年 7 月实现了经常账户可兑换。其后果是其他持有英镑的国家都将英镑兑换成了美元，英国的储备损失严重。

当然，美国对美元的制度建设在二战之前就已经开始，美国在 1934 年签署《互惠贸易协定法案》、1936 年签订《三方货币协议》、1941 年签署《租借法案》都是例证。美国财政部甚至试图以《租借法案》为手段来彻底终结英镑的国际地位①。当然，这一时期，英国也试图阻止美元对英镑的替代。比如，英国根据旧有的、明显被高估的英镑对黄金的汇率在 1925 年恢复了金本位，1932 年推出帝国特惠制，在 1944 年布雷顿森林会议上的“凯恩斯计划”等。这都是一个日益没落的霸权国不甘心退位的最后挣扎。

“马歇尔计划”和“道奇计划”解决了美元短缺问题②。二战后，各国普遍存在的外汇管制反映了这样一种事实：其他国家持有美元的数量有限，市场对美元的需求出现“美元荒”，如果不能满足市场对美元的需求，布雷顿森林体系的制度保障就没有了基础。于是美国发起“马歇尔计划”和“道奇计划”，分别对欧洲和日本提供美元援助，使战后缺少外汇来源的国家得以从其他国家进口原材料、机器设备等恢复生产，逐渐恢复出口能力③。如果没有美国的贷款援助，这些国家只能实现严格的外汇管制，甚至进行易货贸易。马歇

---

① 斯泰尔. 布雷顿森林货币战：美元如何统治世界［M］. 符荆捷，陈盈，译. 北京：机械工业出版社，2014：108.

② 二战后初期，美国的巨额贸易顺差和净资本回流导致了西欧美元短缺。据估计，1946 年和 1947 年共有 53 亿美元的资本回流美国，仅 1947 年西欧就流失了 25 亿美元外汇，而同年美国资本外流完全停止，西欧面临严重的美元短缺问题。

③ 资金的运转流程为：马歇尔计划援助资金向欧洲复兴基金提供美元贷款，美国出口商向欧洲受援国提供物资，货款由欧洲进口商所在国的欧洲复兴基金以美元形式支付，美方将款项计入专门设立的特别账户，而欧洲进口商则向该基金支付当地货币以充实其资本余额，并将该款项计入本国的对等基金账户，该笔款项的余额被编入本国的财政预算，最终由受援国财政预算向美国还款。

尔计划从单纯意义上来讲确实是出于善意，但另一方面，从结果上来看，它也利用借款来散播美元，从而为巩固美元货币作为关键货币的坚实基础发挥了作用①。1948—1952 年，通过该计划对外援助总计超过 130 亿美元，相当于 1947 年美国 GDP 的 5.4%，占 1948—1952 年美国总出口的 1.2%。Eichengreen (2011) 甚至认为这两个计划“拯救了美元的国际地位”。

美国与德国、日本之间的“货币-安全”的非正式制度安排则在美元发生危机时发挥了作用。正如前文分析，美元从 20 世纪六七十年代的几次危机和尼克松冲击中幸存下来，并不是偶然的，而是源于美国的广泛的制度安排。德国对美元的支持是因为“安全—货币”制度的存在，“石油-美元”制度安排则在 20 世纪 70 年代布雷顿森林体系崩溃之后对美元维持国际地位发挥了重要作用。

“正式规则与非正式约束在一起构成了制度矩阵，它将经济体引入了不同的路径”②。市场对国际货币的选择就是在已知正式规则和非正式约束条件约束下形成的选择集中进行可行的最优选择，制度矩阵决定了选择集的大小。如果一国对货币自由兑换进行严格限制，那么该国货币就无法进入选择集中，这是正式规则约束条件限制的结果。

（2）国内制度安排。

蒙代尔对美联储的作用给予了极高评价，他说：“1913 年美联储的诞生是 20 世纪最重大的历史事件之一，正是美联储使美钞成为世界上最重要的货币”③，“它（美联储）为美元统治世界铺平了道路。”④

美联储的建立有四方面的意义：

第一，美联储为美元国际化奠定了体制保障。美联储的建立是对 1907 年银行恐慌的必然反应⑤。美联储稳定了美国国内金融市场，标志着美国货币金融制度体系逐渐走向完善，为美元国际化提供了有力的体制保障。

第二，美联储成为金融市场的“建筑师”，提升了美元对国际市场的吸引力。金融市场缺乏流动性阻碍了国外投资者使用美元的积极性，更不用说还有同期的英国强大的金融市场作为竞争对手。20 世纪 20 年代以前，美国私人商

---

① 岩本沙弓. 别上美元的当：以日本金融战败为鉴 [M]. 崔进伟，承方，译. 广州：广东经济出版社，2011：73.

② 诺斯. 制度、制度变迁与经济绩效 [M]. 杭行，译. 上海：上海人民出版社，2008：136.

③ 蒙代尔. 蒙代尔经济学文集：第五卷 [M]. 向松祚，译. 北京：中国金融出版社，2003：75.

④ 蒙代尔. 蒙代尔经济学文集：第六卷 [M]. 向松祚，译. 北京：中国金融出版社，2003：133.

⑤ 诺斯. 经济史上的结构和变革 [M]. 厉以平，译. 北京：商务印书馆，1992：218.

业票据市场非常薄弱，美联储对二级市场的持续支持对美国金融市场的培养发挥了积极甚至是关键性的作用：允许银行开展商业票据承兑业务；为增加流动性，美联储直接进入二级市场成为做市商[①]；降低贴现率，增加与伦敦金融市场的价格竞争力，增强美元承兑相对英镑的吸引力。

第三，美联储扩展了金融网络。联邦储备法案取消了美国银行在国外设置分支机构的禁令，授权银行可以开展贸易承兑业务。银行网络的国外扩展增加了国外居民使用美元的便利性，降低了美元使用成本。

第四，二战后美联储独立地位的确立对货币价值稳定起到了非常重要的作用。在“罗斯福新政”时期（New Deal）和二战刚刚结束之后，美联储在政治上一直从属于政府，直到1951年3月《美国财政-联储法案》诞生，在美国财政部的支持下，美联储才重新获得独立以控制利率。美联储保守的货币政策使美国保持了较低的通货膨胀水平，获得了后继政府的支持。这一时期，美国国会在货币政策和汇率政策上表现得相对低调，没有过多插手，直到20世纪60年代，来自政治上的压力使美联储将目标转移到增加就业和经济增长上面，美联储对低通货膨胀的承诺维持到20世纪70年代早期。从艾森豪威尔政府开始，美国政府的保守货币政策受到挑战，到1978年，美元地位的稳步下降反映了金融市场对美国的宏观经济政策丧失了信心。直到1979年保罗·沃尔克重申美联储的自主性和保守的货币政策时，美元的国际地位才得到重新巩固。

除了美联储之外，美国国内金融资本市场的完善和深化也为美元替代英镑资本市场提供了良好的条件。

11.2 路径依赖的制度环境与门限效应

用制度经济学的语言来解释带有自我强化性质的货币惯性就是路径依赖，制度变迁一旦走上了某一条基本路径，它的既定方向在以后的发展中得到自我强化，就很难甚至根本无法扭转[②]。初始的制度安排会强化现存制度的刺激和惯性，因为沿着现有制度变迁路径和既定的方向前进，总比另辟蹊径要容易得多，因此产生惯性[③]。或者说，相对于另外选择新的制度来说，信息的收集要

---

① 20世纪20年代，美联储平均持有二级市场1/4~2/3的票据，在1917年甚至成为二级市场唯一的购买者。

② 汪洪涛. 制度经济学：制度及制度变迁性质解释［M］. 上海：复旦大学出版社，2009：63.

③ 国彦兵. 新制度经济学［M］. 上海：立信会计出版社，2006：84.

更容易一些，信息成本也更低一些[①]。因此，一旦人们确定了一种选择，就会对其产生依赖，这种依赖具有自我积累放大效应，从而不断强化这种初始选择，甚至被锁定。制度对初始条件的敏感性依赖实际上是因为利益集团力量过于强大，从而强化了这样一种不好的制度，是利益集团不断地使这种初始条件不断放大。利益集团的存在是制度僵化的充分条件[②]。

制度作为一项公共产品，外部性也存在于制度本身。制度收益的分享，相对而言不是排他的，大多数人就没有行动积极性去改变不合理的制度，很可能虽然这个制度不合理，但分摊到个人身上的损害是相对较小的，于是人们愿意忍受这个不合理的制度，而不去创新一项收益从整体来说更大的制度[③]。Kindleberger（1986）对新旧体制变革的困难做了描述，他认为维持体制比创立体制容易得多，因为边际成本低于平均成本，霸权时期随着霸主国经济活力的丧失而告终结，但有能力解决新问题的新体制很难建立，例如世界卫生组织从建立到开始运营花了 80 年时间，尽管所有国家都明白控制疾病蔓延的好处[④]。要维持一个制度，就得不懈地努力，如果不给予关注，不投入资金，从长远看，它们往往会瘫痪无力。同样，要推翻一个体制也必须付出相当大的代价，正如建立一个体制要比维持它付出更多代价一样。

布莱恩·阿瑟认为制度变迁中存在四种自我强化机制：巨大的启动或固定成本（意味着增加产品能降低单位成本）、学习效应（能改进产品或在产品的受欢迎程度增加时能降低成本）、协调效应（有利于与其他采取类似行动的经济主体合作）、适应性期望（产品在市场上受欢迎程度的增加能够增强人们有关于该产品将更受欢迎的信念），这四种强化机制可以产生“锁入”（lock-in）和路径依赖[⑤]。

货币惯性的形成需要有足够的制度环境。无论是市场还是政府在进行涉及国际货币选择的问题时，其效用函数的自变量不是孤立的，都必须放入一定制度环境中进行考察。比如交易成本的降低需要广泛的、发达的结算支付系统，SWIFT 系统为全球美元的收付、结算、贸易融资提供了便利，欧元则有 TARGET、EURO 系统，这些系统为全球美元、欧元的低成本、高速度的流动提供

① 程虹. 制度变迁的周期：一个一般理论及其对中国改革的研究［M］. 北京：人民出版社，2000：206.

② 同①127.

③ 同①126.

④ KINDLEBERGER C P. International public goods without international government［J］. The American Economic Review，1986，76（1）：1-13.

⑤ 诺斯. 制度、制度变迁与经济绩效［M］. 杭行，译. 上海：上海人民出版社，2008：129.

了便利基础。市场主体选择美元作为“媒介货币”进行计价、支付是因为汇率风险可以被很好地规避，这种风险规避依赖美元金融工具，美元期货、期权、掉期等衍生品金融工具为进出口商提供了汇率风险对冲的可能，丰富的工具加上市场极具流动性，使美元使用者不用担心汇率风险问题。

货币惯性的形成存在门限效应。理性经济人基于“成本—收益”分析做出决策，但每个人的“成本—收益”对比是不同的，因此，基于理性假设的市场主体的行动是不一致的。在考虑到其他人的可能行动时，已经达到“成本—收益”临界点的市场主体可能并不会立即行动，而是等足够多的市场主体行动之后再行动，这就造成少数市场主体的收益大于成本并不能带来足够大的网络外部性，质变需要有足够的量变来支撑，在量变效应积累到一定程度之前不会发生质变。或者说网络效应的自我强化作用需要有一个初始禀赋，这个初始禀赋的获得决定了“阈值”，超过“阈值”之后，网络效应可以凭借自身的力量不断壮大。从另一个角度讲，货币的国际地位与货币发行国经济实力出现错位现象，并不是线性的。当一国经济实力超过另一个国家时，其货币的国际地位并不会紧跟着超过另一种货币的国际地位。一国货币要成为国际货币，在初始阶段，经济实力仍是支撑货币地位上升的关键，二者之间在这一时期可能呈现线性关系。但是当货币网络达到一定程度时，货币的使用范围将超过经济实力支撑所达到的程度，二者之间会呈现非线性关系。在该国经济地位下降阶段，货币国际地位的下降也没有那么快，非线性关系仍存在。在货币的国际地位上升阶段，关键的是将网络规模发展到可以产生质变的“阈值”。同样的道理，在货币走下坡路时，也可能存在一个加速的“阈值”。

11.3 美元本位制度变迁的关键行动者

11.3.1 制度的需求与供给

制度变迁是新制度的需求与供给的互动，是对原有制度均衡的调整。对新制度的需求源于现有制度安排限制了市场的获利能力，或者说对现有制度的维持成本超过了在现有制度下获得的收益。戴维·菲尼认为出现这样一种情况时，“按照现有的制度安排，无法获得某些潜在的利益，这时就会产生改变现有制度安排的需要”。诺斯也认为“正是获利能力无法在现有制度安排结构内实现，才导致了一种新的制度安排”。制度供给是一种新的制度的生产者在制度变迁的收益大于制度变迁的成本的情况下设计和推动制度变迁的活动。从制度需求与供给角度看，现在的世界是否有打破美元惯性的意愿呢？现有的国际货币体系中是否存在推动制度变迁的生产者呢？

新制度经济学认为有意识地推动制度变迁或对制度变迁施加影响的单位，都是制度供给的主体，包括个人、团体和政府。戴维斯和诺斯指出，“一个制度的改变可能涉及一个单独的个人，也可能涉及由自愿的协议组成的团体，或涉及被结合在一起或其影响决策的权力被置于政府管理的团体”。在现有的国际货币格局中推动变迁，谁有意愿又有能力推动制度变迁呢？在美元依赖的整个市场环境下，小企业的转换成本将非常高，同时无法对其他市场主体产生足够的影响力，网络无法形成，因此小企业有意愿但无能力承担制度供给者的重任。对市场拥有足够大的影响力、处于供应链重要节点的企业可以承受货币的转换成本，一是因为成本对大企业来说相对较小，可以承受得起；二是鉴于在市场中的关键地位产生的影响力，大企业可以带动其他企业一同进行货币的转换，从而形成具有更多节点的网络，网络外部性的逐渐增强产生规模经济降低了转换成本，或者可以从货币转换中获得更多的收益。因此，这种“关键市场主体”在新的国际货币格局形成中将起到重要作用，关键企业可以作为“先行者”，相对的小企业受其影响作为货币转换的“跟随者”。

奥尔森强调利益集团在制度变迁中的作用，认为制度变迁的根源取决于利益集团的形成和发展，利益集团是推动制度变迁的主导性力量，利益集团之间的博弈是决定一个制度优劣的根本原因。在货币国际化过程中，并不是每个部门、每类企业都可以获得相应的收益，在货币国际化进程中的不同阶段，得益一方和受损一方以及双方的收益和损失程度是不同的，不同利益集团的博弈将左右货币国际化的进程。在日元、美元的国际化中都存在这样的问题。美国国内的金融企业和出口商基于共同利益组成“国际货币联盟”，给美元的国际化提供了国内政治基础①。但是在日元的国际化过程中却没有这样的共同利益集团，出口部门和金融部门没有形成共同的利益偏好，从而对政府的政策形成压力，出口部门担心日元计价产生升值效应从而阻碍出口的增长，金融部门因参与日元/美元汇率风险业务产生经营收益，也没有动力和意愿。

制度的另一个生产主体是政府，在新制度经济学理论中，政府是作为正式规则的提供者发挥作用的。政府无法迫使非本国居民在国际经济交易中使用该国货币，但是政府在制度变迁中仍具有重要作用。一是作为正式规则的提供

---

① BROZ J. The international origins of the federal reserve system [M]. New York: Cornell University Press, 1997.

者，政府通过修改或制定法律、法规为市场主体的行为提供可供选择的“行为集”。一种货币要走出“国门”成为国际货币，首先要修改以前限制货币流出入的法律，取消妨碍货币在国际经济中行使货币职能的限制措施和法律。货币可自由兑换和资本账户自由化被认为是货币国际化的前提，这些都涉及相关法律、法规的修订。允许外国投资者进入国内市场投资也需要相关法律、法规的支持。二是在诱致性制度变迁中发挥作用，诱致性制度变迁可能由制度选择集合改变、技术改变、制度服务需求改变和其他制度安排改变引起。制度选择集合可能因政府的改变而扩大或缩小，由于某些原因政府可能将某些制度从制度选择集合中剔除，也可能取消一种带有限制性的政府政策，相当于扩大了制度选择集合。以对人民币国际化为例，政府限制的措施使微观主体在货币选择安排中少了一个选项，比如资本账户开放度有限相当于限制了人民币在资产配置中的可能性和规模，而 QDII、QFII、RQDII 等措施相当于逐渐增加了制度选择的集合范围，人民币资产可以进入微观经济主体的可选择选项中，允许跨境贸易人民币结算同样扩大了贸易主体的选项，为微观主体的制度变迁提供了备选项。因制度结构中制度变迁的实施是彼此依存的，某个特定制度安排的变迁，可能引起对其他制度安排的需求，人民币结算创造出对风险规避工具的需求，要求市场可以提供丰富的人民币衍生产品，如人民币远期、人民币期货、人民币期权、人民币互换等，同时需要扩大金融衍生品市场的准入，这反过来会为使用人民币结算提供更多的激励。

非正式制度变迁得到国家的认可才能得以更有效地实施，尤其是货币的流出和回流，如果没有政府的许可是不能实现的，得到政府的许可使非正式规则获得“合法”的身份，政府的支持则可以使非正式规则更迅速地为市场主体接受和更大规模的使用，从而形成货币惯性。因此，在新的国际货币形成中，单个市场主体的制度变迁演化缺乏个人行动的一致性，利益集团也不一定能形成，或者即使形成，在与其他利益集团博弈中也不一定处于优势一方，政府作为制度供给的生产者却是最为确定的，当然前提是政府有意愿使本币国际化。虽然政府的作用不是充分的，却是必要的。

关键行动者（货币发行国一方、国外支持一方），可以给国际货币体系变革提供初始动力。所谓关键行动者和权威，前者指的是在制度变迁中扮演关键角色的人或组织，后者指的是对制度变迁的参与者具有影响力的人、组织或思想。关键行动者包括：一类是起支配作用的一方；第二类是不起支配作用，但其行动足以引致制度变迁的一方；最后一类是具有公共意识，其行动足以打破僵局的一方。权威包括政府、思想、意识形态（人们对世界状态的看法）和文化。

11.3.2 美元锚经济体

一国货币当局的汇率制度选择（或者货币政策框架）会影响外汇储备币种构成。如果某经济体选择钉住某种货币的汇率制度或货币制度框架，为稳定汇率水平或国内物价水平，可能需要使用锚定的货币进行外汇市场干预，基于干预目的，货币当局需要持有一定数量的锚货币作为外汇储备资产。那么，影响一国汇率锚选择的主要因素是什么呢？工具主义观点认为对一国货币的支持来自外国公共部门对宏观经济政策和价格水平稳定的考虑，宏观经济治理存在问题的国家可以将本币与另一种国际货币挂钩以获得货币锚，将另一国货币作为本国的货币锚也就是对该货币国际使用的一种支持的表现。“锚在国家选择固定汇率来无限期地兑换美元时充当强有力的角色”，在后布雷顿森林体系下“新兴市场和欠发达国家的央行都非正式地与美元挂钩，以便更好地稳定自己内部的价格水平”①。二战后初期，“欧洲国家和日本希望固定本币对美元的汇率水平以锚定本国的货币政策和价格水平。为了更有效地缓解通货膨胀，保持更低的失业率水平，在整个 20 世纪 50 年代，他们发现依靠美国良好的金融声誉是最为便利的选择。在全球经济陷入高通货膨胀的 20 世纪 70 年代欧洲内部再次复制了这一过程。1979 年建立了欧洲货币体系之后，那些高通货膨胀的欧洲国家开始依靠德国（德意志联邦银行的良好声誉）为本国价格水平提供名义锚”②。为了维持本币与美元的这种联系，积累美元储备就是必然的结果。

美元锚是一个普遍现象（见表 11.1）。在 IMF 成员中，2020 年有 38 个经济体使用美元作为锚货币，25 个经济体采用欧元为锚货币，使用篮子货币作为锚货币的有 8 个，其他货币有 9 个，只有一两个国家使用澳元、新加坡元、南非兰特、印度卢比作为单一锚货币。目前，IMF 中还没有报告使用人民币作为锚货币的成员③。虽然美元锚仍是首要锚货币选择，但从长期视角来看，美元锚的吸引力在稳步下降。1966—1973 年，曾经有 89 个经济体钉住美元④，到了 2020 年仅有 38 个。2008 年，单一钉住美元经济体占比为 33%，之后逐步下降，5 年后占比下降了 10 个百分点到 23%，10 年后下降到了 19.8%，降低

---

① 赫莱纳，柯什纳. 美元大趋势［M］. 欧阳珑，译. 大连：东北财经大学出版社，2012：44.

② 麦金农. 麦金农经济学文集：第四卷［M］. 李瑶，译. 北京：中国金融出版社，2006：39-40.

③ 值得注意的是虽然在 IMF 统计中没有明确，但 2015 年 9 月欧洲央行在更新度量欧元兑篮子其他货币的汇率的方法时，人民币的权重从 14.8%被提升为 17.7%。

④ LI，QUAN. The effect of security alliances on exchange-rate regime choices［J］. International Interactions，2003（29）：159-193.

了超过 13 个百分点。正如麦金农所说，美元本位制正在失宠，美元正在失去世界锚货币的地位①。

如果美元锚经济体改变锚货币，从美元转换成其他货币，比如欧元，那么，根据“锚货币—外汇储备币种结构—外汇储备资产”的逻辑，放弃美元锚必然会改变经济体外汇储备币种结构，减少美元比例，增加其他币种比例，表现出来的就是外汇储备资产中美债资产的降低和其他资产的增加。转换锚货币还可能对贸易计价和融资货币选择产生影响，带来去美元的连锁反应，这将在实际上压缩美元的国际活动空间。除了名义锚，还有事实上对美元的钉住，或者在篮子货币中，美元成为事实上的核心锚货币。事实上的美元锚转换具有同样的效果。

表 11.1 IMF 成员的汇率锚选择 单位:%

年份	美元	欧元	篮子货币	其他货币
2008	33.0	14.4	8.0	3.7
2009	28.7	14.4	7.4	4.3
2010	26.5	14.8	7.9	3.7
2011	25.3	14.2	7.4	4.2
2012	22.6（43）	14.2（27）	6.8（13）	4.2（8）
2013	23.0（44）	14.2（27）	6.8（13）	4.2（8）
2014	22.5（43）	13.6（26）	6.3（12）	4.2（8）
2015	22.0（42）	13.1（25）	6.3（12）	4.2（8）
2016	20.3（39）	13.0（25）	4.7（9）	4.7（9）
2017	20.3（39）	13.0（25）	4.7（9）	4.7（9）
2018	19.8	13.0	4.7	4.7
2019	19.8	13.0	4.2	4.7
2020	19.8（38）	13.0（25）	4.2（8）	4.7（9）

注：括号内为具体经济体数。

① 麦金农. 失宠的美元本位制：从布雷顿森林体系到中国崛起［M］. 李远芳，卢瑾，陈思翀，译. 北京：中国金融出版社，2013：1.

在以美元为货币名义锚的经济体中，有许多小型经济体，比如巴拿马、马绍尔群岛、多米尼加等。但也有一些具有影响力的经济体，比如沙特阿拉伯、阿联酋等石油输出国组织成员。这些具有非常重要地位的石油生产国如果改变美元锚，可能会产生涟漪效应。一是石油计价货币可能会改变；二是其持有的外汇储备资产币种结构改变影响对美债资产的兴趣，像沙特阿拉伯和阿联酋都是主要的美债外国持有者，手里就有大量美债；三是对其他产油国产生示范效应；四是引致石油进口国改变外汇储备币种结构。还有像中国香港地区，如果改变货币局制，或者改变港元的美元锚，也会对美债造成影响，中国香港地区是美债的主要国外持有者，同时还是国际金融中心。这些经济体名义美元锚的转变，一方面削弱了美元的国际空间，另一方面可能会强化另一种货币的国际地位。影响这种转换的因素可能有很多，比如美元作为名义锚本身吸引力下降（美元价值波动、国内财政赤字和贸易赤字等因素），另一方面可能源于地缘政治变化。这有多种来源，美国反欧佩克法案必然恶化美国与中东产油国之间的关系；美国使用美元武器干涉他国内政，引发与美元锚的脱钩。虽然名义美元锚经济体集体行动存在困难，但是单个行动也具有意义，尤其是具有重要节点意义的经济体，他们构成了关键行动者。实际上，石油输出国考虑转换美元锚从经济角度看也是有利的，因为锚定美元并不能隔离贸易条件变化对中东产油国的冲击①；从非石油产出部门经济增长来看，对海湾产油国来说，转向钉住包括欧元在内的一篮子货币要优于单一钉住美元②。

“事实上”的美元锚转变也具有重大意义，尤其是大型经济体的转变，中国可能成为一个关键行动者。从 2005 年 7 月开始的人民币汇改实质就是退出“美元锚”，只是采取了渐进的步骤，首先是改变美元单一“锚”，从“单一盯住美元”逐渐过渡到“参考一篮子货币”，多元化人民币汇率的参考货币篮子构成，在实践中逐渐稀释美元在货币篮子的权重③；其次是逐渐放宽人民币兑美元的日间波动幅度限制，目前，已经从 0.3%扩大到 2%，其目的是通过放松央行入市干预的条件降低对美元外汇储备的影响，提高美国进行货币操控的成本；最后是引导市场真正改变对人民币“锚”的认识，减轻因市场对美国

---

① RAFIQ M S. Sources of economic fluctuations in oil-exporting economies: implications for choice of exchange rate regimes [J]. International Journal of Finance & Economics, 2011, 16 (1): 70-91.

② LOUIS R J, OSMAN M, BALLI F. Is the US Dollar a suitable anchor for the newly proposed GCC currency? [J]. The World Economy, 2010 (33): 1898-1922.

③ 关于人民币的参考货币篮子组成，中国人民银行行长周小川在 2005 年 8 月“中国人民银行上海总部揭牌仪式上的讲话”中有所提及，根据其讲话内容，美元、欧元、日元和韩元是主要的篮子货币，此外还包括新加坡元、马来西亚林吉特、俄罗斯卢布、澳元、加元和泰铢等货币。

货币操控的盲从造成操控损失的扩大。虽然人民币汇改取得了一定成效，根据IMF2021年度AREAER报告，中国被列入其他管理汇率制度中，但是鉴于人民币兑美元汇率波动的幅度较小，仍被一些学者列为“事实的”钉住美元①。但人民币国际化要想走得更远，必须要摆脱美元锚，如果人民币依然是单一盯住美元，那么其他国家没有必要以人民币为锚。正如张五常所说：“与美元挂钩，形象上人民币是寄人篱下，其普及性就要打个大折扣”②。

金德尔伯格曾经说过：“一个国家的汇率远不止一个数字那么简单，汇率标志着一个国家对于世界的重要性，是一种国际地位的象征”③。汇率对货币管理者如此重要，使货币操控具有了很高的价值。根据科什纳的国际货币权力理论，在固定汇率制度下，关键货币发行国更容易通过挑战目标国持续兑换能力和信心对目标国实施劫掠型货币操控，或者威胁进行强制性的停止兑换，以此带来的是目标国外汇储备水平的急剧变动以及由此引发的其他威胁④。因此，中国以美元为“锚”为美国对中国实施劫掠型货币操控提供了路径。正如张宇燕所说，“中国的崛起让美国各界感到忧虑，美国希望利用某种武器对中国形成某种行之有效的打击，而人民币汇率问题正好是这样一种武器”⑤。因此，退出美元锚，推进人民币国际化，对中国来说具有重要意义。

中国退出美元锚具有重要的外溢效应。以美元为锚，加上贸易顺差，使中国积累了大量的外汇储备资产，使中国成为美债海外最大的持有者之一，长期位列第二位。截至2021年10月底，中国共持有1.065 4万亿元美国国债，占所有海外持有量的近14%。可以说，中国本身就是美元本位制的关键支持者之一，尤其是在东亚地区。人民币国际化推动中国放弃锚定美元，中国必然调整外汇储备币种结构，美元资产会被大幅度抛售。中国持有的体量如此之大，不可能不对美债产生冲击。当然，急剧抛售肯定也会对中国自身带来负面影响。作为关键行动者，中国自身的主动行为将为其他国家树立一个榜样，会引起其他国家的效仿，当市场出现共振时，这种行为对美国的冲击将是巨大的。我国去美元化的行为，一方面弱化美元的网络，另一方面又可以增强人民币的国际使用网络。人民币国际化的不断成熟，也给其他国家或地区提供了一个替代选

---

① ILZETZKI E, REINHART C M, ROGOFF K S. Exchange arrangements entering the twenty-first century: which anchor will hold? [J]. The Quarterly Journal of Economics, 2019, 134.

② 张五常. 货币战略论 [M]. 北京: 中信出版社, 2010: 157.

③ 科什纳. 货币与强制 [M]. 李巍, 译. 上海: 上海人民出版社, 2013: 10.

④ 科什纳. 货币与强制 [M]. 李巍, 译. 上海: 上海人民出版社, 2013: 54-55.

⑤ 张宇燕. 国际经济政治学 [M]. 上海: 上海人民出版社, 2008: 250.

择，在与中国进行的贸易中，人民币将成为主要计价结算货币，促使这些国家或地区从锚定美元转换成锚定人民币。

11.3.3 不对称联盟下的盟友

美国盟友是稳定美元国际地位的关键行动者，各个盟友以不同的形式体现着对美元的支持。

德国在20世纪六七十年代美元危机时，曾经是美元体系的关键行动者，在法国和其他几个国家大规模将美元兑换成黄金时，德国公开声明不会跟随，这在一定程度上减缓了美国黄金的流失，对美元体系的崩溃起到了延缓作用。很难想象，如果拥有更强经济实力的德国也像法国一样行事，会对美元造成多大的打击，毕竟从经济角度看，德国要强于法国。德国没有落井下石是由于美国利用了不对称联盟赋予的安全保护者权力，与此相似的还有布雷顿森林体系崩溃后沙特阿拉伯的角色。在美元与黄金脱钩，失去了黄金背书之后，石油这种战略资源替代了黄金，美元的中心地位不是由石油定价决定的，但无疑20世纪七八十年代石油美元的形成对在后布雷顿森林体系中美元的关键货币地位的支持是巨大的。沙特阿拉伯在20世纪70年代可以说是一个关键行动者，沙特阿拉伯的行动会引发其他国家的跟随。“石油美元”不但在美元由盛转衰的关键时刻起到了巨大作用，而且其影响一直持续到现在。在20世纪六七十年代国际货币体系动荡之时，德国与沙特阿拉伯都起到了非常关键的作用。

另外一种方式是以政府投资模式支持美元的海外需求。购买美国国债是外汇储备最主要的去向，美元作为国际货币的经济因素之一是拥有一个高流动性、规模庞大的资本市场，为其他持有美元外汇储备的国家或地区提供了可投资的资产池，这也是美国相对于其他国家或地区的优势。但是从纯经济角度看，美债收益率相当低，2008年金融危机爆发后美联储大规模量化宽松，美元贬值可能造成美债的投资收益为负。因此，从纯投资视角看，除了流动性外，美债并不是一个理想目标。除了没有可以与美债相媲美的资本市场替代以外，地缘政治关系可能也是非常重要的因素。日本是美国所有盟友中持有美债数量最多的国家，也是美债最大的海外持有者，2021年10月，日本的美债金额超过1.3万亿美元，在主要海外持有者中占比超过17%。日元是主要的国际货币之一，按说日本不应该持有如此多的美债，但日本在军事上严重依赖美国。与日本相似的还有英国、德国、法国，甚至加拿大和澳大利亚，这几个都在IMF公布的单列国际储备货币发行国名单中，无一例外，都是美债重要的海外持有者，同时也都是美国重要的盟友。使用美国财政部2021年10月公布的主要美债海外者数据，以及斯德哥尔摩国际和平研究所武器进口数据库，去掉中立国、非美国盟友或者伙伴国，采用归一法对数据进行处理以体现变量间的差距，得到对美武器进口依赖度与美债持有率之间的关系图（见图11.1）。由图11.1可知，二者之间存在一定关系，对美武器依赖可以在一定程度上说明盟友持有美债的意愿。实际上，北约中19个成员持有美债数量占比为33.7%，如果再加上日本、韩国、澳大利亚等传统盟友，比例将提高到53.3%，将沙特阿拉伯、阿联酋、科威特、伊拉克等中东产油国和以色列纳入的话，比例将上升到57.8%。也就是说，与美国有正式盟友关系或者处在美国军事安全保护下和准盟友关系的国家持有美国海外美债的一半以上，实际上，这个数字可能接近60%。因此，美国盟友作为一个整体是世界美元本位制度的关键支柱之一。

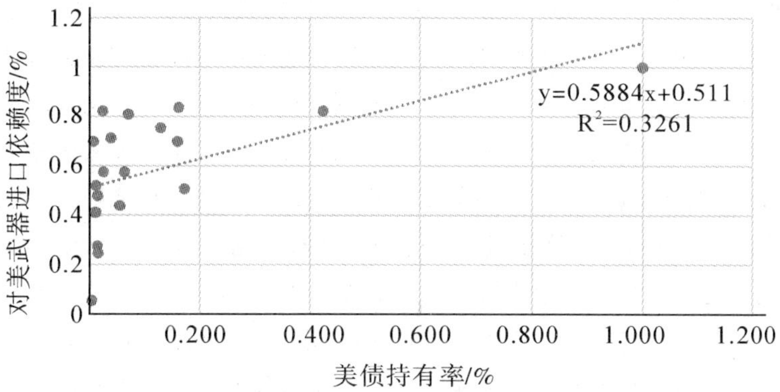

图11.1 美债持有与对美武器依赖关系

美国与盟友关系的好坏可能会成为美元国际地位变迁的重要推动力量。美国前总统特朗普的外交风格被赵晨（2020）称为“蛮权力”，特朗普对盟友“蛮权力”的运用，致使欧美关系跌入二战后的最低点①。欧盟的反应则是战略自主意识提高。特朗普政府不但对欧盟盟友使用“蛮权力”，而且对其他诸如日本、韩国、沙特阿拉伯等也运用“蛮权力”，来实现美国优先的目标。比如，特朗普政府曾不止一次公开批评OPEC人为操控油价走高，美国国会也在研究《反石油生产和出口卡特尔法案》，将OPEC界定为非法的卡特尔组织。可以想象，一旦该法案正式通过和实施，必然恶化美国与中东国家的关系，尤

① 赵晨. 特朗普的“蛮权力”外交与美欧关系［J］. 世界经济与政治，2020（11）：71-88，158.

其是与沙特阿拉伯之间的关系，从而沙特阿拉伯等 OPEC 成员可能做出减少购买美债的反应，甚至引发其他连锁效应。当然，不管是欧盟的战略自主，还是其他盟友的替代选择，都面临着极大困难，这将是一个长期任务。

11.4 国际货币制度变迁条件与成本

在缺少可替代货币时，市场与政府因面临的选项有限而无法作出选择，货币惯性的形成也就不难理解了。二战后，市场以及政府并没有其他选择，只有美国有能力提供国际经济交易的支付手段，只有美国规模巨大的金融市场可以为世界提供价值储藏手段，对美元的依赖自而然就形成了。20 世纪 70 年代后，市场面临的选择开始多起来，德国马克、日元、欧元等逐渐被市场接受，但最终都没有（至少到现在为止）成为美元的真正对手，以美元为中心的国际货币制度并没有发生根本性的改变。制度变迁并不是在出现收益激励时就会出现的，制度生效需要一系列的内部与外部条件的支持，这种支持既有可能是技术型的，也有可能是经济型的，同时，又因为经济主体的多元化和各自不同的利益取向和价值偏好，以及旧制度下所造就的稳定型分配格局与权利格局会影响到人们对未来制度安排的潜在选择①。现有的国际货币选择是在现有的制度规则约束之下的微观市场主体和政府利益最大化的选择，这种现有制度规则包括货币可兑换性的规定、资本流出流入的规定、结售汇的规定以及出口退税的规定等，我国不断修改和完善相关法律、法规等基础性制度或者说提供制度环境相当于为微观主体扩大选择集提供了可能。

制度变迁是有成本的，新制度经济学认为这种成本包括规划设计组织实施的费用、清除旧制度的费用、清除旧制度变迁阻力的费用、制度变迁造成的损失以及随机成本。在货币转换过程中，无论是市场主体还是政府部门转变过去的选择，都会面对转换成本。市场主体要学习与新货币计价、支付、投资等有关的法律知识，中介（如银行）要建立相应的新的结算支付体系，在形成足够大的网络之前，这种组织实施成本投入会相对较大。官方机构进行货币锚的调整、外汇储备资产的调整也会产生相关的风险和成本。这种组织实施成本在面对强大的旧制度时可能会更高。因为国际货币地位可以给发行国带来铸币税

① 汪洪涛. 制度经济学：制度及制度变迁性质解释［M］. 上海：复旦大学出版社，2009：67.

收益、货币权力等，货币的国际地位变迁造成的利益调整和重新分配必然会改变原有分配格局，受损者（或潜在受损者）会反对新制度的实施，从而构成制度变迁的阻力。2010 年 IMF 的份额调整改革在 2016 年才被美国批准，美国极力阻挠其传统盟友加入我国组建的亚洲基础设施投资银行，这是在位国际货币对新制度的一种阻碍。消除这种阻力需要一定的代价，基于政治或军事关系可以使用强制手段（例如，美国利用与德国之间的安全关系迫使德国支持美元），基于经济利益关系的“引诱”需要对利益受损者给予一定的补偿，这种费用构成了制度供给成本的一部分。在货币的国际地位变迁中，新旧规则衔接可能会带来效率的损失，同时由于过程的不确定性带来的偶然事件会增大制度变迁的风险，这种风险不但会反映到经济金融层面，也会出现在政治层面。事实证明，石油成为 OPEC 国家（尤其是沙特阿拉伯）制约以美国为首的西方国家政治立场和对外政策的强大杠杆。如果 OPEC 成员将石油去美元化，无疑会丧失一个与美国谈判的有力工具。

诺斯认为由连续的边际调整导致的逐渐的制度变迁是社会和经济体演化的主要方式[①]。对现有国际货币体系的调整不可能是剧烈的，一方面是因为美国现在仍是世界上最为强大的国家，没有其他替代性货币具有完全压到美元的优势，对美元 100%的替代货币还没有出现；另一方面，现有体系下既得利益者缺乏足够的变迁动力，尤其是美国盟友受制于美国的安全保护，束手束脚，无法自主行动。对世界美元本位的边际调整可以减轻来自在位货币的阻力，以及对整个国际货币体系造成的巨大冲击影响到其他经济体利益，进而对其他经济体新货币国际使用的积极性造成负面影响。边际调整的方向则是由参与者的谈判力量决定的，随着美国力量的衰弱和其他经济体力量的增强，尤其是美国盟友战略自主能力的提高，渐进性制度变迁必将倾向于力量增强的一方。

① 诺斯. 制度、制度变迁与经济绩效［M］. 杭行，译. 上海：上海人民出版社，2008：10.

12 后美国时代世界货币格局的重构

美国作为当今世界唯一的超级大国，无论是经济、军事还是科技都具有绝对的优势，美国的破坏力量如此之大，对其进行制衡极为困难，甚至是一件不可能完成的任务。平衡美国是维护体系正常运转的关键。更糟的前景可能是其他国家或国际机构要为一个没有美国的场景做好准备，任务虽然是艰巨且长期的，但却是必要的。

IMF 2020 年的一篇评论认为："当前，没有迹象表明各国央行储备货币的构成出现了重大变化。但我们不应认为，近几十年来如同冰川移动般的缓慢变化就能代表未来的走向。正如缓慢移动的冰川有时会出人意料地汹涌向前，外汇储备的币种构成也可能出现突然、意想不到且加速的变化。"那些看似偶然的突发事件的累积结果产生的力量可能就如同南美洲热带雨林中的那只蝴蝶。

12.1 特朗普主义：遗产还是遗毒

二战后的联盟体系是"美国治下和平"的关键，是美国为霸主国的霸权体系的支柱。按照霸权稳定论的观点，霸权体系中霸权国的衰弱是必然的，但是联盟体系对延续衰弱过程、持续维护霸主国地位具有重要作用，就像是一个"衰减延缓器"。美国的超级地位是二战后建立的，在短短 30 年后就开始走上了下坡路，但时至今日美国地位的衰减过程仍在进行中，相对来说，美国仍是综合国力最强大的国家。究其原因可能是多方面的，但不可否认盟友在关键时刻的支持是美国可以不断度过危机的原因之一。如果在 20 世纪 60 年代末 70 年代初，德国等盟友追随法国戴高乐总统"把黄金运回家"，恐怕崩溃的不仅仅是布雷顿森林体系。同样，美国总统尼克松关闭"黄金窗口"并没有给美国带来打击，是因为沙特阿拉伯等中东产油国将石油与美元挂钩，这一举动不但恢复了世界对美元的需求而且创造了更大的需求，石油美元回流美国反过来维持了美国财政赤字规模。

传统观点认为，新兴经济大国会以激进的方式改变国际经济政治体系以使其反映变化之后的格局，霸权国则会竭尽全力维护自己早期建立的霸权体系，从而使世界陷入修昔底德陷阱。但现实是，在新霸主真正崛起之前，作为霸主的美国要打破甚至颠覆自己建立的自由秩序，相反，被美国视为战略竞争对手的中国以及美国的盟友如欧盟日本等却竭力维护现在的自由经济秩序。冲突的双方现在表现为“美国 VS 世界剩余的国家”。表面上这与传统认识不符，实际上也许美国的精英们完全领会了霸权稳定论的精髓：既然霸权衰弱是必然的，那么在真正的新霸权出现之前或崭露头角的时候，美国可以利用现存的霸主优势重新创造一个利己的秩序。美国之所以放弃先前建立的自由秩序，是因为这个秩序已经无法继续为美国进行利益输送，当自己建立的体系不能继续向自己输送利益，反而会孕育出自己的替代者时，体系建立者就没有意愿再维持该体系，那么凭借自己的实力再造一个体系将是继续维持霸权的选择之一。特朗普的“吃亏论”与“退群”正说明了这一点，特朗普政府毫不掩饰地要颠覆现有体系，再造一个对自己有利的体系，逼迫墨西哥和加拿大就北美自由贸易协议进行重签，重新签订美韩自由贸易协定以及美日自由贸易协定，声称 WTO 对美不公，不改革就退出，这些都是其利用现有的实力再造利己体系的明证。

霸权的衰落是必然的，关键是霸权以什么方式衰弱以及新旧秩序是否可以平稳过渡，前者决定了后者。根据修昔底德陷阱学说，新旧霸权的更迭将不可避免地以战争方式进行，英美霸权的更迭提供了另一种可能：旧霸主对新霸主的容忍可以使更替以相对和平的方式进行。特朗普政府挑起“大国战略竞争”的行为表明第二个选项不在美国考虑范围之内，即使被认为是美国长期最大威胁的中国现在距离挑战者也还有很长的路，而且中国明确声明没有意愿挑战和替代美国。美国主动“掀桌子”无疑加大了新旧霸主平稳过渡的风险，世界经济政治安全将因美国政府的不断挑衅而变得更加动荡不安。

十几年前美国著名国际关系学者查尔斯·库普乾在《美国时代的终结》一书中对美国退出自由国际主义的现象做了预言：“美国好像正在走向单边主义与孤立主义，二者的结合肯定是一个危险的结合。某一天，美国很可能因傲慢、自行其是的行事方式疏远自己的伙伴。第二天，它可能舍弃陷于危难的伙伴，从它发现难以控制的国际体系中抽身。就在美国需要他人帮助以处理越来越多的挑战的那个时刻，它很可能发现这个世界是一个孤独的所在。”① 不幸的是，特朗普政府已经实现了预言的前半部分，如果美国仍然相信可以凭借强大的军事实力要挟全世界，那么美国正在实现预言的后半部分。

下定决心从全球主义后退的美国会更加关注自身利益，危机管理意愿更加淡化，而霸主国的不作为正是造成20世纪30年代国际金融体系崩溃和大萧条的原因②。当本应该成为世界经济“稳定器”的霸主国变得不遵守规则时，仍相信自由经济秩序的国家将不得不考虑“后美国时代”的世界金融体系的架构。

欧洲可能已经不再相信在特朗普言行的冲击下，大西洋两岸的分歧可以得到弥合，即使特朗普结束任期，欧洲也没有理由认为双方的关系还能回到以前，假装什么事情也没有发生过。欧洲国家可能别无选择，只能寻找美国领导力之外的替代选项，欧洲在意识形态和政治上与中国的分歧使其不可能完全倒向中国，当然俄罗斯也不是欧洲的选项，因此，走向独立自主是欧洲唯一的选项。欧洲要保持在未来的国际政治经济上的影响力，联合以及强化联合是唯一的道路。如果在英国脱欧与特朗普冲击下，欧盟无法应对内部危机最终导致解体，各国恢复使用本币，欧元将没有未来。相反，如果欧盟顺利挺过困难期，并以特朗普冲击为机遇加强内部凝聚力，政治和财政上进一步一体化，在安全上逐步走出北约和美国的阴影，那么欧元将获得更为坚实的基础，欧元将获得可以与美元比肩的经济实力、更有力的财政支出和政治支持，用一个声音说话的外交政策也将比以前更有影响力，欧元与美元的竞争将更加丰富有力。也许可以实现“欧元之父”蒙代尔的预言：欧元终于成功挑战美元。

按主流经济学的理论，什么是货币由市场决定，政府无能为力；国际货币是市场自由竞争的结果。但货币产生的历史表明，条条大路通罗马，也许货币产生的原始场景不是从亚里士多德流传下来的那样，仅仅是解决物物交换“双重巧合”的难题，刻在泥板上的楔形文字记录了货币债务系统中政府的主导。现实也表明，主流经济模型抽离背景和政治因素造成与真实世界的一定程度的脱钩。联盟政治体系对除美元之外的其他货币的国际空间的束缚无法由市场解决，相反，市场是在这样一个外部约束下做出的最优化选择，不改变外部约束，市场的选择不会出现结构性变化，除非产生极端情况迫使市场集体改变选择，但2008年金融危机没能真正冲击到美元，说明市场“改弦更张”的困

---

① 库普乾．美国时代的终结［M］．潘忠岐，译．上海：上海人民出版社，2004：66.

② KINDLEBERGER C P. International public goods without international government [J]. American Economy Review, 1986, 76 (1): 1-13.

难。因此，改变外部约束的重任必然落在政府肩上，也只能由政府来承担。

2018 年 9 月 12 日，欧盟执行委员会主席容克在欧洲议会提出年度计划时呼吁欧盟在提升欧元全球地位中发挥更大的积极作用，他说：我们必须更加努力，让我们单一货币在全球环境下扮演完整的角色，欧元必须成为更为完整的新欧洲的门面和工具。这应该是欧盟官方首次公开力挺欧元扩展国际空间，在欧洲的对外贸易中更多地使用欧元而不是美元。容克主张的背景是值得探讨的，特朗普政府主动进行欧美关系的战略调整，降低跨大西洋关系的地位，甚至将欧盟称为“敌人”，这为欧盟摆脱外部约束提供了历史机遇，欧盟所要做的就是引导市场向欧元看齐。政府的积极作用将推动市场的转向。

12.2 新冠疫情：供应链重构与货币重组

2020 年以来，受全球新冠肺炎疫情冲击，货物跨国流通减少，产业链和供应链循环受阻，再加上贸易保护主义的加剧，进一步危及全球产业链供应的稳定性。全球化供应链是货币国际化的载体，供应链重构可能改变货币使用习惯。

新冠肺炎疫情被世界卫生组织定义为“大流行”，全球正经历严重的公共卫生突发事件，疫情防控的“闭关”和经济“停车”使全球化的产业链和供给链面临严峻挑战。产业链的脆弱性使一些国家考虑产业链的安全和本地化问题，逆全球化苗头在疫情下被点燃。美国特朗普政府“美国优先”的经济民族主义火上浇油，二战后全球化积极倡导者和自诩为自由经济国际秩序的创建者和守护者，现在立场严重后退，甚至开始主动破坏经济全球化。美国当局滥用“国家安全”的莫须有借口，对中国企业恶意打压，恣意违反国际法进行“长臂管辖”，主张并践行与中国经济“脱钩”，企图拉拢欧日组建“共同价值观供给链”联盟，将产业链和供给链强贴意识形态标签。美国对中国挑起地缘政治竞争以及由此引发的对多边主义的侵害，可能会加快货币区的重组。

美国现政府将中国定义为战略竞争对手，甚至是主要威胁，白宫不断破坏中美关系，试图拉拢其他国家组建遏制中国的反华联盟。在印太战略之外，美国又拉拢印度、澳大利亚和日本组成所谓的“四国联盟”，企图组建“亚洲版北约”。美国前国务卿蓬佩奥在世界各地四处窜访，以欺骗、胁迫方式煽动其他国家对抗中国，利用美国在安全领域的优势威胁欧洲盟友国家弃用中国网络设备，在科技领域构建一个“去中国化”的产业链联盟体系，这极易引发地缘政治冲突。美国将联盟关系视为对抗中国的一种工具，盟友基于自身安全利益与对美国的价值观追随，地缘政治考虑被置于首位，人民币在国际货币竞争中处于劣势。加拿大、英国和澳大利亚在发展与中国的双边关系中唯美国马首是瞻就是现实的案例。澳大利亚驻美大使西诺迪诺斯甚至明确宣称："澳大利亚已经准备好承担抵抗中国的经济代价。"澳大利亚在国防安全方面对美国的极度依赖成为其最高政治。人民币国际化也被看成我国对外施加影响力、扩展势力的工具，如果人民币威胁到美元的世界货币地位，地缘政治将超过经济利益，成为影响人民币国际化的重要因素。影响的大小将取决于其他国家对美国的安全依赖程度以及中美关系的严峻程度。

"脱钩"对美元也是一把双刃剑，中国是美元在东亚的重要支持者，美国执意与中国脱钩，弱化中国持有美元资产的意愿，减持美债是应有之意。

面对世界形势的变化，我国提出"双循环"战略，这种战略对人民币国际化将产生重要影响。

首先，打造坚实的内需体系，为人民币国际化铸造更为牢固的基石。习近平总书记指出，把满足国内需求作为发展的出发点和落脚点，加快构建完整的内需体系。从发展的视角看，决定一国经济增长的长期动力肯定源于经济体内部而不是外部，我国经济增长的动力从"出口导向"的外需拉动转换到内生的"内需"拉动带有必然性。数据也显示，外需对我国经济增长的贡献已经大大弱化。2007 年我国 GDP 的净出口占比一度达到 8.9%，2018 年降为 2.6%。充分发掘内需增长潜力，短期来看，是对不确定性外界环境的应对；长期看，是使我国经济循更为健康、安全的路径，是实现持续平稳增长的战略举措。这会从以下两个方面提高人民币国际竞争力：一方面，经济实力是货币价值基础，强大的经济实力可以对市场产生吸引力，增强市场持有人民币的信心；另一方面，国内市场的巨大吸引力将强化人民币计价货币功能。伴随我国迈入中等收入国家行列，中等收入群体规模的不断扩大将使国内市场更具吸引力。根据国际货币选择理论，目的地市场规模大小在贸易双方决定计价货币选择方面具有较大的权重，我国国内市场的规模经济使人民币计价更具竞争力。我国连续 11 年成为全球第二大进口市场，进口额占世界进口总额的 10%以上。正如克鲁格曼（1984）所说：在世界市场中具有重要地位的国家货币比小国货币更适合作为国际货币的候选者①。此消彼长，美国限制对我国的进口，无

① KRUGMAN P R. The international role of the Dollar: theory and prospect [J]. Nber Chapters, 1984, 73 (2): 309-327.

疑降低了美国市场的吸引力，弱化了美国企业讨价还价能力，必然会减弱我国企业选择美元计价的意愿。

其次，我国主动扩大进口和向世界开放市场，外循环为人民币国际化提供国际平台。我国至今已经举办三届国际进口博览会，开创了历史先河。我国政府高举开放大旗，维护多边贸易体系，为其他国家提供了坚持多边主义、共同发展的中国理念，也为其他国家参与到以中国为中心的产业链和供应链提供了信心。我国是全世界唯一拥有联合国产业分类中全部工业门类的国家，我国不仅要巩固制造中心、供应链中心的地位，还要逐步成为创新与创造中心，超大规模市场优势是我国发展国内价值链的根本驱动力。高科技领域的产业链重塑反映了中美之间竞争力的转移，按历史经验，科技中心的转移意味着经济领头羊的更换（从英国到美国），经济实力地位的更替意味着货币地位的变迁。中国科技实力的提高有助于提高国内企业的竞争力，从而在对外经济交往中提升讨价还价能力和计价结算货币选择能力。

以中国为中心的产业链和供应链，必然提升人民币区的形成动力，这是对美元的一种打击。新冠疫情不但可能加速重塑产业链，而且基于安全需求促使社会向无接触的数字社会转型，人们使用数字货币/电子支付的驱动力将得到增强。

12.3 央行数字货币：新的货币竞争赛道

技术、货币和支付系统从人类文明早期开始就一直相互交织在一起，但最近技术改变货币和支付系统的程度和速度前所未有。数字货币完美体现了三者的融合，必将对全球货币竞争格局产生深远影响。

数字货币可能是 Bitcoin 和 Libra 等加密货币或稳定币，也可能是一国或地区货币当局发行的中央银行数字货币（CBDC），鉴于货币的主权性质，短期内 CBDC 将会是各国数字货币竞争的主体。BIS 在 2020 年进行了一项调查，在 66 个调查对象中（21 个发达经济体和 45 个新兴经济体），有 80%的货币当局已经进行了 CBDC 发行相关的工作，40%的货币当局已经在进行 CBDC 的相关项目的实验或者概念验证工作，调查范围涵盖了 75%的世界人口和 90%的经济产出，具有相当的代表性。截止到 2021 年 10 月的数据表明，在具体项目上，有 61 个经济体涉及零售 CBDC，23 个经济体涉及批发 CBDC 项目。在央行数字货币研发中，不同国家的节奏存在明显差异。有些小型经济体走在了央行数字货币的前列，比如巴哈马群岛（2020 年 10 月）、立陶宛（2020 年 7 月）、埃及（2021 年 4 月）、尼日利亚（2021 年 10 月）、柬埔寨（2020 年 10 月）等都已经发行了本国的央行数字货币；有一些国家包括韩国、日本、加拿大等国还处于概念原型验证和研究阶段；有一些国家（如牙买加等）进入了央行数字货币试点阶段。

在 IMF 官方外汇储备货币构成报告（COFER）的八种单列币种中（美元、欧元、日元、英镑、人民币、澳元、加元和瑞士法郎），央行数字货币研发进度不一（见表 12.1）。中国人民银行早在 2014 年就成立了法定数字货币专门研究小组，到 2016 年正式成立数字货币研究所，基本完成了概念验证和理论探索，以及法定数字货币第一代原型系统搭建。2017 年年底，中国人民银行开始进行数字人民币研发，2019 年年底启动试点，至 2020 年 11 月形成了“10+1”试点格局，2022 年 1 月上线数字人民币 App（试点）。BIS 认为在全球所有的 CBDC 项目中，中国人民银行的数字货币项目都是处于最先进阶段。数字人民币（DC/EP）是全球第一个由大型经济体发行的主权数字货币，在数字金融发展史上，具有里程碑意义。

表 12.1 主要储备货币发行经济体的 CBDC 研发情况

主体	时间	事件	阶段
中国	2020 年 4 月	在全国范围内“10+1”个城市开展多轮封闭试点测试，香港地区进行 e-CNY 跨境使用测试	试点（polit）
	2020 年 10 月	中国人民银行发布《中国人民银行法（修正草案征求意见稿）》，规定人民币包括实物形式和数字形式，为发行数字货币提供法律依据	
	2020 年 11 月	《中共中央关于制定国民经济和社会发展第十四个五年规划和二〇三五年远景目标建议》提出“稳妥推进数字货币研发”，对数字货币进行中长期顶层规划	
	2021 年 2 月	中国人民银行数字货币研究所、香港金融管理局、泰国中央银行及阿拉伯联合酋长国中央银行宣布联合发起多边央行数字货币桥研究项目（m-CBDC Bridge）	
	2021 年 7 月	中国人民银行发布《中国数字人民币的研发进展白皮书》，明确数字人民币的定位、运营方式等	
	2022 年 1 月	数字人民币（试点版）App 上架，面向个人用户开展试点的官方服务平台，推广应用进入规模化阶段。	

表12.1(续)

主体	时间	事件	阶段
美国	2020 年 5 月	Digital Dollar Project（测试项目）	调研（research）
	2020 年 8 月	美联储理事会强调了整个联邦储备系统正在进行的其他研究和政策制定项目，并专注于探索 CBDC	
	2020 年 8 月	Project Hamilton 启动，波士顿联储与麻省理工学院（测试项目）	
	2022 年 1 月	美联储发布《货币与支付：数字转型时代的美元》讨论文件	
日本	2020 年 2 月	日本财务省、金融厅（FSA）和日本央行，举行了关于中央银行数字货币（CBDC）的研究会议，讨论数字货币的前景以及与之相关的经济影响	调研（research）
	2021 年 3 月	日本央行宣布成立“央行数字货币联络协调委员会”，以配合 CBDC 阶段测试，进行意见征询	
	2021 年 4 月	开启数字货币第一阶段测试，预计 2022 年 3 月结束	
	2021 年 6 月	数字货币相关信息技术标准化	
欧盟	2020 年 10 月	欧洲央行发布有关《数字欧元报告》	调研（research）
	2020 年 10 月	欧洲央行启动针对数字欧元的公共咨询	
	2021 年 4 月	ECB 发布数字欧元公共咨询结构报告	
	2021 年 7 月	数字欧元项目获准进入调查阶段，持续 24 个月	
英国	2016 年 3 月	RSCoin 项目	调研（research）
	2021 年 4 月	财政部与央行成立专项小组，推动 CBDC 研究	
	2021 年 9 月	英格兰银行宣布了 CBDC 参与和技术论坛成员名单，寻求银行专家和金融科技专家对英国 CBDC 研发的协助	
	2021 年 11 月	英格兰银行与财政部声明：2022 年启动一项 CBDC 咨询	
加拿大	2016 年 3 月	Project Jasper 项目	开发（development）
	2020 年 2 月	央行数字货币应急计划	
澳大利亚	2020 年 11 月	启动 CBDC（批发型）研究项目 Project Atom	调研（research）
	2021 年 9 月	参加多主体的 MULTI-CBDC 项目 Project Dunbar	
瑞士	2020 年 12 月	Helvetia 项目（w-CBDC）完成	调研（research）
	2021 年 12 月	“Jura”的 wCBDC 跨境结算完成	

注：CBDC 的发展阶段划分是根据 Harvard Kennedy School 的 CBDC Tracker。

相对于中国，其他储备货币发行国的央行数字货币推进工作都较为缓慢，明显落后于数字人民币。2020 年 10 月，欧洲央行公布《数字欧元研究报告》，2021 年 7 月 14 日才宣布正式启动数字欧元项目，并进行为期 2 年的调查研究，在调查研究结果上才决定是否发行数字欧元。英国对数字货币的关注较早，2016年就有了央行数字货币项目RSCoin，2021年4月，英格兰银行和英国财政部联合创建了央行数字货币工作组，11月双方就下一步CBDC行动计划发表了共同声明，将在2022年发起一项咨询，作为研究与探索的一部分，基于咨询结果开展CBDC研发，最早也需要到2025年后才能发行CBDC。英国也通过其他方式加强对CBDC的研究（比如成立CBDC参与和技术论坛），但目前英格兰银行仍没有决定是否发行数字货币。日本央行对数字日元的探索开始于2020年，当年10月发布了《日本央行的数字货币之路》报告，但没有明确发行计划。2021年4月，日本银行启动功能性概念验证，为期1年，计划于2022年3月测试结束。明确表示目前没有发行CBDC计划的还有加拿大，但正在为可能发行的数字货币做准备，2020年2月25日，加拿大银行发布了央行数字货币的应急计划。从更广泛的意义上看，加拿大央行早在2016年3月就发起了Project Jasper项目，是世界上第一个由央行与私人部门共同参与的分布式账本技术（DLT）实验。澳大利亚储备银行在2020年11月2日正式启动CBDC（批发型）研究项目Project Atom，进行DLT概念验证，同时在2021年9月参加了多国央行与BIS创新中心的联合项目Project Dunbar。瑞士央行（瑞士国家银行）在2021年底已经成功完成了多边的w-CBDC项目（Project Helvetia和Project Jura）测试。

相对于其他国家官方的行动，美联储在推动数字美元方面显得落后很多，根据2021年普华永道发布的全球CBDC指数报告，美国排名第18位。在CBDC上，美联储一直持谨慎态度，美联储官员自2017年以来在各种场合的表态中都秉承“谨慎”立场。自新冠肺炎疫情之后，美国态度虽略有改变，鲍威尔改口称数字美元是“高度优先”事项，但其行动仍是“缓慢”。“数字美元”建议一度写入2020年美国救助COVID-19立法草案中，但最终被删除。对于是否发行CBDC，2022年1月美联储发布讨论文件《货币与支付：数字转型时代的美元》，声称推出CBDC将代表美国货币的一个极大创新，有助于确保美元在国际金融体系的主导货币地位，但仍没有明确是否发行数字美元的结论。与联邦层级不同，美国地方和非官方积极得多。波士顿联储与麻省理工学院启动了Project Hamilton，数字美元基金会（Digital Dollar Foundation）联合埃森哲（Accenture）共同打造“数字美元项目”（Digital Dollar Project），并在2020年5月发布了首份白皮书。总体上看，美国对支付的关注高于CBDC本身，官方对CBDC基本处于理论研究阶段。

美国在 CBDC 发展上的落后是否会影响美元在国际上的地位呢？担心是有的，但短期内影响有限。Bertaut 等（2021）认为包括私人和主权数字货币在内的支付领域的变革会对美元的主导地位带来危险，数字货币可能减少对美元的依赖、改变消费者与投资者偏好，再加上新型产品的出现，会改变收益—成本平衡，以在某个边际上足够克服美元所依赖的惯性；但是仅仅是技术本身可能不足以完全抵消维持美元地位的长期因素。艾肯格林（2021）也认为 CBDC 难以撼动美元地位，自 20 世纪 70 年代尼克松冲击后，美元意外地持续作为跨境交易的工具将会继续以意外的形式存在①。数字人民币的快速发展给美国带来了压力，在数字美元缺位时，数字人民币一旦最终离岸使用，将会损害美元在国际贸易中的主导地位，以至于威胁美元从全国储备货币角色中获得的利益，同时可能形成在美元系统之外、脱离美国控制的货币与支付体系，从而在中美之间形成一个数字鸿沟。如果美国不行动，可能会侵蚀美国的战略影响力，中国数字支付技术的领先可能使其他国家偏向中国，没有数字美元可能使美国丧失阻止中国数字货币技术扩散的工具。在一个高度数字化的世界中，数字化资产需要一个与之相匹配的数字货币衡量价值。美元要在这样一个“数字”化世界中继续保持世界主要储备货币角色，就不能仍停留在“模拟”状态，美元也必须得数字化，才能继续衡量数字代币化事物的价值，行使国际货币职能。

Greenwald（2019）认为对数字人民币影响美元国际地位的担心是多余的，将支付技术置于支付货币本质之前是本末倒置，只有当中国解决了人民币在国际使用中的问题后，才能谈得上数字人民币的国际使用问题，至少短期内，数字人民币不能对美元国际地位产生实质影响。但也有学者担心，数字人民币的领跑、基于人民币跨境支付系统的完善，再加上中国在全球经济中的地位，会对与中国具有贸易关系的国家产生非常大的货币吸引力，为在美元系统之外提供一个替代系统，从而创造一个新的非美元货币区，至少会进一步加深战后国际金融体系的碎片化。

但是，必须看到，从长期角度看，数字货币技术发展为国际货币竞争提供了一条新的赛道，可能会加速改变现有的国际货币竞争格局，对全球货币竞争产生持久的地缘政治影响。

第一，数字货币有助于打破对美元依赖的惯性。规模报酬递增和网络外部

① 艾肯格林. 央行数字货币难撼美元地位［J］. 财新周刊，2021（34）：1.

性为进出口商、国际投资者创造了一种将某一种货币作为共同的记账单位和支付手段的趋势，但是在高技术时代，每个人都可以接触实时的汇率信息和较低的货币兑换成本，降低了原有国际货币的规模报酬和网络外部性。先进的支付结算技术给市场提供了使用更有效的央行数字货币的动力，这将克服美元的网络效应。Clark 和 Mihailov（2019）认为，所谓私人加密“货币”不能满足货币的基本功能，也无法作为外汇储备，但是央行数字货币却可以满足外汇储备所需要具备的条件：可兑换、稳定、在现代全球支付和信用体系中的效率性、央行背书的可信性，具有成为外汇储备的潜力。央行数字货币本身的“数字化”属性将带来强大的网络外部性，进而助推国际储备货币格局转变。

第二，数字货币与基于 CBDC 跨境支付系统的地缘政治意义。一方面跨境 CBDC 可以降低现有的代理行模式，降低跨境支付成本、提高支付效率，降低对中介机构的依赖；另一方面，跨境 CBDC 的应用，可能会改变现有的国际支付体系格局，尤其是突破美国在跨境支付清算领域的主导权①，降低美国美元武器化的杠杆，建立于 1973 年的 SWIFT 不能再继续充当美国国家安全的工具了。从美国角度看，CBDC 有四个方面的地缘政治影响，事关美国国家安全：经济制裁、非法活动、数据隐私和数据安全。2020 年 1 月，哈佛肯尼迪学院 Belfer Center 发布了一份《“数字货币战争”模拟》报告，认为：以人民币为首的国家主权数字货币削弱了美国对国际金融体系的监控和经济制裁效果，使美国无法对外施加经济权力，形成了对美国主导的国际金融体系的挑战，美国应该对数字人民币进行回应，以限制中国数字技术在世界范围的扩散所造成的地缘政治影响。该报告进一步指出，除了削弱美元作为外交政策工具的效果外，数字美元的滞后可能使外国央行不再需要保留美元储备以满足国内市场主体的换汇需求，这将导致对美国国债需求的降低，进而对美国财政政策造成约束，利率上升也将提高美国政府和消费者的融资成本。因此，该报告主张数字化美元不应是一种防御性措施，而是在未来数字化世界中仍具有竞争力的一个先发制人的机会。欧洲央行也将数字欧元被视为支持欧洲经济数字化和欧盟战略自主的工具，以及进一步提升欧元国际地位的手段，并以此强化欧盟经济自主性。

与大型经济体在 CBDC 上的相对落后，一些小型经济体的进展却相当快。

① 刘晓欣. 全球法定数字货币现状、发展趋势及监管政策［J］. 人民论坛，2021（24）：66-70.

厄瓜多尔早在2015年就推出了基于“电子货币系统”的“厄瓜多尔币”，巴哈马群岛在2020年10月全国发行“沙币”，柬埔寨推出了Bakong，尼尔利亚推出了eNaria，东加勒比在2021年4月进行DCash试点，乌克兰、乌拉圭、加纳等在CBDC上的进度都要快于欧美。这些国家推出的本国主权CBDC，尤其是美元化国家或地区本国CBDC的发展，也可能会对现有的美元国际地位带来负面影响。Edwards（2021）对新兴市场经济体采用发达经济体的数字货币（比如可能的数字美元、数字欧元或数字英镑等）可能带来的影响进行了分析，认为这可能导致货币替代效应、突发的货币贬值和铸币税的减少。如果这些新兴经济体发行自己的主权数字货币，会有什么影响呢？尤其是那些美元化国家或地位，甚至直接使用美元交易的经济体，如美元化比较严重的拉丁美洲等，是否会发生主权数字货币对美元的替代呢？这种担心不是多余的，当一种央行数字货币的使用极其便利、交易成本非常低的时候，可能会对并行的另一种（美元）纸币现钞带来挤出效应。一般来说，发行本国CBDC目的不包括对美元的替代，但是所谓“无心插柳柳成荫”，美元化经济体通过发行本国主权数字货币，事实上可能对当地流通的美元形成替代，这不但使本国实现了金融普惠，增加本国的铸币税收入，而且对实现货币主权也具有积极意义。当然，这对美元（美国）来说不是一个好消息。

美联储在央行数字货币方面的行动迟缓，可能在于美国本身所拥有的发达的支付体系和居民支付习惯，相对于其他国家，其支付效率和金融包容性都要高，这与其他国家央行以促进金融普惠为目的发行央行数字货币一致。这就造成金融体系不发达的经济体可能走在金融市场完善的发达经济体之前，后发国家在CBDC研发与应用中具有了“后发优势”。后发优势使其在央行数字货币应用上具有了先行者优势，在用户参与和黏性上可能就有更大的优势，从而获得规模优势。如果这个经济体是一个大型经济体，在国际经济中具有非常大的体量时，先发的央行数字货币可能将有助于获得更多的国际金融话语权。

央行数字货币竞争才刚刚开始，究竟谁会胜出，还未可知。仅靠技术本身还不足以改变国际储备货币体系，其他非技术因素仍是非常重要的，但是“质变”是“量变”的累积。以央行数字货币及以CBDC为基础的跨境支付体系，会成为国际货币金融格局质变的推动力之一。从这个意义上说，就不难理解欧美对数字人民币可能带来的地缘政治影响的担忧了。

12.4 人民币崛起：三足鼎立

从历史角度观察，世界储备中心国家的创造过程是一个创造性毁灭过程①。蒙代尔曾经用行星和恒星的关系来描述这种创造性毁灭过程。“如果我们太阳系里有一颗行星，比如木星不断长大，最终竟然比太阳还大，将会发生什么事？牛顿力学告诉我们什么？如果木星真的变得比太阳还大，它就要取代太阳的位置，其他行星将不再围绕太阳旋转，而是围绕木星旋转。最终太阳也要围绕木星旋转。这恰好是 20 世纪国际货币体系所发生的事。一个国家超越了其他所有大国，国际货币体系格局焕然一新。”② 这种演变在 21 世纪将继续上演。

麦金农（2003）曾说：世界货币金融体系天生非对称性需要一个中心国家和中心货币，美国不过是碰巧被选中的那个国家，而不是因为美国拥有独一无二的金融市场③。2008 年的金融危机使伯格斯腾（2009）认识到美国现在应该缩减美元的国际货币角色，“美国的政策制定者必须认识到这样一个问题，即美元的全球货币主导已经不再是美国的国家利益”，美国应该鼓励其他货币分担美元的国际角色，建立一个“减轻美元中心地位的全球货币体系”，“国际货币体系改革和减轻美元的国际角色都非常有利于美国”，这不但具有经济上的必要性，而且对外交政策和国家安全也是必要的④。

美元的国际储备货币地位在缓慢下降，当然下降的路径不是线性的，整体看，美元的其他世界货币职能也受到一定程度的削弱，但美元至今并没有丧失这些功能，在可预见的将来，仍可能如此。除非发生非常大的突发事件，造成世界范围内对美元的抛弃。美元至今仍行使世界货币职能的一大原因是“因为没有其他令人满意的替代物”出现⑤。金德尔伯格在论述世界金融的未来时，认为“最保险的预测是，将会有一个过渡期，就像世界大战间隙时期那样，过渡期后一个新的大陆或国家就会崛起”⑥。从现有的国际货币竞争结构

---

① 蒙代尔. 蒙代尔经济学文集：第四卷［M］. 向松祚，译. 北京：中国金融出版社，2009：65.

② 蒙代尔. 蒙代尔经济学文集：第六卷［M］. 向松祚，译. 北京：中国金融出版社，2003：129.

③ MCKINNON R I. The Dollar standard and its crisis-prone periphery：new rules for the game［J］. The Singapore Economic Review，2003，48（02）：99-112.

④ BERGSTEN C F. The Dollar and the deficits［J］. Foreign Affairs Report，2009，88（6）：20-38.

⑤ 金德尔伯格. 西欧金融史［M］. 徐子健，译. 北京：中国金融出版社，2007：492.

⑥ 同⑤494.

看，德国马克和法国法郎都已经成为过去时，英镑的辉煌早已不再，日元失去了竞争力，澳元和加元等都不具有与美元竞争的资格。欧元从诞生那天开始就被赋予了挑战者的使命，从1999年至今，20多年的发展证明，虽然存在种种内部缺陷和外部约束，欧元具有与美元竞争的潜力，条件是欧盟要解决好内部的融合问题，以及摆脱对美国的安全依赖，实现真正独立，可以作为与美国对抗的一极存在。作为一个替代选项，如果欧元形成一个更广泛的货币区，不仅限于欧元区，将具有历史意义。“半个国际货币”是欧元现在的挑战者角色写照。

“秩序是资本和商业活动的基本条件，尤其是对吸引国际资本更是如此”①。西方一些国家，因执政党理念的不同，一旦发生更迭上届政府制定的政策就很可能发生变化甚至被推翻，造成政策不具有连续性，影响了市场的预期。2017年美国特朗普政府执政后提出反全球化的“美国优先”口号，不但推翻了前任总统奥巴马的政策，比如退出《巴黎气候协定》以及TPP协定，对更早的政策也要重新修改，比如要重新签订与墨西哥之间的《北美自由贸易协定》，重谈与韩国的自由贸易协定等。不但美国如此，欧洲国家的情况更加复杂。法国2017年的选举充分体现了现在一些西方国家存在的因政党理念不同造成的政治分裂和政策的不可测。欧盟各国国内政治理念的分裂向外扩散到国际关系层面，英国“硬脱欧”可以看作是英国与欧盟在政治理念层面分歧不可调和的反映，而法国“国民联盟”领袖庞勒甚至声称要退出欧元区。曾经欧洲经济的联合和政治上的求同造就了欧元的诞生，但现在甚至未来政治上的分裂可能最终会决定欧元的历史走向。

欧元的真正崛起需要解决战略独立性问题，人民币国际化却没有这样的约束。我国没有处于任何他国的“保护伞”下，完全独立的军事力量是包括欧洲国家在内的其他国际化货币国家无法比拟的，因此不存在受制于美国的安全约束。但同时，人民币国际化与其他货币国际化一样都要与美元争夺国际空间，也不可避免地会侵蚀美国的霸权基础，因此人民币与美元的货币竞争也是中美两国的国家竞争，美国不欢迎马克、日元或欧元的崛起，同样不会为人民币国际化喝彩。正如Cohen（2011）所说：美国将中国视为全球性竞争对手，人民币与美元的竞争不可能不成为美国关注的对象，华盛顿很难接受来自人民币的挑战，必然会动用它认为需要的一切手段追求其政治目标②。美国有遏制

① 郑永年. 国际发展格局中的中国模式［J］. 中国社会科学，2009（5）：20-28，204.

② COHEN B J. Currency and state power［J］. Social Science Electronic Publishing，2011（2）：35-38.

中国的强烈意愿，同时也具有相当的手段和能力，除了经济手段以外，外交甚至军事手段都是选项。盟友体系也为美国遏制中国提供了平台，在避免与中国直接军事对抗的前提下，美国将中国周边的盟友推向前台，或挑拨我国与邻国掀起边界或领土纠纷，企图以此破坏中国正常的经济发展重心，在全面超过美国之前打断我国的崛起之路。周边区域被认为是人民币国际影响力辐射的重点区域，但相较以前我国周边的政治环境却明显恶化了，中国与周边国家的纠纷背后或多或少都有美国的影子，阻止其他国家加入亚洲基础设施投资银行和“萨德”入韩不过是近几年美国“遏制”中国战略的热点事件而已①。虽然我们不认同“修昔底德陷阱”，但这并不仅仅取决于我国的行动，同样取决于美国的行动。2017 年特朗普政府公布了以“美国优先”为指导的《国家安全战略报告》将中国列为最大的战略竞争对手，2018 年 1 月美国的《国防战略报告》更进一步将中美之间的战略竞争列为“首要关注”，声称来自中国的威胁超过恐怖主义，美国不断通过各种途径提高对抗中国的论调，可以预见中美关系不会没有波澜。基于地缘政治考虑，一些周边国家把美国作为对冲中国影响力提升的政治力量，想用美国制约中国影响力的扩张，支持美元的国际地位就是付出的代价之一。

西方对中国的有意识的主观偏见仍可能影响着货币关系。2015 年美国欧亚集团发布全球 10 大风险报告，中国因经济放缓被列为第三大风险，2016 年则以中国可能是全球事件“最重要和最不稳定的推动力”位列第三位，2017 年被升级到第二位，2018 年则被列为首位，原因是中国“喜欢追求权力真空”。2017 年特朗普上台被看成是世界头号风险，无疑是正确的，但 2018 年美国仍是这个世界最大的风险。无论是 2017 年，还是 2018 年，甚至前推，中国都体现了稳定中坚力量的大国责任。美国智库的偏见使其不能客观地看待中国，更展示了其“灯下黑”的特质。

关于资产的安全性，最近美国与英国的行为给世界展示了“灯下黑”的特质。为支持美国在委内瑞拉的反对派代表人，美国不但第一个承认所谓的“临时总统”的“合法性”，而且美国国务院将委政府在美国银行和美联储的资产擅自转移给反对派控制，也就是说美国可以随意处置他国在美国的资产，这次是委内瑞拉，下次会落到谁头上谁也说不准。同样是针对委内瑞拉，英国央行英格兰银行直接扣留了委政府价值 12 亿美元的黄金，美国则敦促英格兰

① 在 2017 年博鳌亚洲论坛上，澳大利亚原外长鲍勃·卡尔透露，美国时任总统奥巴马曾打电话给时任澳大利亚总理阿博特要求澳大利亚不要加入亚投行。

银行将这些黄金交给委反对派。对于这种做法，经济学家理查德·沃尔夫表示：“这是一个信号，告诉所有与美国有或可能有矛盾的国家，它们最好撤出英国，因为这里不再像过去那样安全。”英格兰银行的行为甚至被英国老牌议员乔治·加洛韦比喻为“竖着英国国旗的加勒比海盗”。

中国在世界的崛起将是不可阻挡的历史趋势，经济规模总量在2030年左右会超过美国被认为是一个大概率事件。根据IMF简化单极化指数，美国已经下降到0.6左右，相反，中国已经上升到0.6左右，西欧则下降到了0.4左右。如果世界货币演变的历史规律仍起作用的话，随着中国综合国力的崛起，人民币必然成为国际货币竞争格局的重要一极。美国经济实力相对衰退、保守孤立主义以及与其他国家加剧的地缘竞争，可能迫使一些国家主动或被动弱化对美元的依赖，美元国际空间因而收缩，但鉴于美国与一些盟友之间的非对称安保关系，一些盟友不得不继续支持美元，虽然在经济上是不明智的选择，但美国盟友形成一个“美元区”。欧洲国家在逐渐解决内部经济和政治融合问题之后，美国的退却和欧盟主权意识觉醒以及自我安保能力的提升，可能会强化一个独立的、活动空间更大的“欧元区”。随着中国经济实力和产业竞争力的提升，人类命运共同体的理念不断得到认同，人民币的吸引力不断被强化，最终会形成一个“人民币区”。在金德尔伯格所谓的“过渡期”①，美元、欧元和人民币的三足鼎立应该是可以预见的未来，地缘政治格局的演变无疑会催化三大货币区的形成。

麦金农曾列出“极有可能会触发对美元信心的丧失”的三种情况：美联储的接近于零的低利率政策；“打压中国”导致中国放弃人民币钉住美元；联邦财政赤字的不断扩大②。第一种情况由2008年金融危机触发，自当年12月16日一直到2015年12月16日，美国联邦基金利率区间为0~0.25%；之后，最高回调到2.25%~2.50%，新冠疫情暴发后，又下调，2020年3月22日至2022年2月5日，又降至0~0.25%。第二种情况则由特朗普政府对中国发动贸易战，并将中国视为战略竞争对手触发。第三种情况几乎与2008年金融危机同步，美国联邦政府债务GDP占比从60%左右，到2021年已经增长一倍多，达到130%。任何单一事件可能都不能足以完全颠覆美元的霸权地位，但是，每个单一事件都从一定程度上侵蚀着美元的霸权基础。联盟体系的崩溃如

---

① “过渡期”是指没有一个货币取得绝对主导地位的时期，就像两次世界大战期间的英镑和美元平分秋色的时期。

② 麦金农. 失宠的美元本位制：从布雷顿森林体系到中国崛起［M］. 李远芳，卢瑾，陈思翀，译. 北京：中国金融出版社，2013.

果不是压倒美元的最后一根稻草，也可能是倒数第二根稻草。金德尔伯格在25年前曾论断："不同的职能以不同的速度相对衰退，在近来的美国，储蓄、生产能力和创造发明的衰退速度都快于美元的世界用途的衰退速度，因为至今尚未找到合适的货币替代美元。"① 现在也许情况正在发生变化，内因和外因在共同起作用，美元的替代者已经悄然崛起，不过是在等待一个合适的时机和一个历史机会。"未来，美国或许会遭遇美元崩溃，但这完全是由美国人自己造成的"②。

① 金德尔伯格. 世界经济霸权：1500—1990［M］. 佚名，译. 北京：商务印书馆，2003：164-165.

② 埃森格林. 嚣张的特权：美元的兴衰和货币的未来［M］. 陈召强，译. 北京：中信出版社，2011：56.

参考文献

一、中文参考文献

[1] 蒙代尔. 蒙代尔经济学文集：第六卷［M］. 向松祚，译. 北京：中国金融出版社，2003.

[2] 蒙代尔. 蒙代尔经济学文集：第四卷［M］. 向松祚，译. 北京：中国金融出版社，2009.

[3] 蒙代尔. 蒙代尔经济学文集：第五卷［M］. 向松祚，译. 北京：中国金融出版社，2003.

[4] 萨勃拉曼尼亚. 大预测［M］. 倪颖，曹槟，译. 北京：中信出版社，2012.

[5] 埃森格林. 嚣张的特权：美元的兴衰和货币的未来［M］. 陈召强，译. 北京：中信出版社，2011.

[6] 沃尔克，行天丰雄. 时运变迁［M］. 贺坤，贺斌，译. 北京：中国金融出版社，1996.

[7] 诺斯. 经济史上的结构和变革［M］. 厉以平，译. 北京：商务印书馆，1992.

[8] 加文. 黄金、美元与权力：国际货币关系的政治（1958—1971）［M］. 严荣，译. 北京：社会科学文献出版社，2011.

[9] 格莱姆斯. 东亚货币对抗［M］. 任锋，译. 北京：法律出版社，2010.

[10] 赫莱纳，柯什纳. 美元大趋势［M］. 欧阳珑，译. 大连：东北财经大学出版社，2012.

[11] 基欧汉. 霸权之后：世界政治经济中的合作与纷争［M］. 苏长和，信强，何曜，译. 上海：上海人民出版社，2006.

［12］基欧汉，奈. 权力与相互依赖［M］. 门洪华，译. 北京：北京大学出版社，2012.

［13］吉尔平. 国际关系政治经济学［M］. 杨宇光，等译. 上海：上海人民出版社，2011.

［14］沃尔顿，罗考夫. 美国经济史［M］. 10 版. 邸晓燕，刑露，译. 北京：中国人民大学出版社，2011.

［15］金德尔伯格. 世界经济霸权：1500—1990［M］. 佚名，译. 北京：商务印书馆，2003.

［16］金德尔伯格. 西欧金融史［M］. 徐子健，译. 北京：中国金融出版社，2007.

［17］科什纳. 货币与强制：国际货币权力的政治经济学［M］. 李巍，译. 上海：上海人民出版社，2013.

［18］麦金农. 麦金农经济学文集：第四卷［M］. 李瑶，译. 北京：中国金融出版社，2006.

［19］麦金农. 失宠的美元本位制：从布雷顿森林体系到中国崛起［M］. 李远芳，卢瑾，陈思翀，译. 北京：中国金融出版社，2013.

［20］摩根索. 国家间政治：寻求权力与和平的斗争［M］. 徐昕，郝望，李保平，译. 北京：北京大学出版社，2005.

［21］弗里德曼，施瓦茨. 美国货币史：1867—1960［M］. 巴曙松，译. 北京：北京大学出版社，2009.

［22］诺斯. 制度、制度变迁与经济绩效［M］. 杭行，译. 上海：上海人民出版社，2008.

［23］斯泰尔. 布雷顿森林货币战：美元如何统治世界［M］. 符荆捷，陈盈，译. 北京：机械工业出版社，2014.

［24］恩格尔曼，高尔曼. 剑桥美国经济史：第二卷［M］. 高德步，译. 北京：中国人民大学出版社，2008.

［25］库普乾. 美国时代的终结［M］. 潘忠岐，译. 上海：上海人民出版社，2004.

［26］菊地悠二. 日元国际化：进程与展望［M］. 陈建，译. 北京：中国人民大学出版社，2002.

［27］泷田洋一. 日美货币谈判：内幕 20 年［M］. 李春梅，译. 北京：清华大学出版社，2009.

［28］岩本沙弓. 别上美元的当：以日本金融战败为鉴［M］. 崔进伟，承

方，译. 广州：广东经济出版社，2011.

［29］马什. 欧元的故事：一个新全球货币的激荡岁月［M］. 向松祚，宋姗姗，译. 北京：机械工业出版社，2011.

［30］马歇尔. 经济学原理（下）［M］. 陈良壁，译. 北京：商务印书馆，1964.

［31］斯特兰奇. 国家与市场［M］. 杨宇光，等译. 上海：上海人民出版社，2012.

［32］程虹. 制度变迁的周期：一个一般理论及其对中国改革的研究［M］. 北京：人民出版社，2000.

［33］刘仁伍，刘华. 人民币国际化风险评估与控制［M］. 北京：社会科学文献出版社，2009.

［34］刘伟，郭濂. 一带一路：全球价值双环流下的区域互惠共赢［M］. 北京：北京大学出版社，2015.

［35］汪洪涛. 制度经济学：制度及制度变迁性质解释［M］上海：复旦大学出版社，2009.

［36］张五常. 货币战略论［M］. 北京：中信出版社，2010.

［37］张宇燕. 国际经济政治学［M］. 上海：上海人民出版社，2008.

［38］艾肯格林. 央行数字货币难撼美元地位［J］. 财新周刊，2021（34）：1.

［39］胡鞍钢. 国家生命周期与中国崛起［J］. 中关村，2006（1）：7-17.

［40］课题组. 马歇尔计划对中国“一带一路”倡议的启示［J］. 国际研究参考，2017（1）：22-27.

［41］李稻葵，刘霖. 人民币国际化：计量研究及政策分析［J］. 金融研究，2008（11）：1-16.

［42］刘晓欣. 全球法定数字货币现状、发展趋势及监管政策［J］. 人民论坛，2021（24）：66-70.

［43］曲星. 人类命运共同体的价值观基础［J］. 求是，2013（4）：53-55.

［44］苏俊燮. 韩美同盟的非对称性析论［J］. 上海交通大学学报（哲学社会科学版）：2004（4）：37-41.

［45］孙兴杰. 中东秩序的深层逻辑：枪炮、石油与美元［N］. 中国经营报，2021-04-19（A07）.

［46］王伟军. 亚洲货币基金的由来及前瞻［J］. 新金融，2001（9）：30-32.

［47］王湘穗. 欧盟的独立防务：行动与趋向［J］. 欧洲研究，2007（1）：

31-39.

［48］严骁骁. 欧盟独立安全与防务力量的发展演变与未来展望［J］. 德国研究，2015（2）：71-85.

［49］杨鲁慧，赵伟宁. 韩美不对称同盟及其对韩国外交的影响［J］. 社会科学，2014（2）：10-18.

［50］张蕴岭. 日本的亚太与东亚区域经济战略解析［J］. 日本学刊，2017（3）：1-11.

［51］赵晨. 特朗普的"蛮权力"外交与美欧关系［J］. 世界经济与政治，2020（11）：71-88，158.

［52］郑永年. 国际发展格局中的中国模式［J］. 中国社会科学，2009（5）：20-28，204.

［53］周亦奇. 当伙伴"遇见"盟友——中国伙伴关系与美国同盟体系的互动模式研究［J］. 国际展望，2016（5）：21-39，148.

二、英文参考文献

［1］ALTFELD M F. The decision to ally：a theory and test［J］. The Western Political Quarterly，1984，37（4）：523-544.

［2］BERGSTEN C F. The Dollar and the deficits：how Washington can prevent the next crisis［J］. Foreign Affairs，2009，88（6）：20-38.

［3］BROZ J. The international origins of the federal reserve system［M］. Ithaca：Cornell University Press，1997.

［4］CALLEO D. The imperious economy［M］. Cambridge：Harvard University Press，1982.

［5］CHAMP，BRUCE. Private money in our past，present，and future.［J］. Economic Commentary，2007（1）：1.

［6］CHITU，LIVIA，MEHL，et al. Network effects，homogeneous goods and international currency choice：new evidence on oil markets from an older era［J］. Canadian Journal of Economics，2016，49（1）：173-206.

［7］COHEN B J. The benefits and costs of an international currency：getting the calculus right［J］. Open Economies Review，2012，23（1）：13-31.

［8］COHEN B J. Currency Power［M］. Princeton：Princeton University Press，2015.

［9］COHEN B J. The future of global currency［M］. London：Routledge，

2011.

[10] COHEN B J. The future of sterling as an international currency [M]. London: Macmillan, 1971.

[11] KIRSHNER. The future of the Dollar [M] New York: Cornell University Press, 2009.

[12] COOPER C J. Price elasticity of demand for crude oil: estimates for 23 countries. [J]. Energy Economics & Related Issues, 2003, 1 (27): 1-8.

[13] COSTA A M. The Euro versus the Dollar: will there be a struggle for dominance? [D] Sheffield:. University of Sheffield, 2002.

[14] GROOT M. The Marshall Plan: dawn of the Cold War [J]. International Journal. 2019; 74 (4): 616-619.

[15] EICHENGREEN B, FLANDREAU M. The rise and fall of the Dollar [J]. CEPR Discussion Papers, 2009, 13 (3): 377-411.

[16] EICHENGREEN B, MEH A, CHITU L. Mars or mercury? The geopolitics of international currency choice [J]. Economic Policy, 2019 (34): 315-363.

[17] GERMAIN R, SCHWARTZ H. The political economy of failure: the Euro as an international currency [J]. Review of International Political Economy, 2014, 5 (21): 1095-1122.

[18] GILPIN R. War and change in world politics [M]. New York: Cambridge University Press, 1981.

[19] HELLEINER E. Political determinants of international currencies: what future for the US Dollar? [J]. Review of International Political Economy, 2008, 15 (3): 354-378.

[20] ILZETZKI E, REINHART C M, ROGOFF K S. Exchange arrangements entering the twenty-first century: which anchor will hold? [J]. The Quarterly Journal of Economics, 2019, 134: 52-58.

[21] KALYMON B A. Economic incentives in OPEC oil pricing policy [J]. Journal of Development Economics, 1975, 2 (4): 337-362.

[22] KATADA S N. From a supporter to a challenger? Japan's currency leadership in Dollar-dominated East Asia [J]. Review of International Political Economy, 2008, 15 (3): 399-417.

[23] KATZ M L, SHAPIRO C. Network externality, competition and compatibility [J]. American Economic Review, 1985 (75): 424-440.

[24] KINDLEBERGER C P. Dominance and leadership in the international economy: exploitation, public goods, and free rides [J]. International Studies Quarterly, 1981 (2): 242-254.

[25] KINDLEBERGER C P. International public goods without international government. The American Economic Review, 1986, 76 (1): 1-13.

[26] KINDLEBERGER C P. The benefits of International Money [J]. Journal of International Economics, 1972, 2 (4): 425-442.

[27] KIRSHNER J. Money is politics [J]. Review of International Political Economy, 2003, 10 (4): 645-660.

[28] KISSWANI K. OPEC and political considerations when deciding on oil extraction [J]. MPRA Paper, 2010 (1): 30.

[29] KRUGMAN P R. The international role of the Dollar: theory and prospect [J]. Nber Chapters, 1984, 73 (2): 309-327.

[30] KRUGMAN P R. Vehicle currencies and the structure of international exchange [J] Journal of Money, Credit and Banking, 1980, 12: 513-526.

[31] LI, QUAN. The effect of security alliances on exchange-rate regime choices [J]. International Interactions, 2003, 29 (2): 159-193.

[32] LIAO S, DANIEL M D. No reservations: international order and demand for the renminbi as a reserve currency [J]. International Studies Quarterly, 2016 (2): 272-293.

[33] LOUIS R J, OSMAN M, BALLI F. Is the US Dollar a suitable anchor for the newly proposed GCC currency? [J]. The World Economy, 2010 (33): 1898-1922.

[34] MCKINNON R I. The Euro threat is exaggerated [J]. International Economy, 1998, 12 (60): 32-3.

[35] MCKINNON R I. The Dollar standard and its crisis-prone periphery: new rules for the game [J]. The Singapore Economic Review, 2003, 48 (2): 99-112.

[36] MCKINNON R I. Money in international exchange: the convertible currency system [M]. Oxford: Oxford University Press, 1979.

[37] MOMANI B. Gulf cooperation council oil exporters and the future of the Dollar [J]. New Political Economy, 2008, 13 (3): 293-314.

[38] MORROW J D. An alternative to the capability aggregation model of alliances. [J]. American Journal of Political Science, 1991, 35 (4): 904-904.

[39] MUNDELL R A. What the Euro means for the Dollar and the international monetary system [J]. Atlantic Economic Journal, 1998, 26 (3): 227-237.

[40] NAKAI A. A theory of alliance restructuring: the cases in East Asia, 1946—2000 [D]. Boston: Boston University, 2016.

[41] NORRLOF C, PAUL P, COHEN B J, et al. Global monetary order and the liberal order debate [J]. International Studies Perspectives, 2020 (2): 109-153.

[42] POSEN A S. Why the Euro will not rival the Dollar [J]. International Finance, 2008, 11 (1): 75-100.

[43] RAFIQ M S. Sources of economic fluctuations in oil - exporting economies: implications for choice of exchange rate regimes [J]. International Journal of Finance & Economics, 2011, 16 (1): 70-91.

[44] SATO K. The international use of the Japanese yen: the case of Japan's trade with East Asia [J]. The World Economy, 1999, 22 (4): 547-584.

[45] SCHWARTZ H, RANDALL G. The political economy of failure: the Euro as an international currency [J]. Review of International Political Economy, 2014, 21 (5): 1095-1122.

[46] SIVERSON R M, STARR H. Regime change and the restructuring of alliances [J]. American Journal of political science, 1994, 38 (1): 145-161.

[47] SPIRO D. The hidden hand of American hegemony [M]. Ithaca: Cornell University Press, 1999.

[48] STRANGE S. Sterling and British policy: a political view [J]. International Affairs, 1971, 47 (2): 302-315.

[49] STRANGE S. The politics of international currencies [J]. World Politics, 1971, 23 (23): 215-231.

[50] WALTER A. Domestic sources ofiInternational monetary leadership [J]. International Monetary Power, 2006, 13: 51-71.

[51] ZIMMERMANN H. Money and security: troops, monetary policy, and West Germany's relations with the United States and Britain, 1950-1971 [M]. Cambridge: Cambridge University Press, 2002.